個人理財規劃
（第三版）

主編 ○ 郭秀蘭、王冬吾

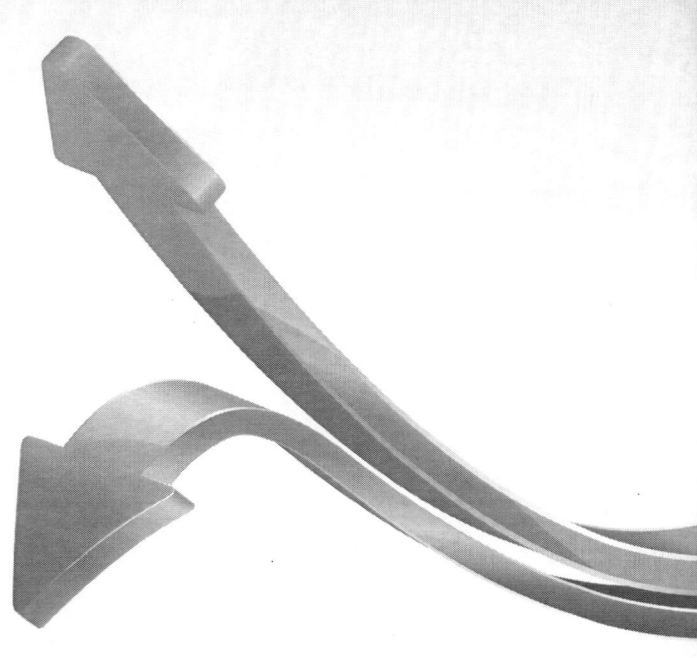

第三版前言

　　隨著信息社會的不斷發展，互聯網+金融呈現出日新月異的發展態勢。目前，業界將此趨勢看作是傳統金融服務行業的一次創新，它改變了人們對傳統金融服務中保守、刻板的印象。在互聯網+金融下，個人理財也呈現出新的發展特點。本教材是順應其發展趨勢，並根據高等職業院校教育的特點編寫，教材出版至今，已經被越來越多的個人和高校所認同，同時也收到廣大讀者提出的意見和建議。本次修訂主要是結合互聯網金融市場下個人理財的發展變化對本教材進行完善。

　　為了方便廣大師生對本教材的使用，本次修訂仍保持原有的結構安排，內容主要包括以下三個方面：

　　1. 個人投資理財的基礎理論部分

　　沒有完備的理論支撐的學科是不完整的學科，是沒有發展前途的學科，如同建在沒有基礎的沙漠上的大廈，隨時都有倒塌的危險。因此，全面介紹個人投資理財的理論知識顯得十分重要。本教材的全部內容以個人投資理財原理為導引，全方位展開理財規劃、儲蓄規劃、證券投資、房地產規劃等理財知識，為選修個人投資理財課程的學生確立個人投資理財的理念。

　　2. 個人投資理財的技能部分

　　個人投資理財不僅是一門學問和藝術，而且是一種生活習慣和方式。也就是說，不僅僅要有投資理財的理念，更重要的是具備個人投資理財的技能。本教材以個人財務管理和分析、儲蓄規劃、證券投資、房地產規劃、保險規劃、稅收規劃、子女教育規劃和退休規劃等為主體，讓學生形成強大的理財技能知識儲備，為將來進行個人投資理財打下堅實的基礎。

　　3. 個人投資理財的綜合應用部分

　　個人投資理財是一門實用性很強的課程，注重培養學生的動手能力和實際操作能力，使學生能將學得的知識應用到實際生活中去，是我們培養學生的最終目標。本教材更注重案例教學，通過教師講授和學生實際操作，使學生能夠熟練地應用各種個人投資理財工具，進行綜合理財規劃。

經濟的持續發展必然會推動個人理財市場的不斷進步，由於編者水平有限，本教材難免存在不足之處，還望廣大讀者予以指正！

　　本教材在編寫過程中編者參閱了國內外大量的相關文獻資料，在此對文獻作者表示衷心的感謝！

目 錄

第一篇　基礎知識篇

項目一　個人理財概述 ……………………………………………………（3）
　　模塊一　個人理財和個人理財規劃 …………………………………（3）
　　模塊二　理財觀念 ……………………………………………………（8）

項目二　個人理財的基礎知識 ……………………………………………（13）
　　模塊一　生命週期理論 ………………………………………………（13）
　　模塊二　貨幣的時間價值 ……………………………………………（18）
　　模塊三　風險特徵分析 ………………………………………………（26）

項目三　家庭財務管理 ……………………………………………………（31）
　　模塊一　編制家庭財務報表 …………………………………………（31）
　　模塊二　家庭財務狀況分析 …………………………………………（38）
　　模塊三　家庭未來現金流量的分析和預測 …………………………（42）

第二篇　投資理財規劃

項目四　現金規劃 …………………………………………………………（51）
　　模塊一　現金規劃概述 ………………………………………………（52）
　　模塊二　現金規劃的工具 ……………………………………………（58）

項目五　保險規劃 …………………………………………………………（70）
　　模塊一　保險規劃的基礎知識 ………………………………………（71）
　　模塊二　家庭保險規劃實務 …………………………………………（76）

1

項目六　投資規劃 ·· (90)
　　模塊一　投資規劃概述 ·· (91)
　　模塊二　投資產品 ·· (93)
　　模塊三　投資組合管理 ·· (117)

第三篇　人生事件規劃

項目七　個人住房規劃 ·· (123)
　　模塊一　住房規劃的基礎知識 ·· (124)
　　模塊二　住房需求決策 ·· (129)
　　模塊三　購房規劃 ·· (134)

項目八　個人稅收籌劃 ·· (140)
　　模塊一　個人所得稅的徵收制度 ·· (140)
　　模塊二　個人稅收籌劃實務 ·· (151)

項目九　子女教育規劃 ·· (174)
　　模塊一　子女教育規劃概述 ·· (176)
　　模塊二　子女教育規劃實務 ·· (180)

項目十　養老規劃 ··· (190)
　　模塊一　養老規劃概述 ·· (190)
　　模塊二　養老規劃實務 ·· (194)

第四篇　綜合理財規劃應用

項目十一　個人綜合理財規劃實務 ··· (211)

第一篇
基礎知識篇

項目一　個人理財概述

【案例導入】

胡適先生是著名的學者、作家。他的一生始終處於社會的上層，在步入中年之前，一直收入豐厚。1917年，27歲的胡適留學回國，在北京大學當教授，月薪280銀元。那時1銀元相當於現在的人民幣40多元，月薪合人民幣11,200元。除了薪水，胡適還有稿酬。1931年，胡適從上海回到北京大學，擔任文學院院長，月薪600銀元。那一時期他著作更多，稿酬更加豐厚。據估算，胡適約每月收入1500銀元。那時1銀元約合現在的人民幣30多元，胡適的月收入相當於現在人民幣45,000元，年收入達到50多萬元。胡適家住房十分寬敞，雇有6個傭人，生活富裕。但胡適不注重理財，經常「吃干花淨」，長期沒有積蓄。在1937年抗日戰爭爆發時，也就是胡適步入中年以後，他的生活開始拮據起來，且持續後半生。進入暮年，胡適每次生病住院醫藥費都告急，總要堅持提前出院。胡適先生在晚年多次告誡身邊的工作人員：「年輕時，要注意多留點積蓄。」

與此同時，我們可以從一枚硬幣的故事來看李嘉誠的理財之道。一次在取汽車鑰匙時，李嘉誠不慎丟落一枚2港元（1港元約等於0.86元人民幣，下同）硬幣，硬幣滾到車底。李嘉誠估計若汽車開動，硬幣會掉到坑渠裡，李嘉誠便蹲下身欲拾取。此時旁邊一名印度籍值班員見到，立即代他拾起。李嘉誠收回該硬幣後，竟給了值班員100港元酬謝。李嘉誠對此的解釋是：「若我不拾那枚硬幣，讓它滾到坑渠裡，2港元便會在世上消失。而100港元給了值班員，值班員便可將之用去。我覺得錢可以用，但不可以浪費。」

模塊一　個人理財和個人理財規劃

任務一　個人理財

一、什麼是個人理財

「理財」一詞，最早見於20世紀90年代初期的報端。隨著中國股票債券市場的擴容，商業銀行、零售業務的日趨豐富和市民總體收入的逐年上升，「理財」概念逐漸走

俏。一般人談到理財，想到的不是投資，就是賺錢，實際上理財的範圍很廣。

現在我們說到理財，會認為理財是人們為了實現自己的生活目標，合理管理自身財務資源的一個過程，是貫穿一生的過程。通俗地說，理財就是以「管錢」為中心，通過抓好攢錢、生錢、護錢三個環節，管好現在和未來的現金流，讓資產在保值的基礎上實現穩步、持續的增值，使自己兜裡什麼時候都有錢花。理財的最終目的是實現財務自由，讓生活幸福和美好。用一種形象的說法解釋：收入是河流，財富是水庫，花出去的錢就是流出去的水，理財就是開源節流，管好自家的水庫。

關於個人理財的定義，目前業內有不同的說法。我們這裡認為個人理財是在對個人收入、資產、負債等數據進行分析整理的基礎上，根據個人對風險的偏好和承受能力，結合預定目標運用儲蓄、保險、證券、外匯、收藏、住房投資等多種手段管理資產和負債，合理安排資金，從而在個人風險可以接受的範圍內實現資產增值最大化的過程。

個人理財包括個人生活理財和個人投資理財。

個人生活理財是指通過制訂財務計劃對個人消費性財務資源進行適當管理，並通過不斷調整計劃以追求財務安全和財務自由為目標的經濟活動。生活理財的核心在於根據個人的消費性資源狀況和消費偏好來實現個人的人生目標。

個人投資理財就是通過制訂財務計劃對個人投資性財務資源進行適當管理，並通過不斷調整計劃以追求財務安全和財務自由為目標的經濟活動。投資理財是在生活理財目標得到滿足以後，追求投資於股票、債券、黃金等各種投資工具以期得到優厚的回報，加速個人或家庭資產的增長，從而提高家庭生活質量和生活水平。投資理財的核心在於根據個人的投資性資源狀況和風險偏好來實現個人的人生目標。

總而言之，個人生活理財側重於現有消費性資源的規劃和管理，而個人投資理財則側重於現有投資性資源的規劃和管理，滿足未來消費需求和人生目標。

二、個人理財的意義

目前，我們正處在一個資產泡沫的時代，周邊的各種資產都在「漲價」，這些資產的價格未來將繼續上漲。資產泡沫的根源在於流動性泛濫，不管是國際上還是在國內，錢都太多了。國內錢多的原因有很多，既包括經濟發展，又包括人民幣持續而又長遠的升值壓力。央行要對沖外匯占款壓力，又不願短時間大幅升值，那麼必定只能不斷發行貨幣，以致每年廣義貨幣（M2）增長都在20%左右，貨幣供應量增加導致資產回報率普遍降低，各種資金都在尋找著出路。

歷史上的每一次資產泡沫，都是財富重新分配的過程。在這個財富分配過程中，若一個家庭不抓緊時間理財，說嚴重點，相當於其財富在「合法合理」地轉移到別人的口袋中。比如一個家庭現在不買房，那麼等房價上漲後再買房，則多支付的房價相當於在為別人打工，在為別人掙錢。資產泡沫過程中，社會真實財富並未增加，但一個不理財家庭的財富，在總財富中的比重是減少的。因此，不理財的家庭，其財富將越來越少，這是無法抵抗的結局。

你不理財，財不理你。每個人都應該早有理財意識，把錢存在銀行是最大的浪費。成千上萬受過教育的人追求到了職業上的成功，也有了令人羨慕的收入，卻最終仍在財務問題中掙扎。他們努力工作，但並無進展，他們所受的教育是如何掙錢，如何花錢，而不是如何管錢，如何讓錢為自己工作，以及掙了錢后該怎麼辦。大多數人不明白為什麼他們會身處財務困境，人們關注自己的職業，關注收入問題，卻沒有關注理財。「錢不是萬能的，但沒錢是萬萬不能的」。要實現普通老百姓不再為錢而發愁，最好的辦法就是好好打理我們現有的財富。

那麼，我們為什麼要理財呢？不理財究竟能給我們今后的生活造成什麼樣的影響呢？這些問題可能是大家最為關注的話題。

人的一生，從出生、幼年、少年、青年、中年直到老年，各個時期都需要用錢。自家的「水庫」裡必須有「水」，才能應對各種各樣的生活需要。具體說來，理財要應對人一生六個方面的需要。

第一，應對戀愛和結婚的需要。

對絕大多數的人來講，戀愛和結婚是人生必經的過程。戀愛是需要錢的，結婚也需要錢。

我們先說說戀愛。沒有錢光有愛情是不夠的，女孩子多多少少都喜歡浪漫，在忙完一周的辛苦工作之後能夠和心愛的戀人一起去吃一頓浪漫的燭光晚餐，這是多少女孩子在戀愛時期期盼的事情。但是，如果沒有錢，也許就只能讓女朋友在失望中度過這個周末了。

我們再說說結婚。有一個情感類訪談節目，節目中有男女主人公互相傾訴的一個情節。當女主人公拉著男主人公的手說：「親愛的，我們結婚吧。」男主人公說：「我覺得我們最好再等等，現在還年輕，要以事業為重。」這時候女主人公說：「我和你戀愛都八年了，八年抗戰日本鬼子都被打走了，可你為什麼還不娶我？」看到這個情節，你應該明白很多人不結婚是因為家裡的「水庫」沒有那麼多「水」，只能寄希望於工作上的發展、工資收入的增長。

第二，應對提高生活水平的需要。

每個人都希望過上越來越好的生活。從租房子到自己買房子，從沒有汽車到自己有汽車，再從普通汽車換上更高級的汽車，這是人們的普遍願望。要提高生活水平，就需要錢的支持。拿買房子來說，我們不說買高檔的房子，你可以以買普通的住宅為例來算一筆帳。

第三，應對贍養父母的需要。

人們常說「不養兒不知父母恩」，父母的恩情是我們一輩子都報答不完的。贍養父母是每個人應盡的義務。現在有些年輕人的父母有比較穩定的收入，有各種各樣的社會醫療保險，年輕人的財務負擔就減輕了。但是也有一些年輕人，他們的父母沒有穩定收入，需要兒女來提供財務上的支持。因此，很多年輕人每月都要有固定的錢供父母養老。此外，人年紀大了容易生病，如果父母生病或者發生其他的意外，也需要

從兒女家的「水庫」中取「水」。因此，年輕人自家的「水庫」還應該備出一些「水」用來應對父母發生意外的需求。

第四，應對撫養子女的需要。

從孩子出生，到孩子上幼兒園、小學、中學、大學，每個時期都需要用錢。因此，撫養子女也是一個很重要的問題。在生小孩的時候，家庭就面臨這樣一種財務現象：支出在增加，而收入在減少。一般的家庭都是夫妻二人工作，獲得工資收入。一般人的工資都分成兩部分，包括基本工資和效益工資。當妻子生小孩、休產假期間，她只能領到基本工資而領不到效益工資，因此家庭收入是減少的。但是，因生小孩家庭的支出卻在增加。例如，請保姆的錢、買奶粉的錢、買尿不濕的錢以及其他的錢。為此，在生小孩以前，應該在家裡「水庫」存足夠的「水」，什麼時候生孩子，不是隨機的，而是應該考慮自家「水庫」的情況。

第五，應對意外事故的需要。

人們常說「天有不測風雲，人有旦夕禍福」。有時候會有很多意想不到的事情發生。這些事情會對家庭生活造成巨大的影響。我們應該通過理財來達到轉嫁風險的目的。

一個人需要買保險，就如同一個人需要穿衣服；一個沒有保險的人，就如同一個人赤體，我們稱之為「財務赤體」。

第六，應對養老的需要。

第六次全國人口普查數據顯示，中國是全球老齡社會過億的國家。2010 年中國老齡人口已經達到 1.78 億，佔全球老齡人口的 23.6%，到了 2050 年，每 3 個人中就有一個人是老年人，所以養老真的是誰都避不開的煩惱。那麼養老金這筆錢，又該靠誰呢？年幼靠父母，成年靠自己，那麼年老靠什麼呢？養兒防老曾經是中國人的普遍心理，但是社會發展到今天，人們的觀念已經發生了變化，「養兒防老」也越來越難實現。在這種情況下，要想有一個幸福的晚年，自己就要在年輕時未雨綢繆，搞好理財，多留一點積蓄，為自己家的「水庫」積蓄足夠數量的「水」，以期應對晚年的需要。

綜上所述，人的一生至少要應對六個方面的理財需求，為了能夠實現財務自由，過上有尊嚴的幸福生活，我們從現在起就要注重理財，學習理財。

任務二　個人理財規劃

一、個人理財規劃的定義

「個人理財規劃」雖然稱不上是一個新名詞，但是能夠對它進行深入瞭解，或是已經為自己制訂了相關理財方案的人卻少之又少。人們通過日常頻繁接觸的媒體宣傳已經對個人理財規劃的概念有所耳聞了，但是能夠具體瞭解什麼是個人理財規劃、怎樣制訂和實施個人理財規劃方案的人可謂寥寥無幾。那麼，究竟什麼是個人理財規劃呢？

個人理財規劃是個人或家庭根據家庭客觀情況和財務資源（包括存量和增量預期）

而制訂的旨在實現人生各階段目標的一系列互相協調的計劃，包括職業規劃、現金規劃、子女教育規劃、退休規劃、房產規劃、風險管理與保險規劃、投資規劃、資產傳承規劃、稅收規劃等。個人理財規劃是一個人一生的財務計劃，通過不斷調整計劃實現人生目標，達到財務自由和財務尊嚴的最高境界。

理財規劃可以幫助一個人平衡現在和未來的收支，追求高品質的生活，高效運用自身有限的財務資源，科學合理地分析日後的財務狀況，抵禦風險和災害，促進家庭關係的和諧，造福子女和造福社會。總體上來說，一份好的理財計劃能使人過上幸福的生活，或者說至少比以前感覺更幸福。

二、個人理財規劃的具體內容

個人理財規劃主要包括現金規劃、保險規劃、投資規劃、稅收規劃、房產規劃、教育規劃、退休規劃等內容。

1. 現金規劃

現金規劃就是確保你有足夠的費用來支付計劃中和計劃外的費用，並且你的消費模式是在你的預算限制之內。在個人理財規劃中，現金規劃有助於你將所擁有的資金在去滿足家庭費用的同時又能滿足儲蓄的計劃。使得預期的需求可以用手頭現金來滿足，而未預期的或者將來的需求則可以通過各種類型的儲蓄或短期理財工具來滿足。通過分析家庭現金流結構尋找提高家庭儲蓄的可能方式，設計出合理的家庭儲蓄方案，從而提高家庭的儲蓄額。

2. 保險規劃

保險規劃是完備理財計劃中不可缺少的一部分。個人參加保險的目的就是為了個人和家庭生活、生命和財產的安全和穩定。從這個目的出發，我們投保時主要應掌握轉移風險、量力而行的原則，通過對家庭的風險進行分析，確定出行之有效的保險規劃來實現其他理財產品所不能實現的功能和目的。

3. 投資規劃

投資規劃在個人總投資中往往佔有很高的比例。根據期限長短和風險收益特徵，證券投資工具分為固定收益性工具、權益性工具和金融衍生工具。證券投資規劃要求個人在充分瞭解自己的風險偏好與投資需求的基礎上，通過合理的資產分配，使投資組合既能滿足流動性要求與風險承受能力，又能夠獲得充足的回報。

4. 稅收規劃

稅收規劃是在充分瞭解本國稅收制度的前提下通過運用收入分解轉移、收入延期、投資於資本利得、資產銷售、槓桿投資、稅負抵減等各種稅務籌劃策略，合法地減少稅負。

5. 房產規劃

房產投資是一種長期的大額投資，房產除了用於個人消費以外，還具有明顯的投資價值。投資者購買房產主要出於四種考慮：自己居住、對外出租、投機獲利和減免稅收。這就要求我們既要對所在國的房地產方面的法律法規和影響房地產的各種因素有一定的瞭解，又要詳細瞭解自己的支付能力以及金融機構關於房地產的各種規定，

以幫助確定最合理的房地產購置計劃。

6. 教育規劃

教育投資是一種智力投資，不僅可以提高人的文化水平和生活品位，還可以使受教育者增加人力資本。教育投資可以分為兩類，即對自身的教育投資和對子女的教育投資。在進行教育投資計劃時，首先要對自身的教育需求和子女的基本情況進行分析，確定未來的教育投資資金需求；其次要分析收入狀況，並根據具體情況確定自身和子女教育投資資金的來源；最後要綜合運用各種投資工具來彌合教育投資來源和需求之間的差距。

7. 退休規劃

退休規劃是一個長期的過程，不是簡單地通過在退休之前存一筆錢就能解決的。個人在退休之前的幾十年就要開始確定目標，進行詳細的規劃。提早做好退休規劃不僅可以使自己的退休生活更有保障，同時也可以減輕子女的負擔。

模塊二　理財觀念

【案例導入】

有一個故事，說的是固執人、馬大哈、懶惰者和機靈鬼四個人結伴出遊，結果在沙漠中迷了路，這時他們身上帶的水已經喝光，正當四人面臨死亡威脅的時候，上帝給了他們四個杯子，並為他們祈來了一場雨。但這四個杯子中有一個是沒有底兒的，有兩個盛了半杯髒水，只有一個杯子是拿來就能用的。

固執人得到的是那個拿來就能用得好杯子，但他當時已經絕望至極，固執地認為即使喝了水，他們也走不出沙漠，所以下雨的時候，他乾脆把杯子口朝下，拒絕接水。馬大哈得到的是沒有底兒的壞杯子，由於他做事太馬虎，根本就沒有發現自己杯子的缺陷，結果下雨的時候杯子成了漏鬥，最終一滴水也沒有接到。懶惰者拿到的是一個盛有髒水的杯子，但他懶得將髒水倒掉，下雨時繼續用這個接水，雖然很快接滿了，可他把這杯被污染的水喝下後卻得了急症，不久便不治而亡。機靈鬼得到的也是一個盛有髒水的杯子，他首先將髒水倒掉，重新接了一杯乾淨的雨水，最后只有他自己平安地走出了沙漠。

這個故事不但蘊涵著「性格和智慧決定生存」的哲理，同時也與當前人們的投資理財觀念和方式有著驚人的相似之處。

有媒體稱中國已經進入個人理財時代，拒絕貧窮、做個有錢人成為居民理財的最大追求。但是受傳統觀念的影響，許多人就和故事中的固執人一樣，認準了銀行儲蓄一條路，拒絕接受各種新的理財方式，致使自己的理財收益難以抵禦物價上漲，造成了家庭財產的貶值。有的人就和故事中的馬大哈一樣，只知道不停地賺錢，卻忽視了對財富的科學打理，最終因不當炒股、民間借貸等投資失誤導致了家庭財產的縮水甚

至血本無歸，成了「前面掙，后面跑」的「漏門式」理財。有的人則和故事中的懶惰者一樣，雖然注重對新收入的打理，但對原有的不良理財方式卻懶得重新調整，或者存有僥幸心理，潛在的風險沒有得到排除，結果因原有不當理財影響了整體的理財收益。但是，也有許多投資者和故事中的機靈鬼一樣，他們注重把家庭理財中有風險、收益低的投資項目進行整理，也就是先把臟水倒掉，然後把杯子口朝上，積極地接受新的理財方式，從而取得了較好的理財效果。

「杯子哲理」告訴我們，理財中的固執、馬虎和懶惰行為只能使你越來越貧窮。積極地借鑑機靈鬼式的理財方式，轉變理財觀念，調整和優化家庭的投資結構，讓新鮮雨水不斷注入你的杯子，這樣你才能離成為有錢人的目標越來越近。

任務一　樹立正確的理財觀

你認為錢是萬惡之源嗎？如果回答「不是」則表明你有科學理財、讓錢生錢的願望。那麼接著問，你是從什麼時候開始進行理財規劃的？許多人會說：「當然是在有收入以後了，沒錢怎麼理財？」也有人會說：「我現在退休了，一輩子都是稀裡糊塗地掙錢、花錢，現在再談理財豈不是為時已晚？」國內外理財專家的研究和一些理財實例表明：理財觀念是一生一世的事，從三歲頑童，到耄耋老者，只要生命存在，只要你需要生活，你就不應離開理財。

一、傳統與現代理財觀念比較

中國人的傳統觀念至少在下述四個方面有別於現代人的個人理財觀念：

1. 節儉生財

節儉是一種美德，但如果現在還一味地秉持節儉的理財習慣，實在是一種滯后於時代發展的理財習慣。節儉本身並不生財，並不能增大資產規模，而僅僅是減少支出，這會影響現代人生活質量的改善。俗話說，理財的關鍵是開源節流。節儉雖然符合節流的要求，但是單一靠節儉，斷不會成為富翁。

2. 理財是富人、高收入家庭的專利，要先有足夠的錢，才有資格談投資理財

事實上，影響未來財富的關鍵因素是投資報酬率的高低與時間的長短，而不是資金的多寡。毫不誇張地說，個人理財已成為我們每個人生活中不可缺少的部分。

3. 理財就是投資增值

在很多人的意識裡，理財的目的是為了實現增值，即理財就是投資增值，這是對理財目的的一種錯誤認識。事實上，理財與投資兩者之間有著本質的區別。我們說理財的根本目的是為了實現財務自由，換句話說是為了從財務上幫助自己過上更加幸福美滿的生活。教材前面提到，理財是要幫助人們滿足生活中戀愛、教育、投資、養老等各方面的需要，因此，投資並不等同於理財，它只是理財過程中的一部分而已。

4. 只有把錢放在銀行才是理財

應該說在人們的傳統觀念中，儲蓄理財是最穩妥，最安全的。據中國人民銀行的

有關統計數據顯示，國內居民儲蓄增長速度從2000年的7萬億元到2001年的8萬億元用了22個月。可見，儲蓄是中國大部分人傳統的理財方式。但是基於低水平的儲蓄利率，把錢存在銀行從短期看好像是安全的，長期而言卻是非常危險的理財方式，因為利息的收入遠遠趕不上貨幣貶值的速度，不適宜作為長期投資工具。而據中國統計局的有關統計數據顯示，2010—2014年國內居民儲蓄增長速度基本維持在4萬億元左右，與10年前相比有了大幅度回落，同時也沒有明顯增長。這說明銀行儲蓄已經不再是人們進行安全理財的首選，原因之一可歸功於日益發展的互聯網金融，使人們有了京東金融、餘額寶等更多的選擇，當然更重要的原因則是因為國人的理財思維已經發生了較大轉變。

二、更新你的理財觀

1. 觀念一：樹立堅強信念，投資理財不是有錢人的專利

在我們的日常生活中，總有許多工薪階層或中低收入者持有「有錢才有資格談投資理財」的觀念。這些人普遍認為，每月固定的工資收入應付日常生活開銷就差不多了，哪來的餘財可理呢？「理財投資是有錢人的專利，與自己的生活無關」仍是大眾的想法。

事實上，越是沒錢的人越需要理財。舉個例子，假如你身上有10萬元，但因理財失誤，造成財產損失，很可能立即出現危及你的生活保障的許多問題，而擁有上百萬元、上千萬元、上億元「身價」的有錢人，即使理財失誤，損失一半財產亦不會影響其原有的生活。因此，必須先樹立一個觀念，不論貧富，理財都是伴隨人生的大事，在這場「人生經營」的過程中，越窮的人就越輸不起，對理財更應要嚴肅而謹慎地去看待。

2. 觀念二：理財重在規劃，別讓「等有了錢再說」誤了你的「錢程」

在我們身邊，有許多人一輩子工作勤奮努力，辛辛苦苦地存錢，既不知有效地運用資金，又不敢過於消費享受。還有些人想「以小博大」，不看自己的能力，把理財目標定得很高，在金錢遊戲中「打滾」，失利後不是頹然收手放棄從頭開始的信心，就是后半輩子悔恨抑鬱再難振作。

要圓一個美滿的人生夢，除了要有一個好的人生目標規劃外，也要懂得如何應對各個人生不同階段的生活所需，而將財務做適當規劃及管理就更顯其必要。因此，既然理財是一輩子的事，何不及早認清人生各階段的責任及需求，制訂符合自己的生涯理財規劃呢？

3. 觀念三：拒絕各種誘惑，不良理財習慣可能會使你兩手空空

每個月領薪日是上班族最期盼的日子，可能要購置家庭用品，或是購買早就看中的一套服飾，或是與朋友約好去搭一份「人情」……各種生活花費都在等著每個月的薪水進帳。

在我們身邊不時地看到這樣的人，他們固定而常見的收入不多，花起錢來每個都有「大腕」氣勢，身穿名牌服飾，皮夾裡現金不能少，信用卡也有厚厚一疊，隨便一

張刷兩下，獲得的虛榮滿足勝於消費時的快樂。月初領薪水后，就像過節似的大肆花錢，月末時再一邊節衣縮食，一邊再盼望下個月的領薪日快點到來，這是許多上班族的寫照。尤其是初入社會經濟剛獨立的年輕人，往往最無法抗拒消費品的誘惑。也有許多人是以金錢（消費能力）來證明自己的能力，或是補償心理某方面的不足，這就使得自己不能完全掌握對金錢的支配力。

4. 觀念四：沒人是天生的高手，能力來自於學習和實踐經驗的累積

常聽人以「沒有數字概念」「天生不擅理財」等借口規避與每個人生活休戚相關的理財問題。似乎一般人易於把「理財」歸為個人興趣的選擇，或是一種天生具有的能力，甚至與所學領域有連帶關係，非商學領域學習經驗者自認與「理財問題」絕緣，而自暴自棄、隨性而為，一旦被迫面臨重大的財務問題，不是任人宰割就是自嘆沒有金錢處理能力。事實上，任何一項能力都非天生具有，耐心地學習與實踐經驗地不斷累積才是重點，理財能力也是一樣。

5. 觀念五：不要奢求一夕致富，別把「雞蛋」全放在一個「籃子」裡

有些保守的人，把錢都放在銀行裡生利息，認為這種做法最安全且沒有風險；也有些人買黃金、珠寶寄存在保險櫃裡以防不測。這兩種人都是以絕對安全、有保障為第一標準，走極端保守的理財路線，或是說完全沒有理財觀念。還有些人對某種單一的投資工具有偏好，如房地產或股票，遂將所有資金投入其中，孤注一擲，急於求成，這種人若能獲利也就罷了，但市面有好有壞、波動無常，單憑一種投資工具進行理財的風險未免太大了。

有部分的投資人是走投機路線的，也就是專做熱門短期投資，今年或這段時期流行什麼，就一窩蜂地把資金投入。這種人有投資觀念，但因「賭性堅強」，寧願冒高風險，也不願紮實地從事較低風險的投資。這類投機客往往希望「一夕致富」，若時機好也許能大賺其錢，但時機壞時亦不乏血本無歸甚至傾家蕩產的活生生的例子。

不管選擇哪種投資方式，上述幾種人都犯了理財上的大忌：急於求成，把「雞蛋」都放在一個「籃子」裡，缺乏分散風險的觀念。

6. 觀念六：管理好你的時間，勝於管理好你的金錢和財富

現代人最常掛在嘴邊的一句話就是「忙得找不出時間來了」。每日為工作而庸庸碌碌，常常覺得時間不夠用的人，就像常怨嘆錢不夠用的人一樣，是「時間的窮人」。這類人似乎都有恨不得把 24 小時變成 48 小時來過的願望。但上天公平地給予每人一樣的時間資源，誰也沒有多占便宜。在相同的「時間資本」下，就看各人運用的巧妙與否了：有些人是「任時間宰割」，毫無管理能力，24 小時的資源似乎比別人少了許多；有人卻能「無中生有」，有效運用零碎時間；而有些懂得「搭現代化便車」的人，乾脆利用自動化及各種服務業代勞，「用錢買時間」。「時間即金錢」，尤其對於忙碌的現代人而言更能深切感受，每天時間分分秒秒地流失，雖然不像金錢損失直接讓人感受到「切膚之痛」，但是錢財失去尚可復得，時間卻是「千金換不回」的。如果你對上天公平給予每個人 24 小時的資源無法有效管理，不僅可能和理財投資的時機性失之交

臂，甚至還可能終生一事無成，可見「時間管理」對現代理財人的重要性。既然想向上帝「偷」時間是不可能的，那麼學著自己「管理」時間，把分秒時間都花在「刀刃」上，提高效率，才是根本的途徑。

 請結合自己的實際情況針對當今大學生的理財觀念和理財方法進行討論。

本章小結

本章主要向大家介紹了理財的重要性、個人理財與個人理財規劃、個人理財規劃的內容以及樹立正確的個人理財觀。

個人理財是在對個人收入、資產、負債等數據進行分析整理的基礎上，根據個人對風險的偏好和承受能力，結合預定目標運用諸如儲蓄、保險、證券、外匯、收藏、住房投資等多種手段管理資產和負債，合理安排資金，從而在個人風險可以接受範圍內實現資產增值最大化的過程。個人理財包括個人生活理財和個人投資理財。

個人理財規劃是個人或家庭根據家庭客觀情況和財務資源（包括存量和增量預期）而制訂的旨在實現人生各階段目標的一系列互相協調的計劃，包括職業規劃、現金規劃、子女教育規劃、退休規劃、房產規劃、風險管理與保險規劃、投資規劃、資產傳承規劃、稅收規劃等。

理財觀念樹立是人一生一世的事，從三歲頑童到耄耋老者，只要生命存在，只要你需要生活，你就不應離開理財。因此，樹立正確的理財觀是進行個人理財的重要前提。

項目二　個人理財的基礎知識

【案例導入】

「放在桌子上的現金」是西方經濟學家最常使用的隱喻，喻指人們錯過獲利的機會。

用中國人的話講，「放在桌上的現金」就是「壓在床板下的錢」，之所以說錯過了獲利機會，是因為貨幣具有時間價值。貨幣的時間價值（TVM）是指當前所持有的一定量貨幣比未來獲得的等量貨幣具有更高的價值。也就是說，今天的10萬元比10年後的10萬元更值錢。

到底值多少呢？如果這筆錢壓在床板下，10年來，平均每年的通貨膨脹率為3%，相對於目前的購買力水平，你10年後只能購買到相當於目前價值7萬多元的物品，相當於平白損失了2萬多元。

如果這筆錢放在銀行，假定每年的利率為1.98%，則10年後總值為121,660.63元；如果存5年定期，年利率為2.79%，5年後本利再存5年，年利率不變，則總值為131,676.62元。如果這筆錢投資某類基金，如股票類價值成長型基金，年平均回報率為8%（在過去20年，美國基金的年平均回報率為12%，以中國國內生產總值最近幾年增長一般在8%左右計，該類基金年平均回報率有望達到8%），則10年後你的10萬元總價值達215,892.50元。

然而，在日常生活中，人們又不得不錯過一些獲利的機會，放棄獲得更高收益的投資，而「放一筆錢在桌子上」。

模塊一　生命週期理論

生命週期理論是個人理財規劃理論中十分重要的基礎，它將人的生命週期和理財策略相聯繫。

弗蘭科·莫迪利安尼（Franco Modigliani）美國經濟學家，他和理查德·布倫伯格（Richard Blumberg）共同創立了儲蓄生命週期假說。該理論將儲蓄與個人生命週期緊密地聯繫在一起，獨樹一幟地分析了決定和影響儲蓄行為的各種因素，得到西方經濟學界的高度評價。該理論主要是引用跨時期消費的概念來闡釋個人的儲蓄行為與消費行為。

個人理財規劃

生命週期理論認為，消費者追求整個生命週期內的效用最大化，通過在工作期間進行正儲蓄和退休后負儲蓄（提取儲蓄）來實現一生中各個時期的平滑消費。圖2.1就是該理論的直觀表述，它隱含著以下幾個假設：

（1）不存在有預期壽命或者工作時間的任何不確定性因素；

（2）儲蓄不賺取利息，價格保持不變，從而當前儲蓄將等額地轉換為未來可能的消費；

（3）工作期的收入保持不變；

（4）在開始工作時個人沒有財富。

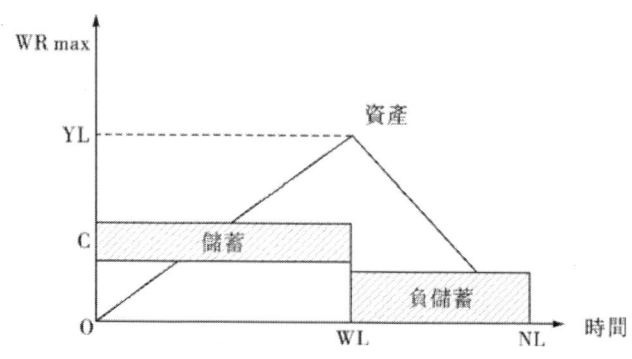

圖2.1　個人儲蓄的駝峰形態分佈

註：圖2.1中NL表示預期壽命；WL表示工作期；C表示消費；YL表示勞動收入。

任務一　生命週期理論在個人理財中的應用

一、個人（家庭）生命週期的劃分

家庭生命週期理論是經濟學中的一個重要理論，是基於一個家庭在一生中的不同階段，具有不同的經濟行為這一基本事實而研究出來的，用家庭生命週期的概念可以更方便地判斷一個家庭的理財需求。

家庭生命週期各階段的劃分規範是以夫婦平均年齡及與生活在一起的家中子女的年齡來配合確定的，從生命週期和理財投資能力兩個維度看，基本的家庭生命週期模型一般要經歷五大階段：青年單身期、家庭形成期、家庭成長期、家庭成熟期和退休養老期。這五個階段所具備的基本特徵可由表2.1表示：

表2.1　　　　　　　　　家庭生命週期和理財

理財要素	生命週期不同階段理財要素的重要性				
	青年單身期	家庭形成期	家庭成長期	家庭成熟期	退休養老期
儲蓄規劃	H	H	H	M	L
所得稅	L	M	M	H	M

表2.1(續)

理財要素	生命週期不同階段理財要素的重要性				
	青年單身期	家庭形成期	家庭成長期	家庭成熟期	退休養老期
風險管理	L	M	H	M	M
債務管理	M	M	H	L	L
投資	L	M	L	H	L
退休規劃	L	L	L	M	H

註：L 表示不重要；M 表示中等重要；H 表示很重要

例如，以表2.1中家庭生命週期為家庭成長期為例，就儲蓄規劃而言，這個階段的家庭面臨儲備子女教育金的問題，因此儲蓄規劃就非常重要；就投資規劃而言，處於成長期的家庭通常很少有閒錢去投資。

需要大家注意的是，沒有一個家庭生命週期的分類是完美的。這是因為總是有一些家庭不屬於任何的類別，由於家庭的狀況在不同時期處於不斷變化中，如娶妻生子、離婚、不斷變化的人口特徵以及縮小的家庭規模，對於家庭的分類不能包括所有的情形。

二、各生命週期階段的理財策略

實踐表明，個人所處的家庭生命週期階段不同，往往會擁有不同的短期和長期理財目標（見表2.2）。因此，針對不同的生命週期階段和理財目標關注度的不同，應相應地採取不同的理財策略。

表2.2　　　　　　　　家庭生命週期階段的理財目標

生命週期	青年單身期	家庭形成期	家庭成長期	家庭成熟期	退休養老期
短期目標	租賃住房 滿足日常支出 進行本人教育投資 建立備用金儲蓄	購買住房 滿足日常支出 旅遊 購買保險	子女教育開支 更換住房 滿足日常支出 贍養父母 旅遊 購買保險	購買新家具 滿足日常開支 提高投資收益穩定性 退休生活保障投資 購買保險	滿足日常開支 退休旅遊計劃 醫療基金準備
長期目標	購買住房 進行組合投資 建立退休金 購買保險	子女教育開支 贍養父母 進行投資組合 建立退休金	增加子女教育金 投資工具分散化 建立退休金	制定遺囑 養老金的調整 退休后的旅遊計劃	

1. 青年單身期

在這個階段，人們通常剛剛參加工作，收入比較低且不穩定，消費支出較大。這階段的主要任務是通過學習、工作等提高自身的素質和技術水平。此階段的人們可承受風險的能力最強，因此其在重點進行儲蓄理財，培養未來的獲利能力的同時還通常會包括較高風險的資產增值投資。因此，該階段的理財順序應該是：節財計劃>資產增

值計劃>應急基金>購置住房。

2. 家庭形成期

這一階段是指從結婚到新生兒誕生前的這段時間。這一時期是家庭的主要消費期，經濟收入較之前有所增加且相對穩定，家庭已經有一定的財力和生活用品。但是為了提高生活質量，此階段的家庭往往需要較大的家庭建設開支，如貸款買房。針對這一階段的理財，應將重點放在合理安排家庭建設支出上。因此，該階段的理財順序應該是：購置住房>購置硬件>節財計劃>應急基金。

3. 家庭成長期

這一階段是指青年夫婦生育到子女上完大學期間。在該階段，家庭成員不再增加，家庭成員的年齡都在增長，父母精力充沛，又累積了一定的工作經驗和投資經驗，投資能力增強，但是家庭開支在子女教育、家庭成員的醫療保健上會大大增加，尤其是子女開始上大學的階段，教育費用的猛增使家庭此階段的財務負擔加重。因此，該階段的理財順序應該是：子女教育規劃>資產增值管理>應急基金>特殊目標規劃。

4. 家庭成熟期

這一階段是指子女畢業參加工作到父母退休前的這段時間。該階段夫婦雙方的工作能力、工作經驗、經濟狀況都達到高峰狀態，子女也已完全自立，債務已經基本還清，理財的重點就轉移到擴大投資上來。因此，該階段的理財順序應該是：資產增值管理>養老規劃>特殊目標規劃>應急基金。

5. 退休養老期

這一階段是指退休後的生活期間。該階段的人們主要目的是為了安度晚年，又因為年齡和身體狀況的限制，人們的投資和花費通常變得比較保守，可承受的風險能力較弱，故股票投資比重變低，債券和存款比重較高。因此，該階段的理財順序應該是：養老規劃>遺產規劃>應急基金>特殊目標規劃。

【案例 2.1】李先生現年 42 歲，稅後年收入為 6 萬元，妻子王女士比他小兩歲，稅後年收入為 4 萬元，夫妻倆都是公務員，育有一子，今年 14 歲，正在讀初中。夫妻倆希望 5 年後能將兒子送出國讀大學。李先生一家現居住在北三環一套 70 平方米的住房。由於夫妻倆生活比較節儉，已有 30 萬元 2 年期定期存款，有一輛經濟型轎車每年花費 2 萬元左右，除此之外每年要花費 2 萬元教育費，以及每年給雙方父母 2 萬元零用錢，李先生家庭月平均生活費為 3000 元左右。

【案例分析】

李先生的家庭正處於家庭成熟期階段，在此階段的收支相對較穩定。正值初中在讀的孩子再過幾年便可獨立，目前應當開始為孩子 5 年後的國外深造學費籌備教育金，如何做到進一步開源節流將成為家庭考慮的重點問題。從理財目標上看，李先生的家庭近期理財目標主要集中在保險規劃和子女教育金規劃上，而遠期目標就是退休規劃。

現金規劃：30 萬元的 2 年期存款應即刻「處理」，留足家庭 6 個月消費支出總額用於緊急備用金存在原有帳戶中即可，剩餘 28.2 萬元應該進行合理投資，獲取更大

收益。

教育規劃：考慮到子女教育的剛性要求，應排在家庭理財目標達成的第一順序。5年後，孩子面臨接受3年的國外本科教育。假設3年留學費用需要50萬元左右，從家庭目前條件看，教育金缺口較大，還需籌集50-28=22萬元。5年的累積時間並不很長，選擇投資產品要從資金的安全性和收益性綜合考慮，推薦購買信託公司的中期理財產品，投資方向以債券、票據類、優質信貸稍加配置股票為主。

養老規劃：假定李先生60歲退休，王女士55歲退休，綜合考慮二人的退休時間，按還有16年積攢養老金的時限，在先達成孩子出國深造后考慮的話，僅有11年籌備期。建議將年度結餘以基金定投的形式累積養老金，10餘年的時間十分適合購買定投指數型基金的理財產品，分享中國經濟快速增長帶來的與市場持平的收益。

保險規劃：考慮到國家公務員醫療保險保障待遇很是優厚，商業醫療費用保險不作為考慮重點，可以購買無返還型定期壽險保險，不含任何投資功能，真正滿足家庭需求，被保險人為李先生，受益人為妻子或孩子。

【案例2.2】陳小姐現年28歲，就職於北京某私企，月收入2000元，公司尚有「三險一金」。陳小姐於2009年10月結婚，丈夫就職於某協會，月收入2500元，有「三險一金」，工作穩定，通常年底會有1萬元左右的年終獎。兩人目前在北京有住房一套，面積為60平方米，購置時每平方米1萬元，總房款60萬元，首付40萬元（由雙方父母支付），貸款20萬元，月還款2500元。兩人有存款3萬元，無其他投資。若希望10年後換購一套90平方米左右的住房，應如何籌劃？

按照生命週期理論，陳小姐處於哪個生命週期階段？其理財需求有哪些？請按照順序寫出她的理財需求。

【案例分析】

陳小姐與丈夫步入婚姻殿堂，組建了幸福的家庭。年輕家庭財務需求較旺盛，風險承受能力較強，可將投資規劃重視起來，以獲取良好收益。由於陳小姐有10年後換購房屋的理財目標，理財師對其建議：投資規劃中主要使用以股票、基金為主的金融工具。

現金規劃：現金儲備不宜過多。現金規劃中，我們經常使用的金融工具是活期儲蓄、各類銀行款和貨幣市場基金等。陳小姐家庭的存款為3萬元，可用於家庭現金儲備，一般是以3~6個月的生活支出作為儲備金，多餘的部分可用於投資。假設陳小姐家庭月開支為1500元，那麼家庭現金儲備可控製在4500~9000元，儲蓄中可用於初期投資的本金為2萬元。

投資規劃：年輕家庭不妨調高風險承受度。根據陳小姐提供的信息，理財師判斷陳小姐家庭的投資偏好較為保守，並無投資股票或其他金融產品的經歷，但年輕家庭的投資規劃應以較激進為主基調，理財師建議陳小姐在經過投資風險測試後，進行傾向於投資標的兼有股票及債券的混合式投資組合或股票型基金。若年收益率保持在15%，經過複利計算，10年後2萬元本金的終值有望達到8.09萬元。

個人理財規劃

当然在資本累積到一定程度后，應通過資產配置進行相應的分散投資，審時度勢，變化投資策略。

換購房屋的規劃：選取循環貸方式。10年后陳小姐一家已經擁有了現住房的產權，便可選取循環貸的方式，抵押住房80%的貸款額度，進行循環使用，同時配合10年的長期投資規劃，陳小姐一家10年的換房規劃將輕鬆實現。

風險保障規劃：商業保險必不可少。未來的10年中，陳小姐家庭從組建期向成長期過渡，家庭成長期的理財規劃重點轉向風險保障規劃。在這個過程中，雖然陳小姐夫婦都有基本保險，但應根據自身的狀況補充商業保險，打好家庭財務的基石。應先考慮選擇保障型的險種，可以用定期壽險搭配終身壽險來構建人生保障，再搭配意外險、醫療險及防癌險即可。保險費用的支出比例建議以年收入的1/10配置，保額約為年收入的10倍。

此外，陳小姐與丈夫現階段工作穩定，若有進一步進修意願，可盡早準備再教育基金，以便提高自身能力，為家庭理財開源做準備。同時可未雨綢繆，通過基金定投的方式為子女的出生做好準備。

模塊二　貨幣的時間價值

貨幣時間價值，也稱資金的時間價值，是指貨幣經歷一定時間的投資和再投資所增加的價值。由於不同時間單位貨幣的經濟價值不同，不同時間單位的貨幣收入需要換算到相同時間單位的基礎上才能相互比較。貨幣時間價值的計算在個人理財中的應用非常重要，它通過量化的方法具體分析如何滿足人生的各個財務目標，從而將理財規劃體現於實際的數據。

貨幣之所以具有時間價值，至少有三個方面的原因：第一，貨幣可用於投資，獲得利息，從而在將來擁有更多的貨幣量。例如，將現在持有的一單位的貨幣存入銀行獲得利息，從而在將來獲得一個增量的貨幣。現在的一單位貨幣可以給投資者帶來未來的超額收益，因此現在的單位貨幣價值要高於未來的單位貨幣價值。第二，貨幣的購買力會因通貨膨脹的影響而隨時間改變。如果現在持有一單位貨幣，但經濟中存在通貨膨脹，那麼在將來由於物價的上漲使得未來單位的貨幣購買力小於現在的一單位貨幣。第三，一般來說，未來的預期收入具有不確定性。對於普遍厭惡風險型的投資者而言，確定的獲得一單位貨幣肯定要比風險中的一單位貨幣有更大的效用。

任務一　單利與複利的計算

一、單利

單利是指按照固定的本金計算的利息。單利的特點就是對已過計息日而不提取的

利息不計利息。

單利的計算公式如下：

$C = P \times r \times n$ (2.1)

$S = P \times (1+r \times n)$ (2.2)

其中：C 為利息額，P 為本金，r 為利息率，n 為借貸期限，S 為本金和利息之和（簡稱本利和）。

單利計算簡單，便於理解。目前，中國銀行存款利息和到期一次性還本付息的國債都是採用單利計息的方式。

【案例 2.3】今天到銀行存入 1000 元，假定銀行的存款利率為 3%，那麼按照單利計算，8 年后能得到多少本息？

【解答】8 年后的本息和 = 1000×（1+3%×8）= 1240（元）

按照單利計算，8 年后能得到本息和為 1240 元。

二、複利

複利是指由本金和前一個利息期內應計利息共同產生的利息，即由未支取利息按照本金的利率賺取的新利息，常稱息上息、利滾利，不僅本金產生利息，利息也產生利息。愛因斯坦稱複利是「世界第八大奇跡」。

複利的計算公式如下：

$S = P(1+r)^n$ (2.3)

註：在后面的學習過程中，我們將都以複利法來計算貨幣的時間價值。

【案例 2.4】本金為 50,000 元，利率或者投資回報率為 3%，投資年限為 30 年，那麼 30 年后所獲得的利息本息收入按複利來計算是多少？

【解答】30 年后的本息和 = 50,000×（1+3%）^{30} = 121,363（元）

按複利計算，30 年后所獲得的本息收入為 121,363 元。

任務二　終值與現值的計算

一、終值

終值又稱未來值，是指從當前時刻看，發生在未來某時刻的一次性支付（收入）的現金流量。終值通常是把現在或未來某些時刻之前多次支付（收入）的現金額，按照某一利率（亦可以理解為貼現率）計算出的在未來某一時點的值。終值按計算利息的方法不同，可分為單利終值和複利終值。

複利終值計算公式如下：

$F = P(1+i)^n$ (2.4)

其中：F 為終值，P 為現值，i 為利率，n 為計息期數。

公式 2.4 是計算複利終值的一般公式，其中的 $(1+i)^n$ 被稱為複利終值系數或 1 元

的複利終值，用符號（F/P, i, n）表示。例如，（F/P, 6%, 2）表示利率為 6%，2 年期複利終值的係數。為了便於計算，可通過財經計算器計算出複利終值係數，通過計算可知，（F/P, 6%, 2）= 1.1236，可理解為在貨幣時間價值為 6% 的情況下，現在的 1 元和 2 年後的 1.1236 元在價值上是相等的。根據複利終值係數，可以把現值換算成終值。

在複利終值計算過程中，可以按年，也可以按半年、按季度、按月和按日等不同的週期計算複利，稱為週期性複利。

計算週期性複利的公式如下：

$$F = P(1+i/m)^{mn} \tag{2.5}$$

其中：F 為終值，P 為現值，i 為利率，m 為 1 年中計算複利的次數，n 為年數。

【案例 2.5】某人將 100,000 元投資於一個項目，年報酬率為 6%，計算分別經過 1 年、2 年和 3 年後的終值是多少？

【解答】經過 1 年時間的期終金額計算如下：

$F = 100,000 \times (1+6\%) = 106,000$（元）

若此人並不提走現金，將 106,000 元繼續投資於該事業，則第 2 年年末本利和計算如下：

$F = 100,000 \times (1+6\%)^2 = 100,000 \times 1.1236 = 112,360$（元）

同理，第 3 年的期終金額計算如下：

$F = 100,000 \times (1+6\%)^3 = 100,000 \times 1.1910 = 119,100$（元）

【案例 2.6】本金的現值為 1000 元，年利率為 8%，期限為 3 年。如果每季度計算複利一次，則 3 年後的終值為多少？

【解答】$F = 1000 \times (1+8\%/4)^{3\times 4}$
　　　　　$= 1268.24$（元）

3 年後的終值為 1268.24 元。

二、現值

現值指未來的貨幣收入在目前時點上的價值。現值既可以是未來一次支付（收入）的現金流量折算到現在的值，也可是未來某些時刻多次支付（收入）的現金流量，按某種利率貼現到現在的價值。

現值按計算利息的方法不同，也可分為單利現值和複利現值。

複利現值計算公式可以從複利終值公式中推導出如下計算公式：

$$P = F/(1+i)^n \tag{2.6}$$

其中：P 為現值，F 為未來的現金收入，i 為利率，n 為計息期數。

公式 2.6 中 $(1+i)^{-n}$ 稱為現值係數，它與貼現率和年限有關，也稱為貼現因子。這個數值可以理解為 n 期以後的 1 元錢，以貼現率 i 折算到現在的數值。

同樣，對於週期性複利，其現值計算公式如下：

$$P = F/(1+i/m)^{mn} \tag{2.7}$$

可見，現值計算是終值計算的逆運算。終值是計算現在一筆錢在未來某一時刻的本利和，而現值是計算將來一筆錢相當於現在多少錢。這是現金流量計算和分析中最基本也是最重要的換算關係。隨著期限的增長，現值系數 $(1+i)^{-n}$ 將減少，即同樣一筆錢，離現在時間越長，現值越小（例如按揭）。同時，隨著利率（貼現率）的提高，現值系數將減少，即同樣一筆錢，利率（貼現率）越大，現值越小。反之，隨著年數的增長，本利和系數將增大，即同樣一筆錢，離現在時間越長，終值越大。同時，隨著利率的提高，本利和系數將增大，即同樣一筆錢，利率越大，終值越大。

【案例 2.7】吳某的姑姑允諾在吳某年滿 25 歲時給吳某 10,000 元，吳某現在已經 20 歲了。假設 5 年期債券的平均年收益率為 6%，那麼吳某的姑姑現在應該給吳某多少錢，才會在 5 年後剛好等於 10,000 元？

【解答】$P = 10,000 \div (1+0.06)^5 = 7472.58$（元）

吳某的姑姑現在應該給吳某 7472.58 元錢，才會在 5 年後剛好等於 10,000 元。

任務三　年金的計算

一、年金

年金是指等額、定期的系列收支。例如，分期付款賒購、分期償還貸款、發放養老金、分期支付工程款、每年相同的銷售收入等，都屬於年金收付形式。

年金額是指每次發生的金額，簡稱年金。年金期間是指相鄰兩次年金額的間隔時間算作一期。年金時期是指整個年金問題的起訖期間，分為若干期。

依起訖日期劃分可將年金劃分為確定年金和不確定年金。確定年金是指起訖日期都確定的年金。不確定年金是指起始日期或終了日期取決於某種意外事故的發生而發生的年金。

依每期年金額發生的時刻劃分可將年金劃分為期末年金和期初年金。期末年金是指在年金時期內，每期年金額都在每期末發生的年金。期初年金是指在年金時期內，每期年金額都在每期初發生的年金。

依年金時期是否有限劃分可將年金分為有限年金和無限年金。有限年金是指年金時期有限的年金。無限年金是指年金時期無限長的年金。

依年金發生期間與計息期間的關係劃分，可將年金分為簡單年金和一般年金。簡單年金是指年金發生期間與計息期間相同的年金。一般年金是指年金發生期間與計息期間不相同的年金。

遞延年金是指遲延若干期後才開始發生的年金額。

年金計算可以分為年金終值計算和年金現值計算。

二、年金的終值計算

1. 複利期初年金終值

每期期初發生等額的現金流量 A，利率為 i，則 n 期的現金流量按複利計算的和稱為複利期初年金終值。按年金發生的時間，可以分為期初年金終值和期末年金終值，利率通常採用複利形式，年金終值用符號 Fa 表示。

$$Fa = A(1+i)[(1+i)^n - 1]/i \qquad (2.8)$$

其中：$(1+i)[(1+i)^n - 1]/i$ 稱為期初年金本利和系數。

【案例2.8】某個客戶在未來10年內能在每年期初獲得1000元，年利率為8%，則10年後這筆年金的終值是多少？

【解答】$1000 \times (1+0.08)[(1+0.08)^{10} - 1]/0.08 = 15,645.49$（元）

10年後這筆年金的終值是15,645.49元。

2. 複利期末年金終值

每期期末發生等額的現金流量 A，利率為 i，則 n 期的現金流量按複利計算的和稱為複利期末年金終值。

$$Fa = A[(1+i)^n - 1]/i \qquad (2.9)$$

其中：$[(1+i)^n - 1]/i$ 稱為期末年金本利和系數。

【案例2.9】如客戶的年金在每年期末獲得，則10年後這筆年金的終值是多少？

【解答】$1000 \times [(1+0.08)^{10} - 1]/0.08 = 14,486.56$（元）

10年後這筆年金的終值是14,486.56元。

3. 償債基金

償債基金是指為使年金終值達到既定金額，每年應支付的年金數額。

根據年金終值計算公式 $Fa = A[(1+i)^n - 1]/i$，可知償債基金計算公式如下：

$$A = Fa \times i/[(1+i)^n - 1] \qquad (2.10)$$

其中：$i/[(1+i)^n - 1]$ 是期末年金終值系數的倒數，稱償債基金系數，記作 $(A/s, i, n)$，它可以把年金終值折算為每年需要支付的金額。償債基金系數可以根據年金終值系數求倒數確定。

【案例2.10】如果你想向銀行借款100,000元，期限5年，銀行利率為10%，那麼每年年末應還銀行多少錢才能夠還清債務？

【解答】

$A = 100,000 \times (A/s, i, n)$

 $= 100,000 \times 10\%/[(1+10\%)^5 - 1]$

 $= 100,000 \times 0.1638$

 $= 16,380$（元）

在銀行利率為10%時，每年年末存入16,380元，5年後便可得100,000元用來還清債務。

三、年金現值的計算

將每期等額的現金流量 A，按一定貼現率折算到現在，稱為年金現值。按年金等額發生量發生的時間，可以分為期初年金現值和期末年金現值，貼現率通常採用複利形式，年金現值用符號 Pa 表示。

1. 複利期初年金現值

每年初發生等額的現金流量 A，利率為 i，則 n 期的現金流量按複利計算的現值和稱為複利期初年金現值。

$$Pa = A[(1+i)^n - 1]/i(1+i)^{n-1} \qquad (2.11)$$

其中：$A[(1+i)^n - 1]/i(1+i)^{n-1}$ 稱為期初年金現值係數。

【案例 2.11】某個客戶在未來 10 年內能在每年期初獲得 1000 元，年利率 8%，則這筆年金的現值是多少？

【解答】

$Pa = 1000 \times [(1+0.08)^{10} - 1]/0.08 \times (1+0.08)^{10-1}$

$\quad = 7246.89$（元）

這筆年金的現值是 7246.89 元。

2. 複利期末年金現值

每期末發生等額的現金流量 A，利率為 i，則 n 期的現金流量按複利計算的現值和稱為複利期末年金現值。

$$Pa = A[(1+i)^n - 1]/i(1+i)^n \qquad (2.12)$$
$$\quad = A[1 - (1+i)^{-n}]/i$$

其中：$[1 - (1+i)^{-n}]/i$ 稱為期末年金現值係數。

【案例 2.12】在案例 2.11 中，如客戶的年金在每年期末獲得，則這筆年金的現值是多少？

【解答】

$Pa = 1000 \times [(1+0.08)^{10} - 1]/0.08 \times (1+0.08)^{10}$

$\quad = 6710.08$（元）

如客戶的年金在每年期末獲得，則這筆年金的現值是 6710.08 元。

【案例 2.13】假設以 10% 的利率借款 200,000 元，投資於某個壽命為 10 年的設備，每年至少要收回多少現金才是有利的？

【解答】根據期末年金現值的計算公式可知：

$Pa = A[1 - (1+i)^{-n}]/i$

$A = Pa \times i / [1 - (1+i)^{-n}]$

$\quad = 200,000 \times 10\% \div [1 - (1+10\%)^{-10}]$

$\quad = 200,000 \times 0.162$

$\quad = 32,400$（元）

因此，每年至少要收回現金 32,400 元，才能還清貸款本利。

上述計算過程中的 $i/[1-(1+i)^{-n}]$ 是期末年金現值系數的倒數，它可以把現值折算為年金，稱投資回收系數。

當年金的期數永久持續，即 $n\to\infty$ 時，無限期定額支付的年金就稱為永續年金。現實中的存本取息可視為永續年金的一個例子。永續年金的終值是發散的，終值無窮大或者說沒有極值，即永續年金沒有終止的時間，也就沒有終值。永續年金的現值是收斂的，有極值。永續年金的現值可以通過普通年金現值的計算公式導出來。

根據複利期末年金現值公式 2.12：

$Pa=A[1-(1+i)^{-n}]/i$

當 $n\to\infty$ 時，即 n 趨向於無窮大時 $(1+i)^{-n}$ 的極限為零，故上式可寫為：

$Pa=A/i$ (2.13)

因此，永續年金的現值就是每期年金數額除以貼現率。

【案例 2.14】某人擬在某中學建立一項永久性的獎學金，每年計劃頒發 10,000 元獎金。若利率為 10%，現在應存入多少錢？

【解答】$P=10,000/10\%=100,000$（元）

據計算，現在應存入 100,000 元錢。

上述關於年金計算的方法在個人理財中有廣泛用途，如分期付款購房、養老金策劃、籌措教育基金等。

 請使用學過的貨幣時間價值理論計算下列各題。

（1）擬在 5 年後還清 100,000 元債務，從現在起每年年末等額存入銀行一筆款項。假設銀行存款利率為 10%，每年需要存入多少元？

（2）6 年分期付款購房子，每年年初付 50,000 元，設銀行利率為 10%，該項分期付款相當於一次現金支付的購價是多少？

（3）如果 1 股優先股每季分得股息 2 元，而年利率是 6%，對於一個準備買這種股票的人來說，他願意出多少錢來購買此優先股？

學習小貼士

我們要明白理財最大的奧妙在於何處，那就是利用了貨幣的時間價值，也就是「複利」投資的奧妙。「數學有史以來最偉大的發現」，愛因斯坦曾經這樣形容複利。複利聽起來複雜，說穿了就是除了用本金賺利息，累積的利息也可以再用來賺利息。

關於複利，美國早期的總統富蘭克林還有一則軼事。1791 年，富蘭克林過世時，捐贈給波士頓和費城這兩個他最喜愛的城市各 5000 美元。這項捐贈規定了提領日，提領日是捐款后的 100 年和 200 年：100 年后，兩個城市分別可以提 50 萬美元，用於公

共計劃；200 年后，才可以提領餘額。1991 年，200 年期滿時，兩個城市分別得到將近 2000 萬美元。

富蘭克林以這個與眾不同的方式向我們顯示了複利的神奇力量。富蘭克林喜歡這樣描述複利的好處：「錢賺的錢，會賺錢。」

而理財中最重要的數字又是多少呢？幾乎所有的理財專家都會告訴我們，不是 100%，而是「72」——也就是「七二法則」，一個與複利息息相關的法則。

所謂「七二法則」，就是一筆投資不拿回利息，利滾利，本金增值一倍所需的時間為 72 除以該投資年均回報率的商數。例如，你投資 30 萬元在每年平均收益率為 12% 的基金上，約需 6 年（72 除以年報酬率，亦即以 72 除以 12）本金就可以增值一倍，變成 60 萬元；如果基金的年均回報率為 8%，則本金增值一倍約需要 9 年時間。

掌握了這其中的奧妙，就能夠幫助你快速計算出財富累積的時間與收益率關係，非常有利於你在進行不同時期的理財規劃選擇不同的投資工具。例如，你現在有一筆 10 萬元的初始投資資金，希望給 12 年后上大學的女兒用作大學教育基金，同時考慮各種因素，估算出女兒的大學教育金到時候一共需要 20 萬元。那麼為了順利實現這個目標，你應該選擇長期年均收益率在 6% 左右的投資工具，比如平衡型基金。

再拿比較保守的國債投資者來說，年收益水平為 3%。那麼用 72 除以 3 得 24，就可推算出投資國債要經過 24 年收益才能翻番。

當然，想要利用複利效應讓你快速累積財富，前提就是要盡早開始儲蓄或投資，讓複利成為你的朋友。否則，你和別人財富累積速度的差距會越來越大。

學習小貼士

複利系數表和金融計算器

在進行終值、現值以及年金的計算中，大家會發現單純使用公式進行計算的話，計算過程比較複雜，如果涉及的幂級數非常高，就無法通過普通計算方法快速計算出結果。為簡化計算過程，快速計算出結果，這裡介紹兩種方法：複利系數表和金融計算器。

複利系數表是將上述終值、現值和年金各公式的系數值列在表格中，按不同的利率值列出各個系數。若已知利率、計息週期、屬於哪種系數，便可直接從表上查得需要的系數值。常見的複利系數表有複利終值系數表、複利現值系數表、普通年金終值系數表和普通年金現值系數表。

金融計算器是一款金融領域專用的計算器，包含強大的金融計算功能，如 TVM 計算器、貨幣轉換器、貸款計算器、複利計算器、信用卡還清計算器、投資回報率（ROI）計算器、貸款計算器、內部收益率淨現值計算器等。目前市面上有普惠金融、德州儀器、卡西歐等各種品牌及型號的金融計算器，按照不同型號的計算器使用說明可以快速準確計算出貨幣的時間價值。

模塊三　風險特徵分析

【案例導入】

你到底能夠承擔多少風險？

如果你的收入為每月 2000 元，還要養活妻小，你能夠進行股票或者房地產投資嗎？如果你把辛苦了很久積攢下來的錢投到了股票上，你能夠容忍你的股票虧損掉多少？每個人或者每個家庭因其自身的原因能夠承受的風險程度各不相同，這取決於你的年齡、職業、家庭狀況、接受教育的程度等多個因素。

一、投資者的風險特徵

風險是對預期的不確定性，是可以被度量的。風險特徵是進行理財前要考慮的重要因素之一。

通常，投資者的風險特徵可以由以下三個方面構成：

1. 風險偏好

風險偏好反映的是投資者主觀上對風險的態度，也是一種不確定性在其心理上產生的影響。產生不同風險偏好的原因很多，主要與其所處的成長環境、文化氛圍等有很深的聯繫。

2. 風險認知度

風險認知度反映了投資者主觀上對風險的基本判斷，這也是影響其對風險態度的心理因素。擁有不同生活經驗、知識水平的人對相同的風險會產生不一樣的判斷。

3. 實際風險承受能力

實際風險承受能力則反映了風險客觀上對投資者的影響程度，一樣的風險對不同的人的影響是不一樣的。例如，同樣都是拿 10 萬元投資股票，其風險是客觀的，但對於一個擁有數百萬資產的富商和一個僅有 10 萬元存款的新婚夫婦來說產生的影響是截然不同的。

綜上所述，這三個方面對每個人或家庭的影響都是不同的，將這三個方面綜合起來分析就能瞭解一個人的風險特徵。結合風險特徵的三個方面，我們可以分別用風險承受能力和風險承受態度兩個指標來分析投資者的風險特徵。

二、其他理財特徵

除了風險特徵外，還有許多其他的理財特徵會對個人理財方式和產品選擇產生很大的影響。例如，投資渠道偏好、知識結構、生活方式、個人性格等。

任務一　風險承受能力分析

　　個人或家庭可以承受風險的能力，與年齡、性別、家庭結構等有關。同樣的風險對不同職業、負擔、財務狀況、投資經驗的理財對象而言影響是大相徑庭的。例如，一個單薪且有孩子的家庭的風險承受能力顯然比雙薪又無子女的家庭的風險承受能力要低。

　　風險承受能力的測評通常通過理財專家設計的測試表或測試題來進行，表 2.3 是香港中文大學財務系研製的風險承受能力評估表，供參考。

表 2.3　　　　　　　　　　　　風險承受能力評估表

1. 你的年齡
   A. 25 歲或以下　　　　B. 26~35 歲　　　　C. 36~45 歲
   D. 46~55 歲　　　　　E. 56~65 歲　　　　E. 66 歲或以上
2. 你的婚姻狀況
   A. 單身　　　　　　　B. 已婚　　　　　　C. 離婚
3. 你有多少孩子
   A. 沒有　　B. 一個　　C. 兩個　　D. 三個　　E. 四個以上
4. 你的教育程度
   A. 小學　　B. 中學　　C. 專科或中專　　D. 大學及以上
5. 如果把你所有的流動資產加起來（銀行存款、股票、債券、基金等）減去未來一年的非定期開支（如結婚、買車等），約等於你每月薪金的多少倍？
   A. 20 倍以上　　　　　B. 15.1~20 倍　　　C. 10.1~15 倍
   D. 5.1~10 倍　　　　　E. 2.1~5 倍　　　　F. 2 倍以下
6. 你估計 5 年后的收入會較現在增長多少倍？
   A. 50% 以上　　　　　B. 30.1%~50%　　　C. 20.1%~30%
   D. 10.1%~20%　　　　E. 0.1%~10%　　　　F. 收入不變或下降
7. 你平均每月的支出占收入的比重為多少？
   A. 100% 以上　　　　　B. 80.1%~100%　　　C. 60.1%~80%
   D. 40.1%~80%　　　　　E. 20.1%~40%　　　　F. 20% 以下

分值表

	A	B	C	D	E	F
1	14	8	6	4	2	0
2	12	0	6			
3	17	9	4	2	0	
4	0	2	4	6		
5	15	12	9	6	3	0
6	18	14	10	5	2	0
7	0	2	4	8	12	18

專家分析：

81 分或以上：由於你沒有多少財務的負擔，可以很輕鬆地接受高於一般的風險，以賺取較高的回報。

61~80 分：你只有少量財務上的負擔，能接受較高水平的風險，對於比平均風險略高的投資項目均可以接受。

41~60 分：你接受風險的能力屬於一般水平，可以接受普通程度的風險。

21~40 分：由於你個人負擔較一般人為重，故接受風險的能力亦屬於偏低，不可以接受太高的風險投資項目。

20 分以下：你接受風險的能力屬於極低水平，你有沉重的負擔，投資組合中應取向低風險型投資項目。

任務二　風險承受態度分析

你是怎樣看待風險的？像保守型的人一樣把錢都存到銀行，還是像冒險型的投資者那樣把大部分的積蓄都投到股票上？你屬於冒險型的、積極型的、穩健型的、中性型的還是保守型的？通過下面的風險承受態度測驗表來瞭解一下吧（見表 2.4）。

表 2.4　　　　　　　　　　　風險承受態度測驗表

1. 某大企業想邀請你任職公司部門主管，薪金比現在高 20%，但你對此行業一無所知，你是否考慮接受這個職位？
   A. 不用想便立即接受
   B. 接受職位，卻擔心自己未必能應對挑戰
   C. 不會接受
   D. 不肯定
2. 你獨自到國外旅遊，剛巧碰到一個十字路口，你會選擇冒險試行其中一條路線，還是向其他人問路？
   A. 自己冒險試行　　　　　B. 向他人問路
3. 你去看魔術表演，魔術師邀請觀眾上臺參與表演，你是否會立刻上臺？
   A. 會　　　　　　　　　　B. 不會　　　　　　　　C. 視情況而定
4. 你認為買期指會比買股票更容易獲取利潤？
   A. 絕對是　　　　　　　　B. 可能是　　　　　　　C. 可能不是
   D. 一定不是　　　　　　　E. 不肯定
5. 若你需要把大量現金整天攜帶在身的話，你是否會感到非常焦慮？
   A. 非常焦慮　　　　　　　B. 會有點焦慮　　　　　C. 完全不會焦慮
6. 你於上星期用 50 元購入一股票，該股票現在升到 60 元，而根據預測，該股票下周有一半的機會升到 70 元，另一半的機會跌倒 50 元，你現在會怎麼辦？
   A. 立即賣出　　　　　　　B. 繼續持有　　　　　　C. 不知道
7. 同樣的情況，你於上周用 50 元買入的股票現在已經跌到 40 元，而你估計該只股票有一半的機會於下星期回升到 50 元，另一半的機會會繼續下跌到 30 元，你現在會怎麼辦？

A. 即刻賣出　　　　　　B. 繼續持有　　　　　C. 不知道
8. 當你做出投資決定時，以下哪個因素最為重要？
　　A. 保本　　　　　　　　B. 穩定增長　　　　　C. 抗通脹
　　D. 短期獲利　　　　　　E. 獲取高回報
9. 當你做出投資決定時，以下哪個因素最不重要？
　　A. 保本　　　　　　　　B. 穩定增長　　　　　C. 抗通脹
　　D. 短期獲利　　　　　　E. 獲取高回報

分值表

	A	B	C	D	E	F
1	15	11	0	6		
2	11	0				
3	11	0	5			
4	7	5	2	0	3	
5	0	3	7			
6	0	13	7			
7	0	14	7			
8	0	3	7	10	13	
9	9	7	4	2	0	

專家分析：

81 分或以上：你是一位冒險型投資者，對任何有賺錢機會的項目都會勇於參與，喜歡追尋冒險的刺激感。

61~80 分：你是一個進取型投資者，對自己的投資項目有信心，能夠接受較高水平的風險。

41~60 分：你是一個穩健型投資者，願意接受一般程度的風險，目的是獲取穩健收益。

21~40 分：你是一個保守型投資者，忍受風險的程度比一般人低，投資時不願意碰運氣，也不願意冒險。

20 分以下：你是一位無風險型投資者，不願意接受任何風險，願意做無風險投資。

判斷你是不是一個愛冒險的人或者說是可以冒險的人，需要將風險承受能力和風險態度兩個指標結合起來綜合分析。你可以用下面的公式進行計算：

分數＝風險承受態度－風險承受能力

高於 21 分或以上：說明你雖然敢於冒險，但是最好做好風險管理，或是投資一些低風險產品。

高於 6~20 分：你應該增加一些低風險的投資。

相差 5 分以內：兩者基本吻合，保持現有組合。

低於 6~20 分：事實上你有較強的承受風險的能力，可以在組合中增加一些風險較

高的投資，以獲得更好的回報。

低於 21 分或以下：你是從心理上不願意接受風險，會錯過不少的投資機會，你應該增加一些高風險的投資。

本章小結

本章主要向大家介紹了進行個人理財需要掌握的三項基礎知識：生命週期理論、貨幣的時間價值以及個人（家庭）風險特徵分析。

從生命週期和理財投資能力兩個維度看，基本的家庭生命週期模型一般要經歷五大階段：青年單身期、家庭形成期、家庭成長期、家庭成熟期和退休養老期。這五個階段所具備的基本特徵決定了每個階段的理財策略。

貨幣時間價值也稱資金的時間價值，是指貨幣經歷一定時間的投資和再投資所增加的價值。由於不同時間單位貨幣的經濟價值不同，不同時間單位的貨幣收入需要換算到相同時間單位的基礎上才能相互比較。貨幣時間價值的計算在個人理財中的應用非常重要，它通過量化的方法具體分析如何滿足人生的各個財務目標，從而將理財規劃體現在實際的數據中。

每個人或者每個家庭因其自身的原因能夠承受的風險程度各不相同，這取決於一個人的年齡、職業、家庭狀況、接受教育的程度等多個因素。通常，投資者的風險特徵由風險偏好、風險認知度和風險承受能力三個方面構成。

項目三　家庭財務管理

【案例導入】

金先生的家庭是一個處於成長期的三口之家，家裡有房子，生活比較殷實。金先生43歲，是單位供銷科的科長，年收入12萬元左右；金太太42歲，是商場的一名售貨員，年收入約為2.5萬元。他們有一個剛上大學的兒子，且雙方父母都有住房，金太太的父母有醫療保障和退休金，金先生的父母在農村，雙方父母在經濟上基本上不用他們操心。金先生家裡有50萬元的存款，其中的5萬元是活期存款，其餘為定期存款和投資工具。金先生家有兩套房子，一套由金太太的父母居住（因金太太的父母原來的房子已經拆遷，現在的房子還有幾間房間是空著的），目前市值50萬；另一套金先生一家三口居住的，120平方米，市值70萬元，但用金先生的公積金貸款20萬元，月還款2000元，要到2018年還完。金先生家年支出7.4萬元（包括通信費、上網費等），家庭除了20萬元的負債之外，並沒有其他的負債。

你認為金先生的家庭財務狀況如何？

模塊一　編制家庭財務報表

企業有企業的財務報表，家庭也有家庭的財務報表，編制一套包括資產負債表、收支損益表、現金流量表等在內的家庭財務報表，有利於清楚地認識家庭的財務狀況，這樣才能知道該從什麼地方入手進行財務規劃。家庭財務報表分析可以幫助人搞清楚如下幾個方面的情況：

現在有多少資產，其中自用資產（自用的房產、汽車等）占比多少、生息資產（存款、投資品等）占比多少，這些比例是否合理；

現在有多少負債，其中消費方面的負債、投資方面的負債、自用資產形成的負債各占比多少，這些比例是否合理；

每月家庭收入中有多少是工作收入，多少是理財收入（一旦退休或停止工作，理財收入能支撐多少家庭支出）；

每月家庭支出中日常必需品支出是多少、非必需品支出是多少，比例是否合理，可以進行怎樣的調整；

每月能有多少儲蓄，儲蓄比例是否合理，是否能夠支持理財計劃；

個人理財規劃

家庭資產中對哪些市場因素比較敏感，利率、匯率、股市表現等因素會對家庭資產產生怎樣的影響等。

由此可見，深入瞭解家庭的財產內容，及時合理地計量家庭財產，有利於正確瞭解個人（家庭）的資產狀況，對正確設定理財目標、選擇合適的投資組合、合理安排收入支出比例及資產的保值增值途徑有十分重要的意義。

因此，學習理財，首先要學會閱讀簡單的財務報表，明白每項投資對現金流量的影響。資產負債表能夠幫助你瞭解你有多少財可理，有多少債還沒有償還；收支表能夠幫助你做好收支管理，記錄好每天的收支情況，定期檢查你是否有不必要的開支，對未來的收入和支出預先做好規劃。

任務一　編制家庭資產負債表

一個個人或家庭的資產負債表或者淨資產表是這個個人或家庭在某一時刻的財務狀況的反映，它顯示了個人或家庭所管理的經濟資源，以及所承擔的一切債務。資產負債表是對個人資產、個人負債以及個人淨資產的總結。簡單地說，就是希望通過編制家庭資產負債表來瞭解你家有多少資源可用，有多少負債還沒有償還，這是進行理財起碼要搞清楚的。有好多人連自己有多少資產都不太清楚，有多少債務也不甚瞭解，這怎麼可能理好財呢？

一、資產的組成

只要具有貨幣價值，任何經濟要素都可以成為資產。資產的組成如下：
(1) 現金，如現鈔、定期存款等；
(2) 可以變現的證券，如債券、證券投資基金等；
(3) 可在未來產生價值的某種資源，如地產投資、教育投資等。

無論是用現金購買的，還是貸款購買的，都可以劃歸為資產。儘管一個人的某項資產還未償清欠款，如按揭貸款買房，但可以認為該資產已經屬於這個人所有，應該被列入資產負債表中。出於制訂個人理財規劃的目的，我們對家庭的資產進行詳細分析。

家庭資產是指個人或家庭所擁有的全部資產。家庭資產大體可以分為以下三類：
(1) 現金和現金等價物是低風險的流動資產，或者是現金，或者很容易兌換成現金。通常，這些資產是用以滿足日常需要、緊急需要和無法預知需要的。
(2) 投資資產指的是以獲得回報為目的的資產。擁有這些資產的目的是為了升值。常見的投資資產包括股票、證券投資基金、債券、社會保障基金和不動產。擁有投資資產是為了最終實現個人的財務目標。
(3) 個人實物資產指的是個人正在使用的資產，如住宅、珠寶、手錶、交通工具、收藏品等。在編制資產負債表時，需要依據當時的市價對資產進行評估。由於評估的目的只是要編制相對合理的資產負債表，因此在許多情況下，並不一定要進行專業的

評估。

對於資產的劃分，有的學者按照資產的流動性大小將資產劃分為流動資產、投資、不動產和個人動產等。個人可以按照自己的實際情況設計個人或家庭的資產表。

二、負債的組成

負債指的是個人目前所承擔的債務，簡單地說就是包括全部家庭成員欠非家庭成員的所有債務。負債會導致今后資金的流出。通常，負債可分為流動負債（也被稱為短期負債）和長期負債。從編制資產負債表當日算起，一年內需要償清的負債被認為是流動負債；從編制資產負債表當日算起，超過一年後才需要償清的負債被認為是長期負債。

（1）流動負債。流動負債通常來自消費產生的費用。例如，信用卡未償還餘額、未償還的短期貸款等。

（2）長期負債。從編制資產負債表當日算起，最后償還期限為一年以上的債務被歸入長期負債。例如，住房抵押貸款未償還餘額、中長期貸款未償還餘額（如汽車消費貸款）等。

（3）資產淨值（所有者權益）。資產淨值是個人實際財富數額，是總資產扣除總負債后的餘額。個人的資產淨值每天都在發生變化。資產負債表是在特定日期，對資產、負債和資產淨值進行結算而編制成的報表。通過對一段時間裡不同日期的資產負債表進行比較，我們就可以評估個人的財務目標實現情況。通常，在人的一生中，個人的淨資產是不斷增加的。例如，一個16歲的普通中學生，他的財務狀況非常簡單，主要是適量的現金和現金等價物，如儲蓄，以及少額債務（或根本沒有債務），因此他的淨資產很少。但對一個30歲的人來說，他肯定會有更多的資產，這些資產包括數額更多的現金、投資資產，以及實物資產。他的所有者權益可能會增加，也可能由於負債增多而降低。表3.1是個人資產負債表的一個樣本。

表 3.1 　　　　　　　　　　　資產負債表

姓名：　　　　　　　　　　　日期：

資產			金額（元）
金融資產	現金與現金等價物	現金	
		活期存款	
		定期存款	
		其他類型銀行存款	
		貨幣市場基金	
		人壽保險現金收入	
	現金與現金等價物小計		

表3.1(續)

資產			金額（元）
金融資產	投資資產	債券	
		股票及權證	
		基金	
		期貨	
		外匯實盤投資	
		人民幣(美元、港幣)理財產品	
		保險理財產品	
		證券理財產品	
		信託理財產品	
		其他	
	其他金融資產小計		
	金融資產小計		
實物資產		自住房	
		投資的房地產	
		機動車	
		家具和家用電器類	
		珠寶和收藏品類	
		其他個人資產	
	實物資產小計		
	資產總計		
負債			金額（元）
負債	流動負債	信用卡透支	
		消費貸款（含助學貸款）	
	非流動負債	創業貸款	
		汽車貸款	
		住房貸款	
	其他貸款		
	負債總計		
	淨資產（資產總計減去負債總計）		

根據導入案例的資料內容編制金先生家的家庭資產負債表

34

任務二 編制家庭現金流量表

不少細心於家務的人，往往會留下買東西的小票或者每天登記用錢的流水帳，這是一個好習慣，但光登記日常的流水帳還和理財有很大區別。不過每日記錄花銷和收入是編制個人或家庭現金流量表的基礎。

一、個人或家庭的現金流量

個人或家庭的現金流量，是指某一時期內個人或家庭現金流入和流出的數量。個人或家庭的日常經濟活動，如消費活動、投資活動及籌資活動等，是影響現金流量的重要因素，但並不是所有的經濟活動都影響現金流量。

（1）現金與現金等價物之間的替代性增減變動，如將現金存入銀行、用現金購買3個月內到期的公司債券等，不會影響現金流量淨額的變動。

（2）非現金項目之間的增減變動，如用房地產對外投資、用家具清償債務等，也不會影響現金流量淨額的變動。

（3）現金項目和非現金項目之間的增減變動，如用現金購買家用電器、購買長期債券等，將影響現金流量淨額的變動。

二、家庭現金流量表

所謂現金流量表，通常是指在一定時期內的現金收入與支出的變化情況表。這裡的一定時期通常是指1年，年度的確定一般是從每年的1月1日到12月31日，或者根據具體情況確定。現金流量表能夠反映家庭收支情況，進行家庭收支預算。現金流量表是理財師為顧客進行理財策劃最重要的工具，也是個人理財規劃工作的基礎。

總的來說，現金流量表能夠反映顧客年度盈餘、存款餘額等信息及目前擁有的一些財產，起到傳遞信息的功能。現金流量表作為傳遞顧客信息的一種仲介工具，是傳遞現在與將來、理財師與顧客、顧客與家庭成員之間信息的橋樑和紐帶。現金流量表是顧客最基本的信息，從顧客每年的收支情況可以判斷其存款能力、資產營運能力、償還債務能力、生存（養老金）保障能力。

對於顧客來說，現金流量表將幫助顧客掌握自己一定時期的經濟情況作為目標。對於理財師而言，現金流量表是製作理財策劃書的基本依據，是更正修改理財策劃書的基礎。現金流量表沒有固定的形式，所列出的項目也比較靈活，現金流量表的製作要根據具體情況而定。理財策劃基本上都是中長期的，一般在10年左右。因為時間太長，與實際的偏差就會很大。

三、編制個人或家庭的現金流量表

按月編制個人或家庭的現金流量表的目的並不是為了能對一個月的理財有什麼幫助，而是累積起來就能提供個人或家庭的現金收支情況的時間分佈，以利於統計分析

和正確地進行消費和投資決策。

1. 編制原則

編制個人或家庭現金流量表需要符合的原則有：真實可靠原則、反映充分原則、明晰性原則、及時性原則、本幣反映原則、充分揭示原則。需要說明的是，如果個人或家庭持有外幣資產，匯率變動對現金的影響要在現金流量表中單獨列示。根據充分揭示原則，對於不涉及現金的投資和籌資活動，應在現金流量表中的附註中反映，以說明其對個人或家庭財務狀況的影響。

2. 編制步驟

個人或家庭的現金流量表的編制步驟主要包括：記錄收入和支出日記帳、整理日記帳等資料、確定本期現金和現金等價物的變動額、分析原因和分類編制、檢驗確定、附註披露、最后匯總等步驟。其中，關鍵的環節是確定本期現金與現金等價物的變動額，即「現金淨增（減）額＝現金與現金等價物期末餘額－現金與現金等價物期初餘額」，這一數額既是現金流量表所要分析的對象，又可以用來與現金流量表中計算出的現金淨流量相互核對檢驗，以保證編報的準確性。

3. 基本結構

個人或家庭的現金流量表一般是以「現金流入－現金流出＝現金淨流量」這一方程式為基礎，採用多步式列示，最終計算並填列本期現金淨流量。個人家庭的現金流量表的基本結構如表 3.2 所示。

表 3.2　　　　　　　　　　　　　現金流量表

姓名：　　　　　　　　　　　日期：

一、收入			
		數量（元）	占總收入的比率(%)
工資和薪金（稅后淨收入）	金先生		
	金太太		
自雇收入（稿費及其他非薪金收入）			
獎金和佣金			
投資收入	利息		
	資本利得		
	分紅		
	租金收入		
	其他收入		
其他收入			
（Ⅰ）總收入			

表 3.2（續）

二、支出		數量（元）	占總支出的比率(%)
房產	租金/抵押貸款支付（包括保險和納稅）		
	修理、維護和裝飾		
教育費用	學費		
	興趣班費用		
	特長培訓費		
汽車	貸款支付		
	汽油		
	維修保養		
	過路費		
	停車費等		
	保險費		
	車船稅		
日常生活開支	水、電、氣等費用		
	通信費		
	交通費		
	日常生活用品		
	外出就餐		
	其他費用		
購買衣物開支	衣服、鞋子及附件		
個人護理開支	化妝品、頭髮護理、美容、健身		
休閒和娛樂	度假		
	其他娛樂和休閒		
商業保險費用	人身保險		
	財產保險		
	責任保險		
醫療費用	醫療費用		
其他支出項目			
（Ⅱ）總支出			
現金結餘（或超支）[（Ⅰ）-（Ⅱ）]			

通過不同時期個人或家庭現金流量表的對比，可以獲得現金流入、流出的變動額度，並從變動的總體趨勢上把握個人和家庭的財務狀況。

根據導入案例的資料內容編制金先生家的家庭現金流量表。

模塊二　家庭財務狀況分析

人的健康體檢是為了及時發現身體存在的問題與隱患，及時做出治療，防患疾病進一步惡化，保證身體健康。而對自己的家庭財務進行檢查是為了發現日常家庭理財過程中存在的誤區與隱患，這些誤區與隱患如果不及時發現，易造成累積爆發，影響正常的家庭生活。只有及時發現並消除理財隱患，家庭財務才能處於安全的狀態，才能更好地應對危機。

檢查家庭財務狀況是否健康主要通過家庭財務比率來進行分析。財務比例分析是指通過家庭的資產負債表和現金流量表中若干專項的數值之比進行分析，從而找出改善家庭財務狀況的方法和措施，以期實現家庭的目標。我們主要根據以下幾個財務比率來進行分析。

任務一　家庭資產負債表分析

一、家庭資產負債表基本等式

解讀家庭資產負債表首先需要掌握的一個基本會計等式可以簡單表述如下：
資產淨值＝資產－負債

通過該會計等式，我們可以瞭解特定時點家庭的財務狀況，還可以通過比較一段時間內的資產淨值來分析財務變化情況。應根據家庭財務狀況的變動相應地調整家庭理財規劃。

該會計公式還可表示如下：
資產＝負債+資產淨值

該公式告訴我們資產由負債和資產淨值組成。當負債相對於資產淨值來說過高時，家庭有出現財務危機的風險。通過分析家庭資產負債表，不僅可以瞭解家庭的資產負債信息，而且能夠通過計算其淨資產來判斷家庭擁有的實際財富數量。此外，還可以通過將家庭目前的資產負債狀況和往年的情況相比較，制訂出改善家庭目前財務狀況的方案。

二、家庭資產負債表財務比率分析

1. 家庭資產結構分析

（1）金融資產權數。金融資產權數計算公式如下：

金融資產權數＝金融資產/總資產

金融資產市值的波動一般較大，因此若家庭的金融資產權數較大，則總資產的起伏將比較大。但是，金融資產的獲利能力遠大於自用資產，是未來收益的保障。

一個家庭金融資產一般是由一系列風險收益情況各異的金融資產組合構成的，可以通過分析其中各類風險資產的比重來考察該家庭的財務風險狀況。

（2）自用資產權數。自用資產權數計算公式如下：

自用資產權數＝自用資產/總資產

自用資產是以提供使用價值為主要目的，一般家庭未購房前此比例較低。在購房後貸款未繳清前，多數家庭均將積蓄用來償還貸款，以致家庭無法累積金融資產，因此此時自用資產權數一般在七八成以上。

（3）奢侈資產權數。奢侈資產權數計算公式如下：

奢侈資產權數＝奢侈資產/總資產

中高收入家庭往往會持有較多的奢侈資產，此權數的大小可以在一定程度上反映家庭的收入狀況。

2. 財務結構分析

（1）負債比率。負債比率計算公式如下：

負債比率＝總負債/總資產

一般來說，負債比率越高，財務負擔越大，收入不穩定時無法還本付息的風險也越大。但是由於總負債由自用資產負債、投資負債和消費負債三大部分組成，因此需要考慮總負債中各種負債組合的比重以及市場形勢，才能最終較為準確地判斷家庭的財務風險。

（2）融資比率。融資比率計算公式如下：

融資比率＝投資負債/金融資產市值

投資負債額可以是以存單、保單、有價證券等投資工具質押獲得的貸款，也可以是個人自用資產抵押獲得的貸款，但是用途必須是投資金融資產，以期在投資報酬率高於融資利息率的情況下，加速資產的成長，獲得財務槓桿效應。融資比率過高則會造成家庭的財務風險過大，因此必須時刻關注該比率，盡可能及早清償投資負債，以減少利息支出。

家庭投資淨資產越多，則家庭資產的成長潛力越大。投資淨資產計算公式如下：

投資淨資產＝金融資產－投資負債

投資淨資產增加的主要原因來自金融資產的增加和貸款的減少。

（3）自用資產貸款乘數。自用資產貸款乘數計算公式如下：

自用資產貸款乘數＝自用資產貸款額/個人使用資產市價值

自用住宅在自用資產中占據最大的比例，若無其他自用資產，該比率計算公式如下：

自用住宅在自用資產中所占比例＝房貸額÷自用住宅的市值

隨著房貸餘額的減少，此比率會逐步減小，但在房地產市值大幅度下降的情況下，該比率也可能反向走高。

（4）消費負債資產比。消費負債資產比計算公式如下：

消費負債資產比＝消費負債額/總資產

在理財上應該盡量避免消費負債，若需要借款時，在沒有自用資產負債或投資負債的前提下，該比率等於總負債比率，此時消費負債的合理額度不宜超過總資產的一半。

根據案例導入的資料內容分析金先生的家庭資產狀況。

任務二　家庭現金流量表分析

一、家庭現金流量表基本等式

在掌握了收入和支出的信息后，就可以計算出每年的盈餘/赤字了。盈餘/赤字的計算公式如下：

盈餘/赤字＝收入－支出

現金盈餘可被用於儲蓄和投資，從而獲得資產，減少負債。當出現現金赤字時，就必須從儲蓄或投資中變現一定數額的資產（這將減少相應資產的數額），或借助貸款（這將增加個人的負債）彌補赤字。現金盈餘（或赤字）的數額並不一定表現為有待使用的資金。現金流量表反映的只是已經發生的現金收支情況，該盈餘（或赤字）的具體科目則反映於資產負債表的資產、負債和淨資產上。

家庭現金流量表可以作為衡量個人是否合理使用其收入的工具，還可以為制訂個人理財規劃提供以下幫助：

（1）有助於發現個人消費方式上的潛在問題；

（2）有助於找到解決這些問題的方法；

（3）有助於更有效地利用財務資源。

在編制財務報表的過程中，會遇到以下問題：

（1）如果個人沒有保存財務記錄的習慣，收集財務信息和編制報表將很困難；

（2）以公平市價對資產進行評估也可能面臨很多困難，聘請專業資產評估師的費用可能很高。

二、家庭現金流量表財務比率分析

1. 家庭支出比率分析

支出比率＝總支出/總收入＝消費率＋財務負擔率

消費率＝消費支出/總收入

財務負擔率＝理財支出／總收入

家庭消費支出安排的基本原則是「量入為出」，尤其是在初期資本累積階段，必須控製消費支出的比重，增加金融資產的累積，以期為以後的理財活動積聚足夠的資金。隨著家庭收入的增加，消費率指標也會逐步減小，即符合經濟學中所說的邊際消費率遞減規律。

理財支出指利息支出與保障型壽險、財產險的保費支出及為了投資所支付的交易成本或顧問費用。若投資虧損，通常視為負的理財收入，為總收入的減項，不視為理財支出。通常情況下，財務負擔率以利息支出占總收入的 20%、保障型保費支出占總收入的 10% 為合理上限，因此合計不應超過總收入的 30%。

2. 家庭財務彈性分析

自由儲蓄額＝總儲蓄額－已經安排的本金還款或投資

自由儲蓄率＝自由儲蓄額／總收入

已經安排的本金還款或投資包括房貸定期攤還的本金額、應繳儲蓄性保費、定期定額投資額等提前安排的固定資金使用額。因此，自由儲蓄額即總儲蓄額扣除了這些固定資金使用額后可以自由動用的部分。自由儲蓄率越高，則家庭的財務彈性越大，通常以 10% 作為自由儲蓄率的下線。

3. 收支平衡點收入

收支平衡點收入＝固定支出負擔／工作收入淨結餘

工作收入淨結餘比率＝工作收入淨結餘／工作收入

其中，固定支出負擔包括每月的固定生活費用、房貸支出等近期每月固定支出；工作收入淨結餘指工作收入扣除所得稅、社保繳費以及交通、通信、飲食、娛樂等日常開支后的淨節餘。

個人（家庭）獲得收入是有階段性的，因此應儲蓄一部分的收入作為未來退休生活的準備。分析收支平衡點的主要目的是要計算出現在以及退休後的生活水準，掌握需要創造多少收入才能量入為出。當提升收入難以達到時，則必須考慮降低固定費用支出來提高工作收入淨結餘比率，以確保有足夠的積蓄維持未來的退休生活。

使用相關比率指標分析張先生家庭財務狀況。

張先生現年 46 歲，為某公司主管，月薪 3 萬元，年終獎 10 萬元；張先生的妻子吳女士現年 42 歲，是某公司的財務主管，月薪 8000 元。該家庭 2005 年 12 月 31 日對資產負債狀況進行清理的結果為：價值 100 萬的住房一套和 80 萬的郊區度假別墅一幢，一輛別克轎車，銀行定期存款 15 萬元、活期存款 5 萬元、現金 2 萬元。家庭房產均為 5 年前購買，買價分別為 50 萬元和 30 萬元，首付二成，其餘進行 10 年期按揭貸款，每月還款 5800 元；轎車為 2 年前購買，使用年限為 10 年，買價為 45 萬元，每年花費

個人理財規劃

1萬元購買汽車保險,當前該車型市場價格降為40萬元。該家庭3年前投入20萬資金進行股票投資,目前帳戶中的價值為15萬元;一年前購入10萬元的3年期記帳式國債,目前價值12萬元。張先生愛好字畫收藏,陸續花費40萬元購買的名家字畫,當前市價已達到100萬元,吳女士的翡翠及鑽石首飾的市價達到了30萬元。夫婦兩人從1995年開始還每年購買中國人壽保險公司的意外傷害醫療保險,每年交保費500元。

個人理財規劃的第一步,通過記帳來瞭解自己的財務狀況。前面介紹的資產負債表及現金流量表的編製就是個人理財的記帳方式。雖然這裡不對記帳格式進行統一要求,但是還是有不少人因為怕麻煩而放棄記帳。還有一部分人雖然能夠堅持記帳,但是卻選擇了最簡單的記帳格式——流水帳。無論是上述哪種情況,都導致理財規劃的第一步未能做好,從而不能很好地瞭解自己的財務狀況,也就無法正確地進行后續的理財規劃步驟。互聯網金融則充分利用信息時代的特點為我們很好地解決了上述問題。

在互聯網金融迅速的擴張性發展下,個人理財也逐漸利用互聯網作為載體,承載多元化的理財服務業務,更好地滿足社會理財服務需求,因此,移動互聯網理財APP應運而生且具有廣闊的發展空間。從中國國內的記帳理財APP發展歷程來看,挖財是最早的代表,其APP應用包括「挖財錢管家」「挖財信用卡管家」「挖財記帳理財」,能夠幫助手機用戶實現理財數據的移動化、便利化,對自己的財務狀況做出清晰的支出記錄和預算計劃。此外還有隨手記、網易理財、口袋記帳等記帳理財APP。

自選並下載一款記帳理財APP,使用並體驗其記帳理財功能。

模塊三　家庭未來現金流量的分析和預測

任務一　預測未來收入

分析了家庭現時的現金流量狀況後,個人理財規劃可以針對未來的現金流量表進行一定的預測和分析。

每個人未來的收入都會受到工資、獎金、利息和紅利等項目變化的影響,考慮到各種因素的不確定性,進行分析時應該對兩種不同的收入預測:一種是估計收入最低時的情況,這一分析將有助於瞭解在經濟蕭條時的生活質量以及如何選擇有關保障措施;另一種是可以根據以往收入和宏觀經濟的情況對其收入變化進行合理的估計。

一般而言,在這種收入預測方法下,未來的收入會有一定的漲幅。在預測未來的收入時,可以將收入分為常規性收入和臨時性收入兩類。常規性收入一般在上一年的

基礎上預測其變化率即可，如工資、獎金和津貼、股票和債券投資收益、銀行存款利息和租金收入等。每種收入的性質不同，變化幅度也不一樣。工資和獎金等收入可以根據當地的平均工資水平增長幅度進行預測，而股票債券的投資收益以及銀行存款利息等收入，則可以參照有關機構對未來市場利率的預期進行估計。有些收入（尤其是股票投資收益）隨著市場環境的變化有很大的波動，因此如果家庭所在地區經濟情況不穩定，有必要對這些收入進行重新估計，而不能以上年的數值為參考。同時，如果未來會增加新的收入來源，理財規劃時也應該注意。家庭的收入預期如表3.3所示。

表3.3　　　　　　　　　　2017年家庭的收入預期

收入預測表	家庭：×××		預期年份：2017	
收入項目	2016年實際數值(元)	最低增長比率(%)	最低增長比率收入(元)	適度增長比率(%)	適度增長比率收入(元)
工資	151,040	3	155,571	5	158,592
獎金和津貼	36,000	3	37,080	6	38,160
租金收入	15,200	5	15,960	6	16,112
有價證券的紅利	79,200	1	79,992	8	85,536
銀行存款利息	7840	2	7997	2	7997
債券利息	25,600	N/A	0	N/A	0
信託基金紅利	25,600	2	26,112	3	26,368
其他固定利息收入	4800	0	4800	2	4896
捐贈收入	2464	N/A	1500	N/A	1500
遺產繼承	48,560	N/A	0	N/A	0
新增出售債券收入	N/A	N/A	300,000	N/A	300,000
新增關聯公司收入	N/A	N/A	30,000	N/A	35,000
收入總計	396,304		659,012		674,161

註：表中的「N/A」表示在該項目下並無其體數值與之對應。

在表3.3中，由於個人將會把手中的債券出售，同時不再有遺產繼承收入，所以「債券利息」和「遺產繼承」這兩項在2017年的數值都為0。由於出售債券可以獲得300,000元的現金收入，所以在表3.3中列出。而家庭預計在2017年將會有15,000元左右的捐贈收入，該收入和2016年的捐贈收入沒有必然的聯繫，所以也不應該採用比率進行計算。此外，從2017年開始，該家庭的關聯公司將每年分給其紅利30,000～35,000元，在收入預測中應加以體現。從總體上說，該家庭在2017年的收入為674,161元，高於2016年的收入396,304元。

任務二　預測未來支出

在估計未來的支出時，需要瞭解兩種不同狀態下的支出，一種是滿足最低生活水平的支出，另一種是期望實現的支出水平。這裡所指的「最低生活水平」，並非指僅實現溫飽狀態的生活水平，而是指在保證正常生活水平不變的情況下，考慮了通貨膨脹後的支出數額預測。而有很多個人或者家庭在維持現有消費水平的基礎上，都期望能夠進一步提高生活質量，因此要根據一些特殊要求制定出期望實現的支出水平。無論是預測生活最低水平必需的支出，還是其期望達到的消費水平支出，都要考慮個人或家庭所在地區的通貨膨脹率的高低，這一數據可以從有關部門公布的經濟統計指標中獲得。家庭的支出預期如表 3.4 所示。

表 3.4　　　　　　　　　　2017 年某家庭的支出預期

收入預測表		家庭：×××		預期年份：2017 年	
支出項目	2016 年實際數值(元)	最低增長比率(%)	最低增長比率支出(元)	期望增長比率(%)	期望增長比率支出(元)
膳食費用	38,900	3	40,067	5	42,070
交通費用	16,000	3	16,480	5	17,304
子女教育費用	41,350	3	42,591	9	46,424
所得稅	9800	3	10,094	6	10,699
醫療費	53,20	3	5480	6	5808
人壽和其他保險	32,000	0	32,000	0	32,000
房屋保險	4000	0	4000	0	4000
房屋貸款償還	38,000	0	38,000	0	38,000
個人貸款償還	11,200	0	11,200	0	11,200
衣物購置費用	6000	3	6180	10	6798
子女津貼	5800	3	5974	5	6273
電器維修費用	800	0	800	0	800
捐贈支出	2100	N/A	0	N/A	0
旅行費用	20,800	3	21,424	8	22,464
新增房屋維修費	N/A	N/A	5500	0	5500
新增房地產投資	N/A	N/A	0	N/A	500,000
支出總計	232,070	N/A	239,790		749,340

註：表中的「N/A」表示該項目下並無具體數值與之對應。

表 3.4 中對家庭最低水平之處的預計就只是在 2016 年的基礎上加上了通貨膨脹率（這裡假定是 3%）引起的變化，而對家庭期望達到的生活質量水平開支則由每個項目

的預期增長率來決定。人壽和其他保險、房屋保險、房屋貸款償還和個人貸款償還等支出由於在責任產生時其金額就已經確定下來了，因此每年在這些方面的費用相同。由於該家庭在 2017 年不打算贈送給第三方財物，所以沒有這一項支出。家庭準備在 2017 年對房屋進行一次維修，費用大約為 5500 元。另外，由於該家庭看好 2017 年所在地區的房地產市場，準備在這方面投資 500,000 元，因此這兩項都進入新增的開支中。綜合起來，該家庭在 2017 年的期望開支比 2016 年多了 749,340 - 232,070 = 517,270 元。

任務三　編制現金收支預算表

現金流量表反映的是過去的現金收支情況，而現金預算表則是針對未來的現金收支的計劃。歷史的現金流量表為未來的現金收支預算表提供了決策的參考和分析依據。編制現金收支預算表是為了更好地控制開支，但是前提是必須對個人有很好的約束能力。製作現金收支預算表主要是為了發現我們自己在現金規劃和實際用度之間的差異，並逐漸將差異減到最小。製作現金收支預算表還有一個用處是，財務規劃總是由設定最後要達到的目標開始，然後往前推，制訂支出計劃，也就是預算，那麼通常在開始總是很難做到預算支出與實際支出平衡，現金收支預算表也起到幫助我們分析確定如何在各個項目之間調整，以及養成約束自己遵守收支計劃的好習慣。

編制現金收支預算表也有一些必須遵循的原則，首先是量入為出的收支平衡原則，即「預算收入總額+期初現金資產=預算支出總額+期末預計的現金資產」。其次是合理的投資消費比例原則，即應盡量減少不是非常必要的消費，將節省的錢用於投資。最後是重要性原則，即要將有限的收入資源用於重要目標的實現。

個人和家庭在編制現金收支預算表時可以採用如表 3.5 所示的格式。

表 3.5　　　　　　　　　　現金收支預算表

××年××季度　　　　　　　　　　　　　　　　　　單位：元

	上期實際數	本期預計數	本期實際數	本期預決算差額
收入				
1. 工資性收入	6300	6300	7100	800
2. 財產經營收入	700	700	700	0
3. 不固定收入	0	0	8000	8000
4. 債務收入	0	0	0	0
5. 其他收入	0	0	0	0
收入合計	7000	7000	15,800	8800
支出				
1. 飲食支出	3000	3000	3200	200

個人理財規劃

表3.5(續)

	上期實際數	本期預計數	本期實際數	本期預決算差額
2. 衣服鞋帽支出	200	300	0	300
3. 日用品支出	500	500	500	0
4. 交通費	100	100	0	100
5. 文化娛樂支出	300	300	100	200
6. 醫療保健支出	0	0	200	200
7. 教育支出	300	300	300	0
8. 人際交往支出	400	200	300	100
9. 各種用具支出	100	100	0	100
10. 住房支出	0	0	0	0
11. 投資支出	12,500	1500	1600	100
12. 所得稅	800	800	800	0
13. 其他支出	200	200	100	100
支出合計	18,400	7300	7100	200
預算盈餘（收入合計−支出合計）	11,400	300	8700	8600

　　現金預算表也完全是根據現金流量表的各大項收入和支出來列的，對於一些臨時發生的項目可以放入其他一欄。如果節餘額為正數（黑字表示），則說明收大於支。若餘額為負數（紅字表示），則說明入不敷出、寅吃卯糧。現金控製能否成功，取決於對建立的現金預算是否忠實地執行。對於出現差異的項目，就應該參考當月現金流量表去找原因並且採取糾正的措施。

　　總之，記現金日記帳（或者保留當月所有收入支出的票據）、編制現金流量表和現金預算表都需要平時花費一些時間，並且要用預算來控製自己，這些要求和必要的付出對於每個人來講，都不是一件輕鬆易做的事情。不持之以恒地堅持下去，是不會取得顯著效果的。這項工作最易流於形式而逐漸被放棄，但是如果不做這個基礎工作，理財就是空中樓閣，根本無法進行。可見，從這個角度上看，理財並不是每個人都能做好的事情，因此我們看到更多的人都不能管理好自己的錢財，就不是什麼奇怪的現象了。

請結合自己家庭的實際情況為自己的家庭編制一份現金預算收支表。

本章小結

　　家庭財務報表分析是進行個人理財規劃的基礎，本章主要向大家介紹了家庭財務報表編制和分析的方法。

　　一個個人或家庭的資產負債表或者淨資產表是這個個人或家庭在某一時刻的財務狀況的反映，它顯示了個人或家庭所管理的經濟資源，以及所承擔的一切債務。資產負債表是對個人或家庭資產、個人或家庭負債以及個人或家庭所有者權益的總結。

　　個人或家庭的現金流量是指某一時期內個人或家庭現金流入和流出的數量。現金流量表能夠反映個人或家庭收支情況，進行個人或家庭收支預算。現金流量表是進行理財策劃最重要的工具，也是理財工作的基礎

　　現金預算表則是針對未來的現金收支的計劃。歷史的現金流量表為未來的現金收支預算表提供了決策的參考和分析依據。編制現金收支預算表是為了更好地控制開支，但是前提是必須對個人有很好的約束能力。製作現金收支預算表，主要是為了發現我們自己在現金規劃和實際用度之間的差異，並逐漸將差異減到最小。

第二篇
投資理財規劃

項目四 現金規劃

【案例導入】

24歲的小於曾在外企工作，月薪6000元，但花錢沒有節制，是一個典型的「月光族」。金融危機來襲，遭遇公司裁員，從來都沒想到會失業的小於失業了，生活一下子陷入窘境，她為此懊惱不已：「早知道生活會突遇如此變故，我之前就會合理理財，而不是一味消費了。」目前小於剛找到新工作，月薪4000元，每月的花銷比以前少了，大概是2000元，還有1000多元的積蓄，她想請教專家，積蓄應怎樣打理？

小於之前的狀況顯示出其具有「月光族」的典型特徵：日常花銷大，原始累積少，消費無節制。伴隨著工作的變化以及收入的減少，小於應該盡快樹立正確的理財觀念，運用科學的理財手段，為自己的生活尋找堅實的經濟保障。

【案例分析】

根據小於的實際情況，理財規劃師為其提供了以下幾點理財建議：

1. 開支預算

理財的根本在於有財可理，因此首先必須要聚集財富。對於像小於這樣的月光族來說，最好的做法是每月列出一個強制性的開支預算，主要包括住房、食品、衣著、通信、休閒娛樂等方面，制訂一個計劃，按照預算進行，盡量不要超支。建議小於從現在開始就學會每月記帳，通過記帳分析出哪些是彈性支出，哪些是剛性支出，從而嚴格控制不該有的彈性支出，達到理性消費。

信用卡是很好的記帳工具，小於可以考慮辦一張信用卡，但信用額度最好控制在3000元之內，防止衝動消費。另外，巧用信用卡還可以享受到最大的免息期，以達到理財的效果。

2. 開始儲蓄

根據小於目前的情況以及當前市場利率較低的狀況，建議小於可考慮階梯式組合儲蓄法進行儲蓄。在前3個月時，根據自身情況每個月拿出1000元存入3個月定期存款。這樣，從第4個月開始，每個月便有一個存款是到期的。如果不想到期提取，可事先與銀行約定自動將其改為6個月、1年或者2年的定期存款。這樣「階梯式」操作不僅保證了資金的流動性，避免了提前支取時利息受損，還可最大限度地獲取利息收益。

3. 嘗試投資

傳統的銀行儲蓄方式儘管比較適合「月光族」累積儲蓄，但缺點是收益相對較低，

因此建議小於可適度嘗試進行一些投資。小於尚年輕，投資策略可以考慮多一點進攻性，建議選擇風險適中的穩健型基金，每月拿出幾百元進行定期定額投資，儘管每期資金較少，但只要持之以恒，也能累積大量財富。

模塊一　現金規劃概述

現金規劃可以說是個人家庭理財規劃中最重要的部分，無論是日常消費，還是買房、買車、教育投資，都要在家庭現金流中體現出來。家庭進行現金管理，首先要計劃好手中應該留有多少的流動資金才算合適，太少容易感覺捉襟見肘，出現重大意外花費情況下發生困難，太多又使資金的利用效率過低，在目前銀行實際負利率的情況下不如拿去投資更合算。

理財規劃的常識告訴大家，一般把3~5個月的生活費用總額作為最低應急準備金。這樣算來，如果一個家庭的每月生活費用是3000元，那麼就需要準備至少9000元的現金或者活期存款。這樣就可以在應急情況發生時解決手中流動資金不足的問題。

任務一　現金規劃的含義

一、現金與現金等價物的概念

現金與現金等價物也可以統稱為客戶的流動資產，包括現金、支票帳戶、儲蓄帳戶、貨幣市場帳戶和其他短期投資工具。它們之所以能稱為流動資產，是因為這些資產要麼是現金本身，要麼是隨時可以在價值沒有損失或損失極小的情況下轉換為現金。通常，期限在3個月以內、流動性強、價值變動風險很小、易於轉換成已知金額現金的資產都可視為現金等價物。儘管對於保持多少流動資金的觀點各異，但是對絕大多數家庭來說，普遍認同的看法是，保持相當於3~6個月稅後收入的流動資金是最佳的。假設一個人（家庭）的稅後月收入是5000元，那麼，保持15,000~30,000元的流動資金儲備是比較合適的。

二、現金規劃的內容

現金規劃是對家庭或個人日常的、日復一日的現金及現金等價物進行管理的一項活動，就是確保家庭或個人有足夠的費用來支付計劃中和計劃外的費用，並且家庭或個人的消費模式是在家庭或個人的預算限制之內。

在個人或家庭的理財規劃中，現金規劃既能夠使所擁有的資產保持一定的流動性，滿足個人或家庭支付日常家庭生活費用的需要，又能夠使流動性較強的資產保持一定的收益。一般來說，在現金規劃中有這樣一個原則，即短期需求可以用手頭的現金來滿足，而預期的或者將來的需求則可以通過各種類型的儲蓄或者短期投資工具和融資

工具來滿足。

三、現金規劃的作用

在個人理財規劃中，現金規劃有助於所擁有的資金既能滿足家庭的費用又能滿足儲蓄的計劃。

使得預期的或者現在的需求可以用手頭現金來滿足，而未預期的或者將來的需求則可以通過各種類型的儲蓄或短期工具來滿足。

四、現金規劃考慮的基本範疇

1. 持有現金的成本

對於金融資產來說，通常流動性和回報率是成反方向變化的。現金具有很高的流動性，因此現金必將伴隨著一定的機會成本。現金的機會成本在金融資產裡一般被看成是進行活期儲蓄的所得。如果你持有現金，就意味著你放棄收益，要在資本的流動性和收益性之間進行權衡。

2. 應急備用金的重要性

我們每個人都會碰到收入突然減少，甚至中斷的情況，若沒有一筆應急備用金可以動用，則會陷入財務困境。例如，因為失業或失能（因為意外身心遭受傷害，導致無法工作，在保險術語上稱之為失能）導致收入中斷，則會面臨生活費用、買車或買房貸款的月供款、房租等債務壓力。又如，因為應急醫療或者意外災害而導致的超支費用，這時也需要一筆應急預備金來應付這些突發狀況。

假如有突發事件發生，需要大量資金，而我們把資金都投入到收益較高的投資上去，沒有建立應急準備金。這就會導致我們不得不將投資變現，而將高收益投資變現將會付出巨大的成本，並且大多投資還會損失掉大量的收益。因此，應急備用金能夠很好地防止這類損失的出現，保證投資規劃正常運作。

五、現金規劃中常犯的錯誤

第一，由於衝動購物和使用信用卡導致過度消費；
第二，流動資產（現金、活期帳戶）不足以支付流動性開支；
第三，動用儲蓄或借款來支付當期費用；
第四，沒有把閒置資金進行儲蓄或投資。

任務二　建立應急備用金

在現實生活中，計劃總是沒有變化快。在正常的收入與支出範圍內，每月或多或少有結餘，但是當收入突然中斷或支出突然暴增時，此時若沒有一筆應急備用金可供動用則會讓人捉襟見肘，陷入一時的財務困境。例如，全家休閒逛商店，本沒想著花多少錢，但恰好看中了一套花色、面料、款式、品味、規格都很符合太太氣質的服裝，就是貴一點。若買下，當月的消費支出就超計劃了；若放棄，又怕可遇而不可求，讓

人遺憾，這就需要應急備用金來拾遺補闕了。又如，家裡有些急事需要花錢，這也需要應急備用金來進行應對和彌補。但是，這種家庭經濟中不可或缺的應急備用金，既不可留得太多，也不可留得太少。這部分錢，留多了，將影響私人資本的效率；留少了，則可能將家庭經濟弄得一團糟，進而影響私人資本的投資獲利。

一、應急備用金的用途

在家庭經濟生活中，應急備用金始終扮演著一個十分重要的角色。應急備用金是家庭經濟生活的潤滑劑、緩衝器和平衡器。因此，建立應急備用金主要為滿足以下用途：

1. 應對失業或失能導致的工作收入中斷

失業後能否順利找到工作，視當時的市場狀況與自己的調整彈性而定。經濟景氣時，3個月內要找到與原待遇類似的工作不難；經濟不景氣時，即使自動降低收入，一年半載還找不到工作也是常事。因此，為應對失業的應急備用金，至少應準備3個月的固定支出，較保守者可準備6個月。而月固定支出等於月生活費支出與應償還負債本息的和。除了家庭必須保持溫飽以外，不能因為一時的失業，無法償還銀行借款應攤還本金利息，讓自己信用受損，影響長期的購車、買房計劃。

因意外傷害或身心疾病因素導致暫時無法工作，在保險術語上稱作「喪失勞動能力」。喪失勞動能力的時間視受創或病症的嚴重程度而定，雖然可以投保殘疾收入保險來獲取生活費用需求，但殘疾收入保險主要保障的是長期喪失勞動能力的風險，因此最少也有3個月的免責期間，也就是說喪失勞動能力的前3個月沒有月理賠金，必須自己負責。即使自認不可能失業者，若已投保殘疾收入險，仍要針對喪失勞動能力狀況，準備至少3個月免責期固定支出的應急預備金，而未投保殘疾收入險者則以準備6個月為宜。

喪失勞動能力可能導致失業或延緩再就業的時間，因此就收入中斷的風險而言並非兩者相加，而是取其高者。整體上來說，3個月的固定支出是最基本的應急備用金，6個月的支出是建議的應急備用金額度。因應急備用金存款收益率低，故最長的應對時間可以1年為限。

2. 應對應急醫療或意外災變所導致的超支費用

雖然有時並沒有出現失業或失能導致收入中斷，但是有時因為自己或家人需要應急醫療或因為天災、被盜等導致財產損失，需要重建或重購支出時，一時的龐大支出可能遠超過收入能力，此時也要有一筆應急備用金才能應對這些突發的狀況。應對費用超支的應急備用金額度應為多少才足夠呢？通常以單一事故可能發生的巨額費用來估計。若沒疾病危險，並非就高枕無憂，不用準備應對應急支出的備用金了。建議以5000元作為應急備用金的安全存量額度。因為收入中斷與意外超支費用現象有可能同時發生，所以所需的應急備用金額度應為兩者相加，而非取其高者。

二、衡量應急備用金的應對能力指標

1. 失業保障月數

失業保障月數計算公式如下：

失業保障月數＝存款、可變現資產或淨資產÷月固定支出

其中：存款保障月數等於存款除以月固定支出，為最保守的保障，一般而言3個月的保障已足夠；最廣義的失業保障月數，以淨資產除以月固定支出進行計算。

依照保障的資產範圍不同，資產可分為存款、可變現資產與淨資產三項指標。可變現資產包括現金、活期儲蓄、定期存單、股票、基金等，不包括汽車、房地產及古董字畫等變現性較差的資產。月固定支出除生活費開銷的固定支出以外，還包括分期付款支出等已知負債方面的固定現金支出。失業保障月數指標越高，越表示即使失業也暫時不會影響生活，可審慎地尋找下一個適合的工作。可變現資產失業保障月數可定為6個月，需要用錢的時候，除存款外還可能需要變現股票。其中3個月的部分是因應暫時失業、喪失勞動能力、醫療意外支出的應急備用金，應以現金、活期儲備、定期存單為主，變現時不會有多少損失。另外3個月的部分可以股票、基金為主，使用的機會不大，但萬一需要時，要在幾天內變現，不過變現時根據當時的市場行情或利率水準可能會有所損失。

當持續失業時不僅要領出存款或變現股票，可能還要賣掉個人使用資產，還清房貸後以餘額來支應生活費用。如以最廣義的定義，則淨資產的失業保障月數應在12個月以上。

【案例4.1】如有存款1萬元，股票2萬元，自住房屋價值30萬元，貸款20萬元，若月固定支出為5000元，使用失業保障月數分析應對能力。

【案例分析】

存款保障月數＝10,000÷5000＝2（個月）

變現資產保障月數＝（10,000+20,000）÷5000＝6（個月）

淨資產保障月數＝（1+2+30-20）÷0.5＝26（個月）

由此可見，短期存款保障月數略低，會降低其短期應對能力，中長期失業保障月數顯示的應對能力正常。

需要注意的是，假使以過去所累積的儲蓄都當成首付款，所有的月儲蓄都用來繳房貸的話，其可變現的資產便會偏低，而失業保障月數也僅有1個月。當失業的狀況發生時，生活的壓力會迫使人需要急切地找工作，很可能屈就於不是很理想的工作。

因傷病或意外發生喪失勞動能力的情況，可以投保失能險或意外失能險附約。無法工作時可得到最多達收入七成的殘疾收入險月給付，也建議投保醫療費用險來彌補國家醫療保險給付的不足。如果已投保殘疾投入險及醫療費用險，萬一發生此種狀況仍有保險理賠給付，因此可降低應急備用金的需要額度，將其移轉至獲利性較高的資產上。如果現有的工作在離職時可領取6個月以上的離職金，或已到可領取退休金的資格，那麼為預防失業的最低可變現資產額度也可降低，不動產及收藏品等保值性佳

但流動性差的資產稍高也無妨。

2. 意外或災變承受能力

意外或災變承受能力計算公式如下：

意外或災變承受能力＝（可變現資產＋保險理賠金－現有負債）÷（5~10年生活費＋房屋重建裝潢成本）

其中，保險包括人身保險（壽險及意外險）及產險（房屋險或家財險），不管是親人突然身故或災變導致房屋毀損，都會影響到家庭財務的順利運作。要準備幾年的生活費，視若有親人變故，遺屬需要多久才能從破敗中重新站起來而定，短則5年，最長可能需要10年。如果此比率大於1，表示萬一發生災變承受能力較高；若小於1，則發生災變后的損失將影響家庭短期生活水準及居住環境。若此比率呈現負數，可能並未有任何保險，表示當資產減損時負債依舊，將無力重整家園。

若發現災變承受能力偏低時，最快的改善方式是加保壽險、意外險、房屋險或家財險等產險。以此比率等於1計，合理的壽險保額應該包括5~10年的生活費、現有負債再扣除可變現資產，若覺得壽險的保費過高，可用意外險代替。

三、應急備用金的儲備形式——存款或備用貸款額度

可以用兩種方式來籌備應急備用金，一種方式是流動性高的活期存款或短期定期存款；另一種方式為備用的貸款額度。兩種籌備應急備用金的方式的比較如下：

1. 在機會成本方面的比較

以存款籌備的機會成本是因準備資金的流動性而可能無法達到長期投資的平均報酬率。以兩者的報酬率差異5%計，這5%就是應急備用金存款的機會成本。

假設每個月固定支出為6000元，準備5個月的支出為應急備用金共30,000元，則一年5%的差異的機會成本為30,000×5%＝1500元。若把所有的錢都拿去做長期投資，短期急用時拋售可能會有資本損失，因此以救急貸款來應付。若此短期信用貸款的利率為12%，額度亦為30,000元，30,000×12%÷12＝300元，即每月需付300元的利息。因此，若運用期達5個月，借款利息也達到1500元。以存款準備的機會成本是相對的，若當時投資環境不佳，持有現金才是上策，則機會成本可為0。若以貸款額度準備，一旦動用就要支付高利率的利息。當存款利率與短期信用貸款利率的差距越大時，以部分資金保留流動性，而以存款當應急準備金的誘因就越大。如果事故一旦發生后，借款持續的時間較短，因為應急備用額度是有支用才按日計息，所以利率雖高，但借用的日子不多，就可以用經常性收支餘額還清，負擔也不會太大。

2. 兩者搭配的方式比較

最好的方式是兩者搭配，各形式作為應急備用金的一部分。例如，月固定支出為5000元，擬訂的應急備用金為6個月的固定支出30,000元，此時可以10,000元放在活期存款當作第一筆應急備用金，另外再向銀行設定應急備用額度20,000元。可能有七成以上機會，即使當月收入無法應對當月支出，10,000元的活期存款額度可以隨時挪用應急，待有收支結餘時再補回。可能有三成以內的機會，一時的大筆支出連

10,000 元的存款餘額也不夠支應，此時就要用預先設定的備用額度，雖然支付較高的利率，但預料時間不會太長，整體來說此種搭配較為穩健。

【案例 4.2】家庭基本信息如下：

丈夫：31 歲，私營業主，年收入約 30 萬元，無任何保險。妻子：28 歲，中學教師，月薪 2000 元左右（13 個月），有社保，公積金 300 元/月。

支出：家庭日常支出每月 4000 元，每月孩子支出 1500 元，每月車費 1500 元，家庭旅遊一年 1.2 萬元。

資產狀況：現金 1 萬元，銀行活期存款 90 萬元，3 年定期存款 10 萬元，股票 8 萬元，一套房產現市值 86 萬元，一輛寶來車市值 16.8 萬元，無負債。

該家庭應該如何管理家庭的現金實現真正意義上的富有？

【案例分析】現金規劃是為了保證該家庭的資金在具有較強的流動性的同時，其餘暫時不需要的資金能夠得到充分的運用。這裡針對現金做出如下規劃：

首先，計算家庭生活費用支出。

家庭每月支出共計 7000 元，家庭一年的消費支出現金共計 9 萬元左右，這一部分資金我們採用組合存款的方式，滿足了家庭每個月的現金支出，保證了較強的流動性。在存款方式上這裡為該家庭選擇了一套 1 萬元現金、2 萬元活期存款、3 萬元 3 個月定期存款、3 萬元 6 個月定期存款相組合的方式，1 萬元現金和 2 萬元活期存款，至少可以滿足家庭 3 個月的消費支出，配合以 3 個月和 6 個月的定期存款，保證了家庭現金流的連續，使其銀行存款合理運轉起來。

其次，建立家庭應急準備金。

在滿足了基本的家庭消費支出后，還需建立一個家庭應急備用金帳戶。

家庭應急備用金預留 3 萬元，採用貨幣市場基金形式。家庭在急需用資金的時候，可以通過贖回很快變現。

同時單獨設立妻子工資帳戶（每月 2000 元），每年 2.6 萬元，作為家庭應急備用金的補充。

為了使該家庭的應急備用金部分更為完善，建議其辦理一張銀行信用卡，將每月的透支額度限定為 5000 元。

根據導入案例的資料內容，為該家庭建立應急備用金。

模塊二 現金規劃的工具

現金規劃的一般工具包括：現金、相關儲蓄產品、貨幣市場基金。現金是現金規劃的重要工具，流動性最強；相關儲蓄品種有活期儲蓄、定活兩便儲蓄、整存整取定期儲蓄、零存整取定期儲蓄、整存零取儲蓄、存本取息儲蓄、個人通知存款、定額定期儲蓄；貨幣市場基金是指僅投資於貨幣市場工具的基金。但在某些時候，家庭有未預料的支出，而現金和現金等價物額度不夠時，需要利用其他融資工具，包括：信用卡、國債或存單抵押貸款、保單抵押貸款、典當等。

任務一　個人存款工具

一、儲蓄存款

儲蓄存款指為居民個人積蓄貨幣資產和獲取利息而設定的一種存款。儲蓄存款基本上可分為活期儲蓄存款和定期儲蓄存款兩種。活期儲蓄存款雖然可以隨時支取，但取款憑證——存折不能流通轉讓，也不能透支。傳統的定期儲蓄存款的對象一般僅限於個人和非營利性組織，且若要提取，必須提前7天事先通知銀行，同時存折不能流通和貼現。目前，美國允許營利性公司開立儲蓄存款帳戶，但存款金額不得超過15萬美元。除此之外，西方國家一般只允許商業銀行的儲蓄部門和專門的儲蓄機構經營儲蓄存款業務，且管理比較嚴格。

下面，讓我們一起來瞭解一下目前中國銀行為個人提供的儲蓄存款種類。

1. 活期存款

活期存款是指不規定期限，可以隨時存取現金的一種儲蓄。活期儲蓄以1元為起存點，多存不限。開戶時由銀行發給存折，憑折存取，每個季度結算一次利息。參加這種儲蓄的貨幣大體有以下幾類：

（1）暫不用於消費支出的貨幣收入。

（2）預備用於購買大件耐用消費品的積攢性貨幣。

（3）個體經營戶的營運週轉貨幣資金，在銀行為其開戶、轉帳等問題解決之前，以活期儲蓄的方式存入銀行。

2. 定期存款

定期存款是指存款人同銀行約定存款期限，到期支取本金和利息的儲蓄形式。定期儲蓄存款的貨幣來源於城鄉居民貨幣收入中的結餘部分、較長時間積攢以購買大件消費品或設施的部分。這種儲蓄形式能夠為銀行提供穩定的信貸資金來源，其利率高於活期儲蓄。

3. 整存整取

整存整取是指開戶時約定存期，整筆存入，到期一次整筆支取本息的一種個人存款。人民幣 50 元起存，外匯整存整取存款起存金額為等值人民幣 100 元的外匯。另外，整存整取提前支取時必須提供身分證件，代他人支取的不僅要提供存款人的身分證件，還要提供代取人的身分證件。該儲種只能進行一次部分提前支取。計息按存入時的約定利率計算，利隨本清。整存整取存款可以在到期日自動轉存，也可根據客戶意願，到期辦理約定轉存。人民幣存期分為 3 個月、6 個月、1 年、2 年、3 年、5 年 6 個檔次。外幣存期分為 1 個月、3 個月、6 個月、1 年、2 年 5 個檔次。

4. 零存整取

零存整取是指開戶時約定存期、分次每月固定存款金額（由儲戶自定）、到期一次支取本息的一種個人存款。開戶手續與活期儲蓄相同，只是每月要按開戶時約定的金額進行續存。儲戶提前支取時的手續比照整存整取定期儲蓄存款有關手續辦理。一般 5 元起存，每月存入一次，中途如有漏存，應在次月補齊。計息按實存金額和實際存期計算。存期分為 1 年、3 年、5 年。利息按存款開戶日掛牌零存整取利率計算，到期未支取部分或提前支取按支取日掛牌的活期利率計算利息。

5. 整存零取

整存零取是指在存款開戶時約定存款期限、本金一次存入，固定期限分次支取本金的一種個人存款。存款開戶的手續與活期相同，存入時 1000 元起存，支取期分 1 個月、3 個月及半年一次，由儲戶與營業網點商定。利息按存款開戶日掛牌整存零取利率計算，於期滿結清時支取。到期未支取部分或提前支取按支取日掛牌的活期利率計算利息。存期分為 1 年、3 年、5 年。

6. 存本取息

存本取息指在存款開戶時約定存期、整筆一次存入，按固定期限分次支取利息，到期一次支取本金的一種個人存款。一般 5000 元起存。可一個月或幾個月取息一次，可以在開戶時約定的支取限額內多次支取任意金額。利息按存款開戶日掛牌存本取息利率計算，到期未支取部分或提前支取按支取日掛牌的活期利率計算利息。存期分 1 年、3 年、5 年。其開戶和支取手續與活期儲蓄相同，提前支取時與定期整存整取的手續相同。

7. 定活兩便

定活兩便是指在存款開戶時不必約定存期，銀行根據客戶存款的實際存期按規定計息，可隨時支取的一種個人存款種類。50 元起存，存期不足 3 個月的，利息按支取日掛牌活期利率計算；存期 3 個月以上（含 3 個月），不滿半年的，利息按支取日掛牌定期整存整取 3 個月存款利率打 6 折計算；存期半年以上的（含半年）不滿 1 年的，整個存期按支取日定期整存整取半年期存款利率打 6 折計息；存期 1 年以上（含 1 年），無論存期多長，整個存期一律按支取日定期整存整取 1 年期存款利率打 6 折計息。

8. 通知存款

通知存款是指在存入款項時不約定存期，支取時事先通知銀行，約定支取存款日

個人理財規劃

期和金額的一種個人存款方式。最低起存金額為人民幣 5 萬元（含），外幣等值 5000 美元（含）。為了方便，儲戶可在存入款項開戶時即可提前通知取款日期或約定轉存存款日期和金額。個人通知存款需一次性存入，可以一次或分次支取，但分次支取後帳戶餘額不能低於最低起存金額，當低於最低起存金額時銀行給予清戶，轉為活期存款。個人通知存款按存款人選擇的提前通知的期限長短劃分為 1 天通知存款和 7 天通知存款兩個品種。其中 1 天通知存款需要提前 1 天向銀行發出支取通知，並且存期最少需 2 天；7 天通知存款需要提前 7 天向銀行發出支取通知，並且存期最少需 7 天。

9. 教育儲蓄

教育儲蓄是為鼓勵城鄉居民以儲蓄方式為其子女接受非義務教育積蓄資金，促進教育事業發展而開辦的儲蓄。教育儲蓄的對象為在校小學四年級（含四年級）以上學生。

存期規定：教育儲蓄存款按存期分為 1 年、3 年和 6 年 3 種。

帳戶限額：教育儲蓄每一帳戶起存 50 元，本金合計最高限額為 2 萬元。

利息優惠：客戶憑學校提供的正在接受非義務教育的學生身分證明一次支取本金和利息時，可以享受利率優惠，並免徵儲蓄存款利息所得稅。

學習小貼士

儲蓄存款技巧

第一招：階梯存儲法

此種方法既流動性強，又可獲取高利息。

具體操作方法：3 萬元中，1 年期、2 年期、3 年期定期儲蓄分別存 1 萬元。1 年後，將到期的 1 萬元再存 3 年期。以此類推，3 年後持有的存單則全部為 3 年期的，只是到期的年限不同，依次相差 1 年。

這種方法可使年度儲蓄到期額保持平衡，既能應對儲蓄利率的調整，又可獲取 3 年期存款的高利息，適宜工薪家庭為子女累積教育基金。

第二招：存單四分存儲法

此種方法既可滿足應急資金的使用，又可避免急用時因動用大存單而造成的損失。

具體操作方法：如果現在有 1 萬元且 1 年內有急用，並且每次用錢的具體金額與時間不確定，那就最好選擇存單四分法，即把存單分為 4 張，即 1000 元一張、2000 元一張、3000 元一張、4000 元一張，這樣想用多少錢就用多少錢的存單。

第三招：交替存儲法

此種方法不僅不會影響家庭急用，還會取得比活期儲蓄高的利息。

具體操作方法：假設有 5 萬元現金，可以將 5 萬元分為兩份，每份為 2.5 萬元，分別按半年、1 年的存期存入銀行，1 年期存款設為自動轉存。若在半年期存款到期後，有急用便取出，若用不著，則也轉為 1 年期定期存款，並設立自動轉存功能。這樣兩筆存款的循環時間為半年，若半年後有急用，可以取出任何一張存單。

第四招：利滾利存儲法

此種方法又稱「驢打滾」存儲法，即存本取息儲蓄和零存整取儲蓄有機結合的一種儲蓄法。

具體操作方法：假如有3萬元，可以把這3萬元存成存本取息儲蓄，1個月後取出存本息儲蓄的第一個月利息，再用這1個月的利息開設一個零存整取儲蓄戶，以後每個月把利息取出後存入零存整取儲蓄，這樣不僅存本取息得到利息，而且其利息在參加零存整取後又取得利息。

第五招：自動續存法

具體操作方法：在辦理定期存款時選擇了「定期存款約定轉存期限」，則在存款到期後銀行將按照儲戶的意願為儲戶辦理無限次自動轉存，自動轉存後再次起息時按轉存日掛牌公告的同檔次利率計息。當遇到降息時，如果錢是自動續存的整存整取，並正好在降息不久到期，則千萬不要去取，銀行自動在到期日按續存約定的轉存，並且利率還是原來的利率。

二、貨幣市場基金

在現金規劃的一般工具中，現金流動性最強，收益率最低，在通貨膨脹條件下，現金不僅沒有收益，反而會貶值。國內儲蓄機構的儲蓄業務雖然流動性較強，但收益率較低，在一般情況下低於居民消費物價指數（CPI）。

貨幣市場基金是一種功能類似於銀行活期存款，而收益卻高於銀行存款的低風險投資產品。貨幣基金為個人及企業提供了一種能夠與銀行中短期存款相替代，相對安全、收益穩定的投資方式。貨幣基金既可以在提供本金安全性的基礎上為投資者帶來一定的收益，又具有很好的流動性。就流動性而言，貨幣市場基金的流動性很好，甚至比銀行7天通知存款的流動性還要好。前者贖回日後1天（T+1日）或2天（T+2日）就可以取得資金，而後者則需要贖回日後7天（T+7日）。貨幣基金有類似於活期存款的便利。當天贖回（T日），資金最快第二天（T+1日）上午10點以前到帳。就安全性而言，由於貨幣基金投資於短期債券、國債回購及同業存款等，投資品種的特性基本決定了貨幣基金本金風險接近於零。就收益率而言，貨幣市場基金的收益率遠高於7天通知存款。貨幣基金沒有認購費、申購費和贖回費，只有年費，總成本較低。

根據2004年8月16日中國證監會、中國人民銀行制定的《貨幣市場基金管理暫行規定》，貨幣市場基金是指僅投資於貨幣市場工具的基金。具體來講，貨幣市場基金應當投資於以下金融工具：

（1）現金；

（2）一年以內（含一年）的銀行定期存款、大額存單；

（3）剩餘期限在397天以內（含397天）的債券；

（4）期限在一年以內（含一年）的債券回購；

（5）期限在一年以內（含一年）的中央銀行票據；

（6）中國證監會、中國人民銀行認可的其他具有良好流動性的貨幣市場工具。

貨幣市場基金不得投資於以下金融工具：

（1）股票；

（2）可轉換債券；

（3）剩餘期限超過 397 天的債券；

（4）信用等級在 AAA 級以下的企業債券；

（5）中國證監會、中國人民銀行禁止投資的其他金融工具。

近幾年貨幣基金借力互聯網，興起一大批「寶類」產品，取代活期存款深入百姓心中，成為理財人士空前關注的大熱品種。其中最具代表性的就是由螞蟻金服於 2013 年 6 月推出的餘額增值服務和活期資金管理服務產品餘額寶。

學習小貼士

互聯網金融理財產品：貨幣基金「餘額寶」

餘額寶是由第三方支付平臺支付寶打造的一項餘額增值服務，於 2013 年 6 月 13 日上線的存款業務。通過餘額寶，用戶不僅能夠得到較高的收益，還能隨時消費支付和轉出，無任何手續費。用戶在支付寶網站內就可以直接購買基金等理財產品，獲得相對較高的收益，同時餘額寶內的資金還能隨時用於網上購物、支付寶轉帳等支付功能。轉入餘額寶的資金在第二個工作日由基金公司進行份額確認，對已確認的份額會開始計算收益。

餘額寶支持支付寶帳戶餘額支付、儲蓄卡快捷支付的資金轉入且不收取任何手續費。通過餘額寶，用戶存留在支付寶的資金不僅能拿到「利息」，而且比銀行活期存款利息收益更高。根據其官方介紹，2012 年，10 萬元一年定期儲蓄利息為 3250 元/年，如通過餘額寶收益能超過銀行利息 750 多元/年。

餘額寶的服務特點是：

操作流程簡單，餘額寶服務是將基金公司的基金直銷系統內置到支付寶網站中，用戶將資金轉入餘額寶，實際上是進行貨幣基金的購買，餘額寶的收益也不是「利息」，而是用戶購買貨幣基金的收益。整個流程與給支付寶充值、提現或購物支付一樣簡單。

最低購買金額沒有限制，餘額寶的目標是讓那些零花錢也能獲得增值的機會，讓用戶哪怕一兩元、一兩百元都能享受到理財的快樂。

收益高，使用靈活，餘額寶不僅能夠提供高收益，還全面支持網購消費、支付寶轉帳等幾乎所有的支付寶功能，這意味著資金在餘額寶中一方面在時刻保持增值，另一方面又能隨時用於消費。同時，與餘額寶合作的天弘增利寶貨幣基金，支持 T+0 實時贖回，轉入支付寶餘額寶中的資金可以隨時轉出至支付寶餘額，也可直接提現到銀行卡。

摘自百度百科

任務二　個人貸款融資工具

在某些時候，家庭有未預料到的支出，而家中的現金和現金等價物額度不夠時，就需要利用貸款融資工具，這類主要包括：信用卡、國債或存單抵押貸款、保單抵押貸款、典當等。

一、信用卡融資

1. 信用卡的含義

信用卡是銀行或其他財務機構簽發給那些資信狀況良好的人士，用於在指定的商家購物和消費，或在指定銀行機構存取現金的特制卡片，是一種特殊的信用憑證。

隨著信用卡業務的發展，信用卡的種類不斷增多，概括起來，一般有廣義信用卡和狹義信用卡之分。從廣義上說，凡是能夠為持卡人提供信用證明、消費信貸或持卡人可憑卡購物、消費或享受特定服務的特制卡片均可稱為信用卡。廣義上的信用卡包括：貸記卡、準貸記卡、借記卡等。從狹義上說，信用卡主要是指由金融機構或商業機構發行的貸記卡，即無需預先存款就可貸款消費的信用卡。狹義的信用卡實質是一種消費貸款，它提供一個有明確信用額度的循環信貸帳戶，借款人可以支取部分或全部額度。償還借款時也可以全額還款或部分還款，一旦已經使用餘額得到償還，則該信用額度又重新恢復使用。

信用卡在扮演支付工具的同時，也發揮了最基本的帳務記錄功能。再加上預借現金、循環信用等功能，更使信用卡超越了支付工具的單純角色，具備了理財功能。

2. 信用卡的特點

（1）信用卡相比普通銀行儲蓄卡來說，最方便的使用方式就是可以在卡裡沒有現金的情況下進行普通消費，在很多情況下只要按期歸還消費的金額就可以了。

（2）不需存款即可透支消費，並可享有 20～50 天的免息期，按時還款分文利息不收。

（3）購物時刷卡不僅安全、衛生、方便，還有積分禮品贈送。

（4）持卡在銀行的特約商戶消費，可享受折扣優惠。

（5）累積個人信用，在個人的信用檔案中增添誠信記錄，讓個人終身受益。

（6）通行全國無障礙，在有銀聯標示的自動櫃員機（ATM）和銷售終端機（POS）機上均可取款或刷卡消費。

（7）全年多種優惠及抽獎活動，讓持卡人只要用卡就能時刻感到驚喜。

（8）每月免費郵寄對帳單，讓持卡人透明掌握每筆消費支出情況。

（9）特有的附屬卡功能，適合夫妻共同理財，或掌握子女的財務支出。

（10）自由選擇的一卡雙幣形式，通行全世界，境外消費可以境內人民幣還款。

（11）免費 800 電話 24 小時服務，掛失即時生效，失卡零風險。

3. 信用卡的功能

（1）信用額度功能。信用額度是指信用卡最高可以使用的金額。信用額度是依據個人申請信用卡所填寫的資料和提供的相關信用記錄、財務能力等證明文件綜合評定的。發卡機構將根據持卡人信用狀況的變化定期調整信用額度。

（2）免費融資。信用卡持卡人進行非現金交易時，可享受免息還款期待遇，即從銀行記帳日起至到期還款日之間的日期為免息還款期。在此期間，持卡人只要全額還清當期對帳單上的本期應還金額（總欠款金額），便不用支付任何非現金交易由銀行代墊給商店資金的利息（預借現金則不享受免息優惠）。

免息還款期根據各行規定有所不同，最短為帳單日到最后還款日，最長為帳單日次日到下月最后還款日。

如帳單日為1日，最后還款日為20日，則最短為20日，最長為50日。

【案例4.3】張小姐辦理了一張信用卡，該信用卡每個月的18日為結算日，每個月的8日為最后還款日。如果張小姐在8月18日、19日消費，則其享受的最長免息期為幾天？

【案例分析】如果張小姐在8月18日消費，當天是帳單日，在9月7日最后還款日全額還款，即享受了最短20天的免息期。如果張小姐在8月19日消費，結算在9月18日帳單上，在10月8日最后還款日全額還款即享受了最長50天免息期（8月19日到10月8日）。

（3）循環信用功能。循環信用是一種按日計息的小額、無擔保貸款。持卡人可以按照自己的財務狀況，在每月到期還款日前，自行決定還款金額的多少。當持卡人償還的金額等於或高於當期帳單的最低還款額，但低於本期應還金額時，剩餘延后還款的金額就是循環信用餘額。循環信用是一種十分方便的短期貸款工具，當持卡人無法一次付清帳單上的金額時，並可以利用此功能，自行決定償還的金額與時間，不需提供任何抵押品，並可隨時結清。循環信用可讓持卡人暫時不必清償全部帳款，但每個月須至少繳付月結單上所列之「最低應繳金額」。

計算基準是持卡人未繳清的金額，計算基期則依各銀行規定而不同，有依銀行墊繳日、帳單結帳日或帳單繳款截止日等。

循環利息計算法則：如每期消費在最后還款日前未全額還款，則需要從消費入帳日起計算利息。使用信用額度提取現金是從當天開始計算循環利息。請持卡人按照每月對帳單上的金額還款，如以最低還款額還款，持卡人能在支付循環利息條件下讓持卡人的資金流動更加自由同時又不影響持卡人的信用記錄。

循環利息計算方式：以上期對帳單的每筆消費金額為計息本金，自該筆帳款記帳日起至該筆帳款還清日止為計息天數，日息萬分之五為計息利率。循環信用的利息將在下期的帳單中列示。

用公式表示，使用循環信用滿足的條件是：本期應還金額>你實際還款的金額≥最低還款額。

【案例4.4】假設你的帳單日為每月10日，到期還款日為每月28日。你在10月1日發生了一筆5000元的消費，10月10日的帳單上顯示你的本期應還款金額為5000元。但很不幸的是，你在10月30日之前經濟拮據，無法做到全額還款。於是你在10月16日償還了其中的4500元，剩餘的500元直到10月31日才全部還清。請問：你將為此支付多少利息？（假設日利率為萬分之五）

【案例分析】一個頭腦正常的人或許會做出以下的計算：截至10月28日，我仍有500元沒有償還。這筆錢已過了最后還款期限，因此我將不能享受免息期待遇。從記帳日10月1日起直到10月30日，一共應支付30天的利息，即 $500×(5/10,000)×30=7.5$ 元。至於另外的4500元，因為已在規定期限內履行了還款義務，所以不需要繳納任何費用。因此，應支付的利息總額為7.5元。

這樣的想法其實並無不妥，只可惜這已是2年前國內部分發卡行使用的計算方法，現在的情況已經完全變了。如果你還用這樣的方法計算自己的應付利息，那麼帳單上「應付利息」一欄的金額定會令你大吃一驚。在你拿到帳單之前，可以斬釘截鐵地通知你，你應付利息的金額絕不會為7.5元，而應為41.25元。怎麼會有如此大的差距？關鍵就在於那按期償還的4500元也將被徵收15天的利息。銀行方面的解釋是由於未按時償清欠款，持卡人不得享有免息期待遇；銀行對當期全部欠款按日徵收利息，「日數」的計算按照「先刷先還」的原則。但實際上，大部分銀行在信用卡使用條款中僅羅列了循環信用利率，並未明確說明應納息欠款金額的計算方法。

上述案例中的這種計算方法確實是目前國際上的主流計算方法。因此，國內所有的發卡行也紛紛借著「與國際接軌之名」，懷揣「可大幅增加利息收入之企圖」，大膽採用了此種做法。

曾有持卡人抱怨說，自己因一時疏忽少還了0.5元，結果因被取消免息期待遇而多支付了1000多元的利息，最終投訴未果。

(4) 預借現金功能。預借現金指持卡人使用信用額度透支取現。預借現金自銀行記帳日起收透支利息。信用卡預借現金額度是指持卡人使用信用卡通過自動櫃員機(ATM)等自助終端提取現金的最高額度。同時，要清楚的是，信用卡的取現額度與信用額度是不一樣的。信用卡取現額度是銀行信用卡中心核定給持卡人通過持卡人的信用卡可提取現金的最高額度，取現額度包含於信用額度之內。

雖然可以使用信用卡提取現金，但是在非應急情況下請不要使用信用卡預借現金的功能，因為使用信用卡預借現金功能的代價是很高的。首先，使用信用卡預借現金沒有免息還款期，從持卡人提取現金的當天就開始計算利息；其次，預借現金利息很高，日息萬分之五而且是計算複利；最后，手續費很高，手續費一般是1%以上，一次性收取。另外，預借現金一般情況下沒有積分贈送。

除了這些，預借現金還有額度的限制，對於大多數銀行來說預借現金的額度為信用額度的50%左右。

總之，應慎重使用信用卡預借現金功能，一旦使用，請務必盡快還款，避免支付高額利息。

個人理財規劃

學習小貼士

互聯網金融理財產品：消費信貸「螞蟻花唄」

與信用卡有異曲同工之處的螞蟻花唄是螞蟻金服借力互聯網的迅猛發展向大眾推出的一款消費信貸產品。螞蟻花唄剛一上線，就受到網購族的大力追捧。數據統計顯示，花粉的用戶33%是「90后」，「80后」用戶則占48.5%，而「70后」用戶是14.3%。可見螞蟻花唄吸引了更多的新生代消費群體。

螞蟻花唄申請開通后，將獲得500~50,000元不等的消費額度。用戶在消費時，可以預支螞蟻花唄的額度，享受「先消費，后付款」的購物體驗。對年輕用戶而言，螞蟻花唄的吸引力在於可憑信用額度購物，而且免息期最高可達41天。

螞蟻花唄支持多場景購物使用。目前共接入了40多家外部消費平臺：大部分電商購物平臺，如亞馬遜、蘇寧等；本地生活服務類網站，如口碑、美團、大眾點評等；主流3C類官方商城，如樂視、海爾、小米、OPPO等官方商城；以及海外購物的部分網站。

與信用卡不同的是，螞蟻花唄的授信額度根據消費者的網購情況、支付習慣、信用風險等綜合考慮，通過大數據運算，結合風控模型，授予用戶500~50,000元不等的消費額度。螞蟻花唄的額度依據用戶在平臺上所累積的消費、還款等行為授予，用戶在平臺上的各種行為是動態和變化的，相應的額度也是動態的，當用戶一段週期內的行為良好，且符合提額政策，其相應額度則可能提升。螞蟻花唄無法通過他人代開通或提額，請不要輕信他人，洩露個人信息。

用戶在消費時，可以預支螞蟻花唄的額度，在確認收貨后的下個月的10號進行還款，免息期最長可達41天。除了「這月買，下月還，超長免息」的消費體驗，螞蟻花唄還推出了花唄分期的功能，消費者可以分3個月、6個月、9個月、12個月進行還款。

每個月10號為花唄的還款日，用戶需要將已經產生的花唄帳單在還款日還清。到期還款日當天系統依次自動扣除支付寶帳戶餘額、餘額寶（需開通餘額寶代扣功能）、借記卡快捷支付用於還款已出帳單未還部分，也可以主動進行還款。為避免逾期，請確保支付寶帳戶金額充足。如果逾期不還每天將收取萬分之五的逾期費。

摘自百度百科

二、憑證式國債質押貸款

目前憑證式國債質押貸款額度起點一般為5000元，每筆貸款不超過質押品面額的90%。憑證式國債質押貸款的貸款期限原則上不超過一年，並且貸款期限不得超過質押國債的到期日；若用不同期限的多張憑證式國債進行質押，以距離到期日最近者確定貸款期限。憑證式國債質押貸款利率，按照同期同檔次法定貸款利率（含浮動）和有關規定執行。貸款期限不足6個月的，按6個月的法定貸款利率確定，期限在6個月以上1年以內的，按1年的法定貸款利率確定。另外，銀行也會根據客戶的不同情況對

貸款利率有所調整，貸款利率的下限是基準利率的0.9倍，不設上限。借款人提前還貸，貸款利息按合同利率和實際借款天數計算，另外按合同規定收取補償金。憑證式國債質押貸款實行利隨本清。憑證式國債質押貸款逾期1個月以內的（含1個月），自逾期之日起，按法定罰息率向借款人計收罰息。

三、存單質押

存單貸款利率按照中國人民銀行規定的同期貸款利率計算，貸款期限不足6個月的，按6個月的法定貸款利率確定；期限在6個月以上1年以內的，按1年的法定貸款利率確定。優質客戶可以下浮10%。如借款人提前還貸，貸款利率按合同利率和實際借款天數計算。目前各家商業銀行都推出了存單質押貸款業務，且手續簡便。借款人只需向開戶行提交本人名下的定期存款（存單、銀行卡帳戶均可）及身分證，就可提出貸款申請。經銀行審查后，雙方簽訂《定期存單抵押貸款合同》，借款人將存單交銀行保管或由銀行凍結相關存款帳戶，便可獲得貸款。有的銀行，如中國工商銀行存單質押貸款的起點金額為1000元，最高限額不超過10萬元，且不超過存單面額的80%；又如交通銀行要求最高為質物面額的90%。銀行借款人如果手續齊備，當天就可以簽訂合同拿到貸款，不需要任何的手續費。存單質押貸款一般適合於短期、臨時的資金需求。

目前，商業銀行提供的貸款種類各異，除了上述列舉的幾種外，還有如個人臨時貸款、個人房產裝修貸款、個人旅遊貸款、個人商鋪貸款、個人小型設備貸款和個人外匯寶項下存款質押貸款等種類，這裡就不再詳述。理財規劃師可以根據個人情況增加對這些種類的瞭解。

四、保單質押融資

所謂保單質押貸款，是保單所有者以保單作為質押物，按照保單現金價值的一定比例獲得短期資金的一種融資方式。目前，中國存在兩種情況：一種情況是投保人把保單直接質押給保險公司，直接從保險公司取得貸款，如果借款人到期不能履行債務，當貸款本息達到退保金額時，保險公司終止其保險合同效力；另一種情況是投保人將保單質押給銀行，由銀行支付貸款給借款人，當借款人不能到期履行債務時，銀行可依據合同憑保單由保險公司償還貸款本息。

然而，並不是所有的保單都是可以質押的，質押保單本身必須具有現金價值。人身保險合同可分為兩類：一類是醫療保險和意外傷害保險合同，此類合同屬於損失補償性合同，與財產保險合同一樣，不能作為質押物；另一類是具有儲蓄功能的養老保險、投資分紅型保險及年金保險等人壽保險合同，此類合同只要投保人繳納保費超過1年，人壽保險單就具有了一定的現金價值，保單持有人可以隨時要求保險公司返還部分現金價值，這類保單可以作為質押物。

此外，保單質押貸款的期限和貸款額度有限制。保單質押貸款的期限較短，一般不超過6個月。最高貸款餘額不超過保單現金價值的一定比例，各個保險公司對這個

比例有不同的規定，一般在 70% 左右；銀行則要求相對寬鬆，貸款額度可達到保單價值的 90%。期滿后貸款一定要及時歸還，一旦借款本息超過保單現金價值，保單將永久失效。目前保單貸款的利率參考法定貸款的利率，同時保險公司和銀行根據自身的情況，具體確定自己的貸款利率。

五、典當融資

根據 2005 年 2 月 9 日經由商務部審議通過並經公安部同意頒布實施的《典當管理辦法》的規定，典當是指當戶將其動產、財產權利作為當物質押或者將其房地產作為當物抵押給典當行，交付一定比例費用，取得當金，並在約定期限內支付當金利息、償還當金、贖回當物的行為。

辦理出當與贖當，當戶均應當出具本人的有效身分證件。當戶為單位的，經辦人員應當出具單位證明和經辦人的有效身分證件；委託典當中，被委託人應當出具典當委託書、本人和委託人的有效身分證件。出當時，當戶應當如實向典當行提供當物的來源及相關證明材料。贖當時，當戶應當出示當票。所謂當票，是指典當行與當戶之間的借貸契約，是典當行向當戶支付當金的付款憑證。

當物的估價金額及當金數額應當由雙方協商確定。房地產的當金數額經協商不能達成一致的，雙方可以委託有資質的房地產價格評估機構進行評估，估價金額可以作為確定當金數額的參考。典當期限由雙方約定，最長不得超過 6 個月。

典當當金利率按中國人民銀行公布的銀行機構 6 個月期法定貸款利率及典當期限折算后執行。典當當金利息不得預扣。除此之外，典當過程中還需繳納各種綜合費用，典當綜合費用包括各種服務及管理費用。動產質押典當的月綜合費率不得超過當金的 42‰。房地產抵押典當的月綜合費率不得超過當金的 27‰。財產權利質押典當的月綜合費率不得超過當金的 24‰。當期不足 5 日的，按 5 日收取有關費用。

典當期內或典當期限屆滿后 5 日內，經雙方同意可以續當，續當一次的期限最長為 6 個月。續當期自典當期限或者前一次續當期限屆滿日起算。續當時，當戶應當結清前期利息和當期費用。典當期限或者續當期限屆滿后，當戶應當在 5 日內贖當或者續當。逾期不贖當也不續當的，為絕當。當戶於典當期限或者續當期限屆滿至絕當前贖當的，除須償還當金本息、綜合費用外，還應當根據中國人民銀行規定的銀行等金融機構逾期貸款罰息水平、典當行制定的費用標準和逾期天數，補交當金利息和有關費用。

結合自己家的實際情況，為自己的家庭建立應急備用金，並選擇合適的現金規劃工具。

本章小結

　　現金規劃是個人家庭理財規劃中最重要的部分，無論日常消費，還是買房買車，上學投資，都要在家庭現金流中體現出來。本章主要向大家介紹個人或家庭應該如何進行現金規劃。

　　現金規劃是對家庭或者個人日常的、日復一日的現金及現金等價物進行管理的一項活動，就是確保個人或家庭有足夠的費用來支付計劃中和計劃外的費用，並且個人或家庭的消費模式是在個人或家庭的預算限制之內。

　　根據應急備用金的應對能力指標建立和衡量應急備用金，確保個人或家庭有些急事需要花錢時的應對和彌補能力。

　　選擇合適的現金規劃工具。現金是現金規劃的重要工具，流動性最強；相關儲蓄品種有活期儲蓄、定活兩便儲蓄、整存整取定期儲蓄、零存整取定期儲蓄、整存零取儲蓄、存本取息儲蓄、個人通知存款、定額定期儲蓄；貨幣市場基金是指僅投資於貨幣市場工具的基金。在某些時候，家庭有未預料的支出，而客戶的現金和現金等價物額度不夠時，需要利用其他融資工具，包括：信用卡、國債或存單抵押貸款、保單抵押貸款、典當等。

項目五　保險規劃

【案例導入】

不久前，張先生剛剛做了個腫瘤切除手術，目前正在家中休養。大病初愈，張先生對人生、健康、財富乃至投資都都有了新的理解。

今年50歲家住上海的張先生和妻子都尚未退休，兩人每月的總收入在5000元左右，22歲的兒子雖然剛剛參加工作不久，薪金卻已經接近兩人的總和，每月達到了4600元。張先生一家三口已經有了300多萬元的家庭總資產，沒有房屋貸款，沒有其他家人需要供養，張先生一家的經濟負擔很輕，有充足的資金進行金融、房產投資，是典型的步入財富分享期的成熟期家庭。

如何在妥善分配好這筆財富並加以投資的同時，又能兼顧風險保障，使張先生一家沒有后顧之憂，快樂分享這筆夫婦倆奮鬥一生的財富。

【案例分析】

針對上述問題，理財規劃師給出以下建議：

1. 風險需求分析

張先生的家庭經濟狀態良好，兒子經濟獨立，沒有其他經濟負擔。考慮家庭未來會經常出去旅遊，應有意外險；投資類方面，因為家庭收入穩定，有一定的存款，可考慮投連險、萬能險和分紅險；大病險要做足額補充，住院報銷也要適當考慮。

2. 保險方案推薦

（1）健康險：考慮到張先生身體原因不能做大病險，應做些住院津貼，張太太要適當考慮大病險，兒子大病要足額考慮，同時要有住院報銷補充社保。

（2）投資險：張先生的資金要做好規劃，可考慮投連險、萬能險和分紅險，可做養老、醫療補充。

（3）保障險：一定要有孩子的壽險保障。

（4）意外險：全家都要考慮，補充社保報銷，加大保障。

模塊一　保險規劃的基礎知識

任務一　風險與風險管理

一、風險的含義

風險大致有兩種定義：一種定義強調了風險表現為不確定性；另一種定義則強調風險表現為損失的不確定性。具體說來就是指某種損失發生的不確定性，這種不確定性表現在：無論發生與否是不確定的，發生的時間是不確定的，發生的狀況是不確定的，發生的后果是不確定的。

如果風險表現為不確定性，說明風險只能表現出損失，沒有從風險中獲利的可能性，屬於狹義風險。而風險表現為損失的不確定性，說明風險產生的結果可能帶來損失、獲利或是無損失也無獲利，屬於廣義風險，金融風險屬於此類。風險和收益成正比，所以一般積極進取型的投資者偏向於高風險是為了獲得更高的利潤，而穩健型的投資者則著重於安全性的考慮。

二、構成風險的要素

1. 構成風險的要素——風險因素

風險因素是指某一特定損失發生或增加其發生的可能性或擴大其損失程度的原因。風險因素是風險事故發生的潛在原因，是造成損失的內在原因或間接原因。

根據性質不同風險因素分為實質風險因素、道德風險因素、心理風險因素三種。

（1）實質風險因素。實質風險因素是指有形的、並能直接影響事物物理功能的因素，即某一標的本身所具有的足以引起或增加損失機會和加重損失程度的客觀原因和條件。

例如，人體生理器官功能；建築物所在地、建材等；汽車的生產廠家、規格、煞車系統；地殼的異常變化、惡劣的氣候、疾病傳染等。

（2）道德風險因素。道德風險因素是與人的品德修養有關的無形的因素，即由於個人不誠實、不正直或不軌企圖，故意促使風險事故發生，以致引起社會財富損毀和人身傷亡的原因或條件。

例如，詐欺、縱火等。在保險業務中，保險人不承保此類風險因素造成的損失責任，不承擔因道德風險因素所引起的損失、賠償或給付責任。

（3）心理風險因素。心理風險因素又叫風紀風險因素，是指與人的心理狀態有關的無形的因素，即由於人們不注意、不關心、僥幸，或存在依賴保險心理，以致增加風險事故發生的機會和加大損失的嚴重性的因素。

例如，企業或個人投保財產保險后放鬆對財物的保護，或者在火災發生時不積極

施救，任其損失擴大等，都屬於心理風險因素。

2. 構成風險的要素——風險事故

風險事故是指造成生命、財產損失的偶發事件，是造成損失的直接的或外在的原因，是損失的媒介物。風險只有通過風險事故的發生，才能導致損失。

風險是損失發生的一種可能性，風險事故則意味著風險的可能性轉化為現實性。因此，風險事故是直接引起損失後果的意外事件。例如，下冰雹路滑發生車禍，造成人員傷亡；冰雹直接擊傷行人。

3. 構成風險的要素——損失

損失是指非故意的、非預期的、非計劃的經濟價值的減少，即經濟損失。這是狹義的損失的定義，一般以喪失所有權、預期利益、支出費用、承擔的責任等形式表現，而像精神損失、政治迫害、折舊、饋贈等均不能作為損失。

在風險管理中，通常將損失分為四類，即實質損失、額外費用損失、收入損失和責任損失。在保險實務中，我們通常將損失分為兩種形態，即直接損失和間接損失。直接損失是指風險事故導致的財產本身損失和人身傷害，這類損失又稱為實質損失；間接損失則是指由直接損失引起的其他損失，包括額外費用損失、收入損失和責任損失。

風險是由風險因素、風險事故和損失三者構成的統一體，風險因素引起或增加風險事故，風險事故發生可能造成損失。

三、風險的特徵

風險具有以下特性：

（1）不確定性，即風險可能發生，也可能不發生，有可能早發生，也有可能晚發生，就像一個人有可能得重大疾病，也可能不會得病，但每個人都會死，只是有早發生和晚發生的區別而已。

（2）客觀性，即風險不以人的意志為轉移。

（3）普遍性，即每個人都面臨生、老、病、死及意外傷害等風險。

（4）可測定性，即風險在某一個體不可預測，但在群體中發生風險的概率是可以預測的，比如發病率、死亡率等。

（5）發展性，即隨著社會的發展各種風險也在不斷發展，如同在現代社會，人們享受便利交通的同時，交通事故也大大增加了。

四、風險的分類

按照不同的情況風險的分類如下：

（1）按風險產生的原因分類，可以將風險劃分為自然風險、社會風險、政治風險、經濟風險和技術風險。

（2）按風險的性質分類，可以將風險劃分為純粹風險和投機風險。

（3）按風險產生的環境分類，可以將風險劃分為靜態風險和動態風險。

（4）按損失的範圍分類，可以將風險劃分為基本風險和特定風險。

（5）按風險的對象分類，可以將風險劃分為財產風險、人身風險、責任風險和信用風險。

五、風險管理方法

【案例 5.1】風險管理與控製——斯坦福大學的一堂「賭博課」

一場「賭博」正在進行：如果猜對，遊戲者可獲 60 美元；如果猜錯，什麼都沒有。

「如果需要花費 20 美元，有誰願意買這個機會?」伯克·羅賓遜發問。

這是在美國斯坦福大學裡的一堂「風險管理與控製」課。講臺上的羅賓遜是斯坦福大學管理科學與工程顧問教授、世界級決策專家，曾是諮詢界泰鬥戰略決策集團（Strategic Decisions Group）合夥人，在應用最尖端手段進行商業和投資決策方面擁有豐富經驗。

臺下坐著的，是遠渡重洋來到這裡求學的 30 多個國家和地區的學員。現在，他們的大腦正進入決策的第十階段——選擇。此前，羅賓遜已用硬幣說明可用「決策樹」幫助實施「決策的結構化」。例如，對硬幣朝面的不確定性，大家都知道成功率為 50%。而當硬幣變成一枚落地時針頭朝向可能存在傾向性的圖釘時，誰還願支付 20 美元買這個投資機會？

賭，還是不賭？在這個瞬息萬變的世界，就充滿不確定性的未來做出抉擇，是企業家常要面對的殘酷「賭博」。

風險管理方法主要有控製型風險管理技術和財務型風險管理技術。

1. 控製型風險管理技術

控製型風險管理技術，即採取控製技術，達到避免和消除風險，或減少風險因素危害的目的的方法。控製型風險管理技術可以適用於災前災後。事故發生前，降低事故發生頻率；事故發生后，降低損失程度。

控製型風險管理技術主要包括避免風險、預防風險、分散風險、抑制風險四種風險管理方法。

（1）避免風險。避免風險是指設法迴避損失發生的可能性，即為從根本上消除特定的風險單位和中途放棄某些既存的風險單位，採取主動放棄或改變該項活動的方式。避免風險的風險管理方法一般在某特定風險所致損失頻率和損失幅度相當高或處理風險的成本大於其產生的效益時採用，它是一種最徹底、最簡單的方法，但也是消極的風險管理方法。

（2）預防風險。預防風險是指在風險事故發生前為了消除或減少可能引起損失的各種因素而採取的處理風險的具體措施，其目的在於通過消除或減少風險因素而降低損失發生頻率。這是事前的措施，即所謂「防患於未然」。例如，定期體檢，雖不能消除癌症的風險，但可獲得醫生的有效建議或及早防治。

（3）分散風險。分散風險是指增加同類風險單位的數目來提高未來損失的可預測

性，以達到降低風險發生的可能性的目的。例如，發展連鎖店、跨國公司、集團公司等。

（4）抑制風險。抑制風險是指在損失發生時或損失發生之后為減小損失程度而採取的各項風險管理措施。抑制風險是處理風險的有效技術。例如，安裝自動噴淋設備，堵修決口的堤壩等。

2. 財務型風險管理技術

財務型風險管理技術是指以提供基金的方式，降低發生損失的成本的主要方法。

財務型風險管理技術主要包括自留風險和轉移風險兩種方法。自留風險有主動自留和被動自留之分。轉移風險有非保險轉移和保險轉移兩種方法。

（1）自留風險。自留風險是指對風險的自我承擔，即企業或單位自我承受風險損害后果的方法。自留風險是一種非常重要的財務型風險管理技術。自留風險有主動自留和被動自留之分。通常在風險所致損失頻率和幅度低、損失在短期內可以預測以及最大損失不影響企業或單位財務穩定時採用自留風險管理的方法。

（2）轉移風險。轉移風險是指一些單位或個人為避免承擔風險損失，而有意識地將損失或與損失有關的財務后果轉嫁給另一些單位或個人去承擔的一種風險管理方式。轉移風險又有財務型非保險轉移和財務型保險轉移兩種方法。

①財務型非保險轉移是指單位或個人通過訂立經濟合同，將損失或與損失有關的財務后果轉移給另一些單位或個人去承擔，如保證互助、基金制度等，或人們可以利用合同的方式，將可能發生的、指明的不定事件的任何損失責任，從合同一方當事人轉移給另一方，如銷售、建築、運輸合同和其他類似合同的除外責任和賠償條款等。

②財務型保險轉移是指單位或個人通過訂立保險合同，將其面臨的財產風險、人身風險和責任風險等轉嫁給保險人的一種風險管理技術。投保人繳納保費，將風險轉嫁給保險公司，保險公司則在合同規定的責任範圍內承擔補償或給付責任。保險作為風險轉移方式之一，有很多的優越之處，在社會上得到了廣泛的運用。

任務二　個人或家庭風險管理

俗話說：「天有不測風雲，人有旦夕禍福。」你永遠不知道「風險」和「明天」哪個會先到，人的一生面臨著各種各樣的風險。那麼家庭存在著哪些風險呢？又如何對家庭風險進行控製和管理呢？

一、家庭存在的風險

1. 基本風險：收入風險、意外風險

收入風險和意外風險是任何一個家庭都面臨的兩類風險，是家庭風險中最底端的鏈環。

收入是一個家庭存續的最為基本的要素。隨著大鍋飯時代的終結，減薪、失業這些問題會伴隨我們的一生，隨時都有可能發生。因此，收入風險被列為首要風險。

意外風險幾乎是每個家庭最擔憂的事情。如果遭遇生病、火災、搶劫等狀況通常會令人措手不及,並且伴隨著巨大的財產損失。危機一旦發生,若無防禦措施,很可能會讓一個家庭面臨瓦解。面對這樣的意外之險,我們應該構築一套「防禦工事」。

2. 一般風險:債務風險、流動性風險、購買力風險

當今社會,「透支未來」已漸成風尚,現代人不可避免地產生負債。工作不久的年輕人在購房時,首期付款往往是由父母支付的,其餘部分辦理住房按揭貸款。因此,應該充分考慮到父母的養老、醫療保險風險,特別注意不要過高估計自己未來的收入水平。否則過度負債會使家庭負擔過大,造成生活水平下降,威脅家庭資產安全,與美好的初衷背道而馳。

當我們將注意力集中在家庭的負債比率這個問題時,很容易忽視家庭財產的流動性風險。只有在遇到償付難以應付,陷於捉襟見肘的尷尬局面時,我們才會想起這一風險。購買力風險就更加具有隱蔽性了,因為我們一般接觸到的都是一些「名義」的價值,如銀行一年期利率2.85%,就是個名義利率。假如你有1000元錢存入銀行,通貨膨脹率此時高達5%,那麼你的資產其實在以2.15%的速度縮水,購買力在不斷下降。因此,在家庭財務的規劃中,要特別警惕購買力的保值和增值問題。

3. 投資風險:利率風險、市場風險

在開源方面的重要環節是進行投資,有投資就有風險,可以說是一條「鐵律」。投資帶來的風險應該處於家庭風險的高端鏈環。投資中最重要的風險是利率風險和市場風險。

其實,生活本身就隱藏著許多財務危機,有些應付處理起來較容易,但另一些危機一旦發生,若無防禦措施,很可能會讓一個家庭面臨瓦解。因此,一定要通過家庭風險管理來降低這些風險對家庭的破壞性作用。

二、家庭風險管理的兩種方法

依據風險的一般管理方法,家庭風險管理方法主要分為控製型風險管理技術與財務型風險管理技術。

1. 控製型風險管理技術

控製型風險管理技術分為避免風險發生、預防和抑制。

(1) 避免風險發生。這是一種簡單徹底的方法,同時也喪失了機會,而有時候避免了一種風險,又會產生新的風險。

(2) 預防。通過消除或減少風險因素降低損失,如經常鍛煉、定期體檢、減少發病機會,對疾病早發現、早治療,減少重大疾病帶來的損失。

(3) 抑制。抑制是指發生損失時,盡量降低損失程度,如消防設備可以降低火災帶來的損失。

2. 財務型風險管理技術

財務型風險管理技術包括自留風險和轉移風險。

(1) 自留風險是指風險的自我承擔,比如我們普通的感冒發熱,從藥店買一些常

用藥，發生頻率高，但負擔小，我們就可以不用通過保險而自己解決。自留風險的最大好處是成本低、方便有效，但在個人及家庭財務管理方面，自留風險一定要有度，否則可能給我們帶來巨大損失。例如，重大疾病，一旦發生，可能帶來幾十萬元的醫療費用，對普通老百姓來說就是非常沉重的負擔，也就必須轉移風險。

（2）轉移風險包括財務型非保險轉移風險和財務型保險轉移風險。財務型非保險轉移風險是指將風險轉移給另外的一些個人或單位去承擔，如保證互助、基金會等，但會受到規模、信譽等各方面影響。保險轉移風險是指將家庭及個人面臨的財務風險轉移給保險公司，投保人繳納保費，保險公司在合同規定的範圍內承擔補償或給付責任。

> 列舉出現實生活中，個人或家庭中可能存在的風險以及它們可能對家庭生活造成的影響。

模塊二　家庭保險規劃實務

著名學者胡適談及保險時曾經這樣說過：「保險的意義，只是今日作明日的準備，生時作死時的準備，父母作兒女的準備，兒女幼小時作兒女長大時的準備，如此而已。今天預備明天，這是真穩健；生時預備死時，這是真曠達；父母預備兒女，這是真慈愛。能做到這三步的人，才能算作是現代人。」

任務一　保險規劃的步驟

保險是進行家庭風險管理最有效的方法之一，人們通過保險，可以把將來不確定的大額損失（如大病費用）轉變為確定的小額支出（保費），也可以將未來大額的或持續性的支出（如養老金）轉變為目前固定的或者一次性的支出（保費），從而提高我們的資金收益。

一、保險規劃遵循的原則

1. 首先應該把所有的家庭成員視為一個整體

家庭成員互相之間都承擔有一定的家庭責任，因此我們在規劃保險時應該把所有的家庭成員視為一個整體，這樣才能更好地體現家庭成員之間相互的責任與愛，規劃出最適合自己家庭情況的保險計劃。

2. 遵循家庭無法承擔的風險先保，對家庭財務影響大的風險先保的原則

保險不是保險箱，實際上，保險本身並不能避免風險的發生，保險只是在風險發生的時候為我們提供應對風險的財務保障，注意只是財務保障。因此，一個家庭中首

先應該被保險的成員應該是家庭的經濟支柱，「頂梁柱」在，家庭遇到任何風險，財務上還可以想辦法解決；「頂梁柱」不在了，整個家庭就陷入癱瘓了。其實，這位「頂梁柱」也就相當於整個家庭的保險。

各種險種當中，首先應該考慮的風險是家庭「頂梁柱」的壽險、意外險和重疾險，其次是發病率較大的家庭成員的保障規劃。

下面我們將簡要為大家介紹一下如何為自己的家庭規劃保險。

二、保險規劃的步驟

家庭風險管理和保險規劃的目的在於根據自身的經濟狀況和保險需求的深入分析，幫助自身選擇合適的保險產品並確定合理的期限和金額。個人在進行家庭風險管理時，一般也要遵循一個固定的流程，這樣才科學嚴謹。通過以下步驟大家可以自我分析、判斷並進行家庭風險管理。

1. 第一步：風險評估

家庭不同階段面臨的風險是有差異的，家庭成員所從事的工作不同和在家庭中所處的不同地位風險也有差異，風險對家庭成員所帶來的傷害也是不同的。因此，家庭風險管理中，首先應該對家庭中存在的風險進行風險評估。

2. 第二步：瞭解投保常識

瞭解投保常識，懂得投保規則，可以幫助人降低保險保障成本，規避堵塞家庭風險漏洞，提高家庭保障的完整性和有效性。例如，保險合同艱澀難懂，因此許多保險購買者沒有詳細閱讀過合同，但是合同中的重點內容（如保險利益、免責條款等）必須搞懂。代理人的談話記錄也應簽字保存。這樣才能確保參保人的風險管理真實有效。

3. 第三步：進行保險規劃

保險規劃的內容包括：選定具體的保險產品，並根據自身（或參保人）的具體情況合理搭配不同險種；以保險財產的實際價值和人身的評估價值為依據確定保險金額；確定保險期限。

（1）要確定一下自己家庭成員的範圍，包括自己的父母、子女和愛人，在這個家庭中哪一位是家庭的主要經濟來源，如果這位成員發生風險時，家庭會遇到怎樣的困擾，需要為父母準備多少養老金，為子女準備多少成長金和教育金，為愛人準備多少生活金？這些數額相加基本就是這位家庭成員需要擁有的壽險和意外險的保額，通常可設計為壽險和意外險各占一半。

（2）要考慮的是家庭經濟「頂梁柱」的重疾險，因為這對一個家庭來講也是無法承擔的風險。一般地，按目前的醫療費用，重疾險的保額一個人準備20萬元也就夠了，考慮到是家庭的經濟「頂梁柱」，有條件的話也可以適當多準備一些。

（3）我們應該考慮的是家庭其他成員的重疾險，因為這也是我們家庭面臨的一個巨大的風險漏洞，如果不加以解決，可能帶給我們的就是無法承受的痛苦。

（4）我們接下來應該考慮的是醫療險，因為醫療費用也是使家庭收入負增長的一個主要原因。

(5) 最后需要考慮的是養老險和子女教育險。養老險和子女教育險，究竟誰先考慮，這沒有一定的原則。一般地，認為哪一項需求比較緊迫就優先考慮。

養老和子女教育是人人都會遇到的問題，因此也就很難利用大多數人分擔少數人的風險的原則去設計保險了。通常，養老險和子女教育險都是由保戶自己將錢存入保險公司，保險公司利用穩健的投資渠道幫助客戶投資增值，由於所有的保險公司都會扣除一定的初始費用，保險公司複利增值利率較銀行高的優勢要經過10年以上才能體現出來，通常20年后，這筆錢的票面價值會增長1.5~2倍。因此，存養老險和子女教育險的時間，最好是在需求發生前20年提前準備。

我們手中的錢通常有三種理財方式：第一種是存入銀行，這部分錢面臨著通貨膨脹的風險；第二種是投資債券、基金、證券，這些投資方式或多或少面臨著大小不等的風險；第三種則是保險，我們不能說保險是一種很好的投資工具，我們只能說保險是一種最保險的理財工具，因為從抵禦通貨膨脹來講，保險優於銀行；從投資風險來講，保險優於債券、基金、證券等投資方式。

4. 第四步：保額與保費的分配與計算

保險專家指出，兩大通行規則可確定買保險的保額與保費

一些人計劃為自己和家人投保，但又為該花多少錢、購買多少保額而權衡不定。一些保險專家指出，買保險也有通行規則，掌握兩個「10」，保額、保費如何設定就盡在掌握。

(1) 保額：年收入的10倍。有關人壽保險的資深人士指出，通常保險額度可設定為家庭年收入的10倍。

舉例說，假設朱先生是家裡的「頂梁柱」，年薪10萬元。若他意外身故後，家人一下子失去了家庭主要的經濟收入。如果保險賠償額度是100萬元的話，那麼可以保證這個家庭在未來的10~20年期間的生活水平和質量不會出現太大的波動。

(2) 保費：年收入的10%。保險業界人士同時指出，總保費支出為家庭年收入10%左右比較適宜，低收入者可以低於這一比例，高收入者可以適當超過這一比例。

一旦購買保險，若非躉交，就是十幾年甚至幾十年的繳費。若保費過高，時間一長，家庭經濟就會有一定壓力；若保費過低，家庭則又很難獲得足夠的保險額度。年收入的10%是一個對多數家庭都較合適的支出比例。

5. 第五步：定期做好保單診斷

許多人買了保險之后通常就將保單束之高閣，只有在發生事故時才會將保單拿出來看。其實，我們的生活環境會改變，所擁有的保單也應該要隨著我們的需求而改變保障內容。因此，每年就應該要檢視一次你的保單，看看是否有需要調整的地方，這樣才能更好地控製好家庭風險。

任務二　認識保險產品

現代社會是一個異彩紛呈的多元化社會，每個人在享受到現代社會的繁華與富饒的同時，又深深感受到個人前途的不確定性和各種風險的存在，買保險已經成為現代人必不可少的選擇。

有一個關於保險的小故事，說的是一個失事海船的船長是如何說服幾位不同國籍的乘客抱著救生圈跳入海中的。船長對英國人說：「這是一項體育運動。」船長對法國人說：「這很浪漫。」船長對德國人說：「這是命令。」船長對美國人則說：「你已經被保險了。」

正如故事中所講的，在美國，不管是國家元首、明星巨匠，還是平民百姓，保險是人們生活中不可缺少的一環，像飲食、居住一樣，是生存中必要的一部分。人壽、醫藥、房屋、汽車、遊船、家具等都保了險，各種保險像一條條木柵，連成一環，環在人的周圍。

在中國，保險行業的發展相對落后，老百姓的保險意識相當淡薄。在筆者所接觸的人中，似乎每個人都對基金和理財產品的投資收益非常關心，卻很少有人提及保險，甚至有人將買保險與上當受騙聯繫起來。由此我們可以看出，在中國絕大多數老百姓的心目中，對於保險理念和保險意識真的基本上是一片空白。

那麼，什麼是保險？保險的重要性何在？什麼人應該買保險？應該如何選擇保險呢？

一、保險的含義

「保險」是一個在我們的日常生活中出現頻率很高的名詞，一般是指辦事穩妥或有把握的意思。但是在保險學中，「保險」一詞有其特定的內容和深刻的含義。在中國，「保險」是一個外來詞，是由英語「Insurance」一詞翻譯而來的。西方保業最先進入中國的廣東省，當地曾習慣稱保險為「燕梳」，也正是其英文的音譯。保險作為一種客觀事物，經歷了萌芽、產生、成長和發展的歷程，從形式上看表現為互助保險、合作保險、商業保險和社會保險。

廣義保險指的是無論何種形式的保險，就其自然屬性而言，都可以將其概括為保險是集合具有同類風險的眾多單位和個人，以合理計算風險分擔金的形式，向少數因該風險事故發生而受到經濟損失的成員提供保險經濟保障的一種行為。

通常，我們所說的保險是狹義的保險，即商業保險。《中華人民共和國保險法》明確指出：本法所稱保險，是指投保人根據合同約定，向保險人支付保險費，保險人對於合同約定的可能發生的事故因其發生所造成的財產損失承擔賠償保險金責任，或者當被保險人死亡、傷殘、疾病或者達到合同約定的年齡、期限時承擔給付保險金責任的商業保險行為。

1. 保險的特徵

（1）互助性。通過保險人用多數投保人繳納的保險費建立的保險基金對少數受到損失的被保險人提供補償或給付得以體現。

（2）契約性。從法律的角度看，保險是一種契約行為。

（3）經濟性。保險是通過保險補償或給付而實現的一種經濟保障活動。

（4）商品性。保險體現了一種等價交換的經濟關係。

（5）科學性。保險是一種科學處理風險的有效措施。

2. 保險的標的和費率

保險標的即保險對象，人身保險的標的是被保險人的身體和生命，而廣義的財產保險是以財產及其有關經濟利益和損害賠償責任為保險標的的保險。其中，財產損失保險的標的是被保險的財產，責任保險的標的是被保險人所要承擔的經濟賠償責任，信用保險的標的是被保險人的信用導致的經濟損失。

保險費率是保險費與保險金額的比例，保險費率又被稱為保險價格。通常以每百元或每千元保險金額應繳納的保險費來表示。

二、保險的原則

1. 保險利益原則

保險利益又稱為可保權益、可保利益，是指投保人對保險標的具有的法律上承認的利益。通常，投保人會因為保險標的的損害或者喪失而遭受經濟上的損失，因為保險標的的保全而獲得收益。只有當保險利益是法律上認可的，經濟上確定的而不是預期的利益時，保險利益才能成立。一般來說，財產保險的保險利益在保險事故發生時存在，這時才能補償損失；人身保險的保險利益必須在訂立保險合同時存在，用來防止道德風險。

以壽險為例，投保人對自身及其配偶具有無限的可保權益，在一些國家和地區，投保人與受保人如有血緣關係，也可構成可保權益。另外，債權人對未還清貸款的債務人也具有可保權益。

2. 最大誠信原則

最大誠信原則保證保險合同當事雙方能夠誠實守信，對自己的義務善意履行，包括如下內容：

（1）保險人的告知義務：保險人應該對保險合同的內容，即術語、目的進行明確說明。

（2）投保人的如實告知義務：投保人應該對保險標的的狀況如實告知。

（3）投保人或者被保險人的保證義務：投保人或者被保險人對於行為或不作為、某種狀態存在或不存在的擔保。保證較明確的一種是保險合同上明確規定的保證，比如盜竊險中保證安裝防盜門、人身保險中駕駛車輛必須有有效的駕駛證；不需明確的保證稱為默示保證，如海上保險中，投保人默示保證適航能力、不改變航道、航行的合法性等。因為保證條款對被保險人限制十分嚴格，所以各國法律都限制保險人使用

默示保證，只有一些約定俗成的事項可以成為默示保證。

3. 棄權和禁止反言原則

棄權是當事人放棄在合同中的某種權利。例如，投保人明確告知保險人保險標的的危險程度足以影響承保，保險人卻保持沉默並收取了保險費，這時構成保險人放棄了拒保權。又如，保險事故發生，受益人在合同規定的期限不索賠，構成受益人放棄主張保險金的權利。

禁止反言是指既然已經放棄某種權利，就不得再主張該權利。比如上面第一個例子，保險人不能在承保后再向投保人主張拒保的權利。

4. 損失補償原則

損失補償原則是保險人必須在保險事故發生導致保險標的遭受損失時根據保險責任的範圍對受益人進行補償。其含義為保險人對約定的保險事故導致的損失進行補償，受益人不能因保險金的給付獲得額外利益。一般來說，財產保險遵循該原則，但是因為人的生命和身體價值難以估計，所以人身保險並不適用該原則，不過亦有學者認為健康險的醫療費用也應遵循這一原則，否則有不當得利之嫌。

5. 近因原則

近因原則指的是判斷風險事故與保險標的的損失之間的關係，從而確定保險補償或給付責任的基本原則。近因是保險標的的損害發生的最直接、最有效、最起決定性作用的原因，而並不是指最近的原因。如果近因屬於被保風險，則保險人應賠償；如果近因屬於除外責任或者未保風險，則保險人不負責賠償。

三、保險的分類

按照保障範圍不同，保險可以分為：財產保險、責任保險、信用保證保險和人身保險。

1. 財產保險

財產保險是指以各類物質財產及其相關利益或責任、信用作為保險標的的一種保險。財產保險是對因保險事故的發生導致財產的損失，以金錢或實物進行補償的一種保險。

財產保險有廣義和狹義之分。狹義的財產保險是指以有形的物質財富及其相關利益為保險標的的一種保險，有時也稱為財產損失保險；廣義的財產保險的保險標的不僅包括有形的物質財富及其相關利益，還包括無形的財產及其相關利益，如以損害賠償責任為保險標的的責任保險以及以信用風險為保險標的的信用保證保險等。我們這裡指的是狹義的財產保險。

火災保險是承保陸地上存放在一定地域範圍內，基本上處於靜止狀態下的財產，比如機器、建築物、各種原材料或產品、家庭生活用具等因火災引起的損失。

海上保險實質上是一種運輸保險，是各類保險業務中發展最早的一種保險，保險人對海上危險引起的保險標的的損失負賠償責任。

貨物運輸保險是除了海上保險以外的貨物運輸保險，主要承保內陸、江河、沿海

以及航空運輸過程中貨物所發生的損失。

各種運輸工具保險主要承保各種運輸工具在行駛和停放過程中所發生的損失，主要包括：汽車保險、航空保險、船舶保險、鐵路車輛保險。

工程保險承保各種工程期間一切意外損失和第三者人身傷害與財產損失。

灾后利益損失保險指保險人對財產遭受保險事故後可能引起的各種無形利益損失承擔保險責任的保險。

盜竊保險承保財物因強盜搶劫或者竊賊偷竊等行為造成的損失。

農業保險主要承保各種農作物或經濟作物和各類牲畜、家禽等因自然災害或意外事故造成的損失。

學習小貼士
家庭財產綜合保險條款主要內容

（一）保險標的

（1）房屋及其室內附屬設備；

（2）室內裝潢；

（3）室內財產（家用電器和文體娛樂用品，衣物和床上用品，家具及其他生活用品）；

（4）特約承保的財產。

（二）不保財產

（1）字畫等珍貴物品，如金銀、珠寶、首飾、玉器、古玩；

（2）數量或價值不易確定的財產，如貨幣、票證、文件、書籍等；

（3）財產性質屬於其他保險產品承保的財產；

（4）非法占用的財產；

（5）處於危險狀態的財產。

（三）保險責任

（1）火災、爆炸；

（2）雷擊、臺風、龍捲風、暴風、暴雨、洪水、雪災、雹災、冰凌、泥石流、崖崩、突發性滑坡、地面突然下陷；

（3）飛行物體及其他空中運行物體墜落，外來不屬於被保險人所有或使用的建築物和其他固定物體的倒塌；

（4）在發生保險事故時，為搶救保險標的或防止災害蔓延，採取合理的、必要的措施而造成保險標的的損失；

（5）保險事故發生后，被保險人為防止或者減少保險標的的損失所支付的必要的、合理的費用，由保險人承擔。

（四）責任免除

（1）戰爭、敵對行為、軍事行動、武裝衝突、罷工、暴動、盜搶；

（2）核反應、核子輻射和放射性污染；

（3）被保險人及其家庭成員、寄居人、雇傭人員的違法、犯罪或故意行為；

（4）因計算機2000年問題造成的直接或間接損失；

（5）保險標的遭受保險事故引起的各種間接損失；

（6）地震及其次生災害所造成的一切損失；

（7）家用電器因使用過度、超電壓、短路、斷路、漏電、自身發熱、烘烤等原因所造成本身的損毀；

（8）坐落在蓄洪區、行洪區，或在江河岸邊、低窪地區以及防洪堤以外當地常年警戒水位線以下的家庭財產，由於洪水所造成的一切損失；

（9）保險標的本身缺陷、保管不善導致的損毀，保險標的的變質、霉爛、受潮、蟲咬、自然磨損、自然損耗、自燃、烘焙所造成本身的損失；

（10）行政、執法行為引起的損失和費用；

（11）其他不屬於保險責任範圍內的損失和費用。

（五）保險金額和保險價值的確定

（1）房屋及室內附屬設備、室內裝潢的保險金額由被保險人根據購置價或市場價自行確定。房屋及室內附屬設備、室內裝潢的保險價值為出險時的重置價值。

（2）室內財產的保險金額由被保險人根據當時實際價值分項目自行確定。不分項目的按各大類財產在保險金額中所占比例確定。

（3）特約財產的保險金額由被保險人和保險人雙方約定。

（六）保險期限

家庭財產綜合險保險期限為一年，也可以根據需要簽訂多年期，但最長不超過5年。

（七）賠償處理

室內財產通常採用第一危險賠償方式，在室內財產三個項目各自的限額內分項計算賠付。

房屋及室內附屬設備、室內裝潢的採用比例賠償方式。

保險標的在一個保險年度內遭受部分損失經過賠償後，各分項保險金額相應減少。被保險人如需恢復保險金額，則要補交相應保險費。

（八）附加險

（1）盜搶保險；

（2）家用電器用電安全保險；

（3）管道破裂及水漬保險；

（4）現金首飾盜搶險；

（5）第三者責任險；

（6）自行車盜竊險。

2. 責任保險

責任保險是一種以被保險人的民事損害賠償責任作為保險對象的保險。不論企業、團體、家庭或個人，在進行各項生產業務活動或在日常生活中，由於疏忽、過失等行為造成對他人的損害，根據法律或契約對受害人承擔的經濟賠償責任，都可以在投保有關責任保險之後，由保險公司負責賠償。責任保險是以被保險人的民事損害賠償責任作為保險標的的保險。

3. 信用保證保險

信用保證保險是保險人為被保證人向權利人提供擔保的保險。信用保證保險以訂立合同的一方要求保險人承擔合同的對方的信用風險為內容的保險。信用保證保險以義務人為被保證人按照合同規定要求保險人擔保對權利人應履行義務的保險。

4. 人身保險

人身保險是以人的生命或身體作為保險標的，以人的生（生育）、老（衰老）、病（疾病）、殘（殘疾）、亡（死亡）等為保險事故的一種保險。人身保險的基本內容包括：投保人與保險人訂立保險合同確立各自的權利義務，投保人向保險人繳納一定數量的保險費；在保險期限內，當被保險人發生死亡、殘疾、疾病等保險事故，或被保險人生存到期滿時，保險人向被保險人或其受益人給付一定數量的保險金。因此，凡是與人的生命延續或終結以及人的身體健康或健全程度有直接關係的商業保險形式均可稱為人身保險。人身保險除了有人壽保險外，還有人身意外傷害險保和健康保險。

（1）人壽保險。人壽保險簡稱壽險，是一種以人的生死為保險對象的保險，是被保險人在保險責任期內生存或死亡，由保險人根據契約規定給付保險金的一種保險。人壽保險是以人的壽命為保險標的，以人的生存或死亡為保險事件的一種人身保險。當被保險人死亡或達到合同約定的年齡、期限時，保險人向被保險人或其受益人給付保險金。

傳統意義上的人壽保險，典型的形式是死亡保險、生存保險和兩全保險。傳統人壽保險的主要特點是固定給付，但缺乏靈活性和適應性。隨著壽險業競爭的日趨激烈和市場風險的加大，出現了一些新的能較適應市場需求及規避風險的險種，即現代人壽保險。現代人壽保險的典型形式主要有變額壽險、萬能壽險及變額萬能壽險。除此之外，還有特種人壽保險，其典型形式主要有年金保險、簡易人壽保險、弱體保險。

①傳統人壽保險。

第一，死亡保險。死亡保險以被保險人的死亡為給付保險金條件的保險。按照保險期限的不同，死亡保險可分為定期死亡保險和終身死亡保險。定期死亡保險習慣上稱為定期壽險，是指由保險人在一定期限內提供死亡保障的一種人壽保險。定期壽險只對在保險期限內死亡的被保險人給付保險金，保險期限的長短非常靈活，可長可短。終身死亡保險簡稱終身壽險，是一種不定期的死亡保險，即保險人對被保險人終身提供死亡保障的一種人壽保險，無論被保險人是何時死亡，保險人都要給付死亡保險金。終身死亡保險的最大優點是被保險人可以得到永久性的保障。

第二，生存保險。生存保險以被保險人的生存為給付保險金條件的保險，即當被保險人於保險期滿或達到合同約定的年齡時仍然生存，保險人負責給付保險金。生存保險主要是為年老的人提供養老保障或者為子女提供教育金等。年金保險是一種有規則、定期向被保險人給付保險金的生存保險。在壽險實務中，生存保險一般不作為獨立的險種。

第三，兩全保險。兩全保險又稱生死合險，是以被保險人的生存或死亡為給付保險金條件的保險。兩全保險既提供死亡保障又提供生存保障，具有保障性和儲蓄性雙重功能。兩全保險中的死亡給付對象是受益人，期滿生存給付的對象是被保險人，因而既保障受益人的利益又保障被保險人本人的利益。

②特種人壽保險。

第一，年金保險。年金保險是生存保險的特殊形態，是指被保險人在生存期間每年給付一定金額的生存保險。死亡保險的目的在於保障自身死亡后家庭經濟生活的安全，年金保險的目的則是防備自身老年時經濟生活的不安定。

第二，簡易人壽保險。簡易人壽保險是指用簡易的方法所經營的人壽保險。簡易人壽保險是一種小額的、免驗體格的、適應一般低工資收入職工需要的保險。簡易人壽保險的繳費期較短，保險金額有一定的限制，且不用經過體格檢查。簡易人壽保險的保險費略高於普通人壽保險的保險費。

第三，弱體保險。弱體保險又稱次健體保險，是指將風險程度較高即死亡率較高的人作為保險對象，在附加一定條件后承保的保險形式。根據被保險人的風險程度，弱體保險在承保時，通常採用的方法有保險金削減給付法、年齡增加法和特別保險費徵收法。

③現代人壽保險。

第一，變額人壽保險。變額人壽保險是一種保險金額隨其保費分離帳戶的投資收益的變化而變化的終身壽險。變額人壽保險可以有效抵消通貨膨脹給壽險帶來的不利影響。變額人壽保險可以是分紅型的也可以是非分紅型的。

第二，萬能人壽保險。萬能人壽保險是一種繳費靈活、保額可調整、非約束性的壽險。萬能人壽保險的保單持有人在繳納一定數量的首期保費后，可以按照自己的意願選擇任何時候繳納任何數量的保費，只要保單的現金價值足以支付保單的相關費用，有時甚至可以不再繳費。而且，保單持有人可以在具備可保性的前提下提高保額，也可以根據自己的需要降低保額。

第三，變額萬能人壽保險。變額萬能人壽保險是一種融合了保費繳納靈活的萬能人壽保險與投資靈活的變額人壽保險后而形成的新的險種。變額萬能人壽保險遵循萬能人壽保險的保費繳納方式，而且保單持有人可以根據自己的意願將保額降至保單規定的最低水平，也可以在具備可保性時，將保額提高。變額萬能人壽保險與萬能人壽保險的不同在於變額萬能人壽保險的資產保存在一個或幾個分離帳戶中，這一特點與變額人壽保險相同。

（2）人身意外傷害保險。人身意外傷害保險是指保險人以被保險人因意外傷害事故而造成死亡、殘廢為給付保險金條件的一種人身保險。

人身意外傷害保險是一類特殊的人身保險，既具有人身保險的特點，又有自身的特點。人身意外傷害保險的特點表現如下：

①人身意外傷害保險的純保險費是根據保額損失率計算的，主要取決於被保險人的職業、工種或從事的活動，而不像人壽保險是依據生命表和利息率計算的。

②人身意外傷害保險的保險期限一般較短，一般為一年，有的只有幾天甚至只有幾個小時，如專門針對旅遊的遊客意外傷害保險的保險期限只有旅遊期間的短短幾天，航空意外傷害保險的保險期限只有短短幾個小時。人身意外傷害保險的保險期間較短，使得其經營上與財產保險有很多相同之處，如年末未到期責任準備金是按當年保險費收入的一定百分比計算，保險經營過程中的資金運用也只限於短期投資等。

③人身意外傷害保險承保的條件較寬，一般無須進行健康檢查。

④人身意外傷害保險期限有關於責任期限的規定，即規定意外傷害發生在保險期限內，而且自遭受意外傷害之日起一定時期內造成的死亡、殘疾保險人承擔賠償責任。

⑤人身意外傷害保險的給付方式為定額給付，但因意外傷害所發生的醫療費用按合同約定，以不定額方式進行補償。

財產保險公司通常經營團體人身意外傷害保險和個人人身意外傷害保險。人身意外傷害保險可以獲多份保險單保險金賠償和給付。

（3）健康保險。健康保險是以人的身體為標的，當被保險人因意外事故或疾病造成殘疾、死亡、醫療費用支出以及喪失工作能力而使收入損失時，由保險人給付保險金的一種人身保險。一般來說，健康保險的保險責任包括兩大類：一類是被保險人因意外事故或疾病所致的醫療費用損失，即人們習慣上所稱的醫療保險或醫療費用保險；另一類是被保險人因意外事故或疾病所致的收入損失，這類健康保險的保單被稱為殘疾收入補償保險。

健康保險的基本類型如下：

①醫療保險。醫療保險是指提供醫療費用保障的保險。醫療費用包括醫療費、手術費、住院費、護理費等。常見的醫療保險包括普通醫療保險、住院保險、手術保險、特種疾病保險、住院津貼保險、綜合醫療保險等。

②殘疾收入補償保險。殘疾收入補償保險是指提供被保險人在殘廢、疾病或意外受傷后不能繼續工作所造成的收入損失的補償的保險。殘疾收入補償保險的給付方式一般有三種：一是按月或按周給付；二是按給付期限給付；三是按推遲期給付。

健康保險的特徵如下：

①健康保險保險金具有補償性質。在健康保險中，保險人支付的保險金是對被保險人因為醫治疾病所發生的醫療費用支出和由此而引起的其他費用損失的補償，但不是對被保險人的生命或身體的傷害進行補償。

②健康保險的承保條件比較嚴格。健康保險的承保條件比一般壽險的承保條件要

更嚴格，其對疾病產生的因素，需要相當嚴格的審查，一般是根據被保險人的病歷來判斷。另外，保單中常有等待期或者觀察期的規定。

③健康保險的保險人可以行使代位求償權。由於健康保險具有損害保險性質，當被保險人發生的醫療費用損失是由於第三者的原因而造成的時，保險人在給付被保險人醫療保險金后，可以向第三者行使代位求償權。

④健康保險的風險具有變動性和不可預測性。由於健康保險涉及醫學上的技術問題，同時在醫療費用的開支中又有不少人為因素，加之醫療技術日益發展，醫療器械和藥品不斷更新，使得醫療支出的水平也不斷上升。這一切都使得健康保險的風險具有變動性和不可預測性。在實務中，健康保險大多採用短期保險合同，通常不超過一年。

調查並討論目前中國保險市場中常見的保險產品。

任務三 保額的確定

保額，即保險金額的簡稱，是指保險人承擔賠償或者給付保險金責任的最高限額，也是保險公司支付合理費用賠償的最高限額，同時也是計算保險費的主要依據。

很多人在購買保險產品特別是壽險時，投保多少常常是由保險業務員說了算，自己很少過問。實際上，購買壽險並不是保額越高越好。下面讓我們大家一起來看看保額是如何確定的。根據保險標的的不同，保額的確定方法也不相同。

在一般財產保險中，其保額根據保險價值而定，常以保險標的的實際價值作為保額，有效的保險金額必須在保險價值限度內，因此保額等於保險價值。有時在一般財產保險中，允許保額低於標的的實際價值，其不足部分則視為被保險人的自保，因此保額小於保險價值。多在貨物運輸險中，允許在貨物的實際價值加上貨物銷售的合理利潤作為保額，因此保額大於保險價值。

對於責任、信用保證保險，保額按統一標準確定，不由投保人選擇，由保險雙方在簽訂保險合同時依據投保標的的具體情況商定一個最高的賠償限額，有些責任保險投保時雖然並不確定保額，但會確定保險總賠償限額和單次或單人賠償限額。

人身保險中，由於人的生命價值難以用貨幣衡量，因此不能依據人的生命價值確定保額，而是根據被保險人的經濟保障需要與支付保險費的能力由保險雙方當事人協商確定保額。

對於財產保險或者責任保險、信用保證保險而言，其保額的確定相對更加客觀和簡單，最難準確確定保額的應該是人壽類保險產品。多數人購買壽險的目的是通過死亡保險金的給付，使那些在經濟上依賴被保險人的人，在被保險人死亡之后生活可以

個人理財規劃

保持與以前相仿的水平。而「生命價值法則」就是人們確定壽險保額的基本原則。

「生命價值法則」是以一個人的生命價值作為依據，來考慮應購買多少保額的保險。該法則可分三步：估計被保險人以后的年均收入；確定退休年齡；從年收入中扣除各種稅收、保費、生活費等支出后剩餘的錢。據此計算，可得出被保險人的生命價值。

【案例5.2】李先生今年30歲，假設其60歲退休，退休前年平均收入是9萬元，平均年收入的1/3自己花掉，2/3用於家人。用「生命價值法則」計算李先生的生命價值，並考慮壽險保額。

【案例分析】按「生命價值法則」，李先生的生命價值計算如下：

生命價值 = (60-30)×(9-3) = 180（萬元）

那麼，這180萬元即可以作為考慮現階段該購買多少保額壽險的標準之一。

有關「生命價值法則」還有一個更加科學的計算方法，那就是根據投保人的收入情況，把每年的增長幅度計算進去，然后算出退休前的收入總值，再扣除通貨膨脹的因素，計算出一個數值，可以作為保額的參照。不過，這個計算過程相對比較複雜。

在計算出生命價值之后，還要考慮家庭需求情況。這個規則是考慮當事故發生時，可確保至親的生活準備金總額。

計算方式是將在生至親所需生活費、教育費、供養金、對外負債、喪葬費等，扣除既有資產，所得缺額作為保額的粗略估算依據。需注意的是，如被保險人可從自己購買的人壽保險、企業等處獲得一定的保險保障，最終確定保額時，還應適當扣除這些保障。

【案例5.3】仍以李先生為例，假設其家庭目前年平均收入為13萬元左右，每年最大支出就是大約3萬元的房貸，房貸要還20年，加上其他開支，總支出5.5萬元左右，家庭現有一價值40萬元的房屋。再從家庭需求的角度考慮壽險保額。

【案例分析】考慮李先生家最大的開支房貸要還20年，他還需要以保險補償家庭未來30年的開支，那麼確定他的家庭需求計算如下：

家庭需求 = 5.5×20 + (5.5-3)×10-40 = 95（萬元）

綜合兩種法則，李先生合適的壽險保額在95萬~180萬元。當然，隨著生活條件和收入水平的改變，保額也應隨之調整。

請根據資料分析：王權中一家面臨的風險主要有哪些？
你對他有什麼保險方面的建議？

王權中，年齡30歲，月收入3000~5000元，其家庭結構狀況為王權中夫婦均為獨生子女，夫婦組成了一個小家庭，生了一個寶寶，是典型的「421」家庭結構（上面四個老人，中間夫妻兩個，下面一個孩子），家庭責任重大。家庭財務狀況為工作時間不是很長，收入一般，沒有太多積蓄，支出卻很大，日常生活消費、養孩子、買房首付、

月供，甚至還要買車、孝敬父母等。總體是支出大於收入，家庭財務緊張，現金流不足，屬於典型的負債一族。

本章小結

本章主要向大家介紹了個人或家庭中存在的一些風險，以及防範風險的措施——保險規劃。

家庭存在的風險主要包括：家庭風險中最低端的鏈環——收入風險、意外風險；家庭的一般風險——債務風險、流動性風險和購買力風險；家庭的投資風險——利率風險和市場風險。

保險是進行家庭風險管理最有效的方法之一，家庭風險管理和保險規劃的目的在於根據自身的經濟狀況和保險需求的深入分析，幫助自身選擇合適的保險產品並確定合理的期限和金額。

項目六 投資規劃

【案例導入】

張女士家庭屬中高收入家庭，夫妻兩人稅后月入 1.5 萬元，扣除支出和房貸，月結餘約 5000 元。目前，張女士家庭資產情況是：購買房產、還貸的能力無大問題，且有保險資產，有一定風險防範能力；股票、基金投資有一定虧損，同時沒有其他穩健的長期資產進行配置，因此缺乏一定的資產增值和對抗通貨膨脹的能力。

張女士一家是典型的三口之家，孩子今年上初中三年級，家庭擁有活期存款 30 萬元，股票 20 萬元，虧損 12 萬元，持實物黃金現市值 6 萬元，定期購買意外、重疾保險總保額 90 萬元，現有 65 平方米小兩居室一套，已經購買無貸款，有價值 10 萬元車一輛。張女士家庭已購買價值 120 萬元的第二套房，現有住房將來留給孩子，首付 40 萬元，房貸 80 萬元，分 20 年還，每月房貸約 6000 元。張女士家庭每月生活費 4000 元，每月繳保險費 500 元，其餘存入銀行作為活期存款。

張女士想進行風險資產和長期資產配置，如購買股票型基金、國債、保本基金等，供孩子將來讀書和夫妻兩人養老使用。張女士家庭應如何合理配置資產？目前的理財方式是否合適？

理財規劃師給出的意見如下：

1. 股票、基金投資規劃

對已有股票，若該公司行業未來發展前景較好可繼續持有，若前景一般可換股重新選擇。建議每月，以 1000~2000 元進行基金定投，如果股票資產浮出水面，可將資產 50%~100%並入基金定投。理由是目前國內的資本市場用 5~10 年的中長期角度看依然可以獲得較高收益，因此適當地佈局長期資產很有必要。但是，如果張女士家庭屬於風險厭惡型的投資者，則建議將該項投資的 80%並入長期資產投資規劃，特別是浮出水面的股票資產。

2. 長期資產投資規劃

用於成家立業、教育投資、個人養老長期資產屬於極端風險厭惡資產，投資安全性要求較高。基於張女士家庭有一定的長期資產增值需求，長期資產的收益率水平要求應在每年 5%左右。鑒於目前國債收益率水平較低，暫時不要介入，待國債的年收益率達到 5%左右時可配置一部分。建議選擇低風險的銀行理財產品，由於資產配置上的長期規劃，投資期限 5~10 年為宜。

模塊一　投資規劃概述

通過前面幾章的學習，我們已經認識到了理財的重要性，也掌握了一些理財的基本知識，還會簡單分析自己的風險特徵、家庭的資產負債狀況，接下來我們來學習如何合理規劃自己的投資方案，實現自己的投資理財夢想。

任務一　認識投資規劃

一、投資的含義

投資是指投資者運用自己持有的資本，用來購買實際資產或者金融資產或者取得這些資產的權利，目的是在一定時期內預期獲得資產增值和一定收入。一般情況下，我們把投資分為實物投資和金融投資兩部分。

實物投資一般包括對有形資產，如土地、機器、廠房等的投資，具有與生產經營緊密聯繫、投資回收期較長、投資變現速度慢、流動性差等特點。金融投資包括對各種金融工具，如股票、固定收益證券、金融信託、基金產品、黃金、外匯和金融衍生品等的投資。

無論是哪種形式的投資，其最大特徵就是用確定的現值犧牲換取可能的不確定的未來收益。因此，對未來收益和風險結構的分析就成為投資規劃的一個重要方面。具體來說，我們所說的投資是指投資者當期投入一定數額的資金而期望在未來獲得回報，所得回報應該能補償：投資資金被佔用的時間；預期的通貨膨脹率；未來收益的不確定性。

學習小貼士

投機

投機指根據對市場的判斷，把握機會，利用市場出現的價差進行買賣，從中獲得利潤的交易行為。投機者可以「買空」，也可以「賣空」。

對投機更為通俗的一個定義是：投機就是投資機會（投資行為中的一種），沒有機會就不進場交易，就如同打獵，不看見獵物絕不開槍。民眾日常購買彩票、股票等利用所獲信息根據自有資源所進行的交易選擇，都屬於投機的一種。投機的目的很直接——就是獲得價差利潤。但是，投機是有風險的。

根據持有期貨合約時間的長短，投機可分為以下三類：

第一類是長線投機者。此類交易者在買入或賣出期貨合約后，通常將合約持有幾天、幾周甚至幾個月，待價格對其有利時才將合約對沖。

第二類是短線交易者。一般進行當日或某一交易節的期貨合約買賣，其持倉不

過夜。

第三類是逐小利者，又稱「搶帽子者」。他們的技巧是利用價格的微小變動進行交易來獲取微利，一天之內他們可以做多個回合的買賣交易。

對家庭來講，好的投資很簡單，就是六個字：持續、穩定、增長。

先說持續。根據調查顯示，97%以上的人都是在股市走牛的時候開始瞭解理財的，這很好理解，這是財富效應。但是，市場不可能一直走牛，一旦熊市來臨，絕大多數的人就從此停止了理財。那有人會說，沒錯啊，股市進入熊市了，我還投資不是要虧嗎？怎麼持續呢？其實，投資不光是買股票，也不光是買基金，而是把資產在各個市場和產品之間做合理的配置，並定期調整。因為各個市場之間往往是漲跌互現的，所以好的投資會在股市出現問題的時候減少甚至取消股權類資產而增加其他產品的配置，從而實現持續的投資理財。因此，不能持續的投資是無法獲得可觀的收益的。

再說穩定。家庭投資和企業投資不同，企業投資就是為了收益最大化，失敗了也只是有限責任，而家庭投資的成功與否關係到的則不僅僅是帳面上冷冰的數字，而是家庭的各個理財目標。當家庭資產出現震盪甚至投資失敗的時候，影響到的可能是決定孩子一生命運的學費，關係退休後的生活水平的養老金，付不出來就要流離失所的銀行貸款。好的話盈利50%，不好就虧損一半的投資，要麼就是獲得大大超出目標需要的收益，要麼就是連本金都遭受巨大的損失，這樣的投資肯定不是家庭投資的最佳選擇。對於家庭投資來講，應該做到風險可控與收益可期。波動不大且長期穩定的收益才能給家庭一個可以預見的未來，從而逐步實現各個財務目標。

最后談增長。投資就是為了未來獲得更多的購買力而放棄現在消費的行為，如果未來資產不能增長，那麼投資也就失去了意義。那麼從家庭理財角度來講，家庭資產增長的意義應該有兩方面：一方面是名義收益的增長，就是說其帳面價值是不斷增加的，不能說我今年1萬元錢進去明年還是1萬元錢；另一方面是實際收益的增長，也就是說能夠超過通脹的速度，實現實際購買力的提高，不能說我投資1萬元，第二年增長到了1.03萬元，但購買力還不如一年前的1萬元。

二、投資規劃

投資規劃是根據客戶投資理財目標和風險承受能力，為客戶制訂合理的資產配置方案，構建投資組合來幫助客戶實現理財目標的過程。

投資與投資規劃很難嚴格區分開來，概括而言，投資更強調創造收益，而投資規劃更強調實現目標。投資技術性更強，要對經濟環境、行業、具體的投資產品等進行細緻分析，進而構建投資組合以分散風險、獲取收益；投資規劃程序性更強，要利用投資過程創造的潛在收益來滿足自己或者家庭的財務目標，投資只不過是工具，當然兩者的界限是模糊的。

任務二　投資規劃步驟

總體上來說，投資規劃的步驟如下：

一、確定投資目標

不同的投資者由於各自的具體情況不同，其投資目標自然不同。機構投資者投資目標一般由管理層決定，不同的管理人員有不同的風格，因此需要通過深入分析和綜合平衡做出最合理的決策。個人投資者的決策受個人經濟狀況、性格、知識層次與結構等方面的影響。無論哪種投資目標，投資人都要在風險與收益之間做出全面的平衡，才能做出最后的決策。

二、選擇投資品種和市場

不同的投資品種和市場有不同的風險和收益特徵，對投資人的資本額和個人素質等的要求是不同的，因而適用於不同的投資目標。

三、確定風險因素和程度

投資人依據自身綜合狀況確定了投資品種之后，即進入具體投資對象的風險收益分析評價階段，投資人要運用各種知識和手段分析其投資交易物的現在與未來面臨的風險狀況。

四、合理配置資金

不同的投資者有不同的資金配置側重點。個人投資者要確定可供投資的資金數量和具體操作資金的分配，如每一資金配置方式各投資多少，長期與短期投資占用資金比例等。對機構投資者而言，由於相對不缺乏資金及操作技巧，問題主要集中在資金來源和運用上。

五、投資方案的確定與實施

每個投資方案都是動態的，在不同的時期要根據環境的變化進行適當的調整。投資方案的調整主要來源於對環境的分析，一般情況下，我們主要從宏觀環境、行業環境以及公司或者個人的環境出發，來進行投資方案的調整。

模塊二　投資產品

【案例導入】

王老太退休以後以前累積了一點資金，退休后覺得投資股票風險大，於是她就選擇買國債。在 2005 年，她買入了國債 0505，該國債是 7 年期固定利率國債，年利率為 3.37%，每年付息一次。3.37%的利率雖然不是很高，但是還是高於銀行的定期利率。

個人理財規劃

雖然不能享受股票市場牛市的高收益，但是也迴避了股市大跌。王老太獲取了穩定的收益，而且每年付息一次，該利息可作為養老費用。

大學剛畢業的小王也喜歡投資，但她更偏愛股票，由於沒有掌握好市場的節奏，高買低賣反而虧了很多錢。

證券投資涉及許多不同的金融投資產品和投資方式，不同的產品擁有不同的風險特徵。下面我們就一起來認識一下各種常見的金融投資產品。

任務一　認識金融市場

認識各類投資產品之前首先要對金融市場做個簡單介紹。

一、金融市場的定義

金融市場又稱為資金市場，包括貨幣市場和資本市場，是資金融通的市場。

所謂資金融通，是指在經濟運行過程中，資金供求雙方運用各種金融工具調節資金盈餘的活動，是所有金融交易活動的總稱。在金融市場上交易的是各種金融工具，如股票、債券、儲蓄存單等。

資金融通簡稱為融資，一般分為直接融資和間接融資兩種。直接融資是資金供求雙方直接進行資金融通的活動，也就是資金需求者直接通過金融市場向社會上有資金盈餘的機構和個人籌資。與此其對應，間接融資是指通過金融仲介機構所進行的資金融通活動，也就是資金需求者採取向銀行等金融仲介機構申請貸款的方式籌資。金融市場對經濟活動的各個方面都有著直接的深刻影響，如個人財富、企業的經營、經濟運行的效率，都直接取決於金融市場的活動。

金融市場可以將眾多投資者的買賣意願聚集起來，使單個投資者交易的成功率大增，即在接受市場價格的前提下，證券的買方可以買到他想買的數量，賣方可以賣出他想賣的數量。交易所的這種屬性其實就是流動性，交易所的流動性使得資本在不同的時間、地區和行業之間進行轉移，使資源得以配置。金融市場出現的目的是提供交易的便捷，因而流動性就是金融市場的基礎經濟功能所在，沒有了集中流動性的功能，金融市場就失去存在的基礎。流動性的作用還不僅如此，作為交易成本還體現在市場對交易機制的選擇和變遷的決定作用，因為在世界經濟一體化的時代，各個金融市場面臨著激烈的競爭，而流動性是其競爭力的最直接體現。

二、金融市場的特徵

和其他市場相比，金融市場具有自己的特徵：

第一，金融市場是以資金為交易對象的市場。

第二，金融市場交易之間不是單純的買賣關係，更主要的是借貸關係，體現了資金所有權和使用權相分離的原則。

第三，金融市場可以是有形市場，也可以是無形市場。

三、金融市場體系

金融市場體系是指金融市場的構成形式。金融市場的構成十分複雜，是由許多不同的市場組成的一個龐大體系。金融體系主要包括貨幣市場、資本市場、外匯市場和黃金市場，而一般根據金融市場上交易工具的期限，把金融市場分為貨幣市場和資本市場兩大類。

1. 貨幣市場

貨幣市場是融通短期資金的市場，包括同業拆借市場、回購協議市場、商業票據市場、銀行承兌匯票市場、短期政府債券市場、大面額可轉讓存單市場。

2. 資本市場

資本市場是融通長期資金的市場，包括中長期銀行信貸市場和證券市場。中長期信貸市場是金融機構與工商企業之間的貸款市場，證券市場是通過證券的發行與交易進行融資的市場，包括債券市場、股票市場、保險市場、融資租賃市場等。

任務二　股票投資

【案例導入】

姜女士今年35歲，在一家中型私營企業任市場部經理，每月收入15,000元，其收入還是相當可觀的。兩年前，姜女士由於工作需要常常在外面跑，這樣投資時間和工作時間就常常碰到一起，分不開身來，對於股市的研究也是三心二意，可是她的投資理財意識又比較強烈：「現在都說『你不理財，財不理你』，我也不能放棄所有投資的機會呀，雖然工資不算低，但是也不希望財富在通貨膨脹下慢慢縮水吧？」於是，姜女士就不加分析選了一只當時正在上漲的股票。想不到當時的牛市讓姜女士嘗到了甜頭，姜女士就將大部分流動資金都投了進去。股市也是有漲有跌的，如今的股市也不是很景氣。姜女士的這部分資金從原來的200萬元縮水至現在的60萬元，姜女士為自己錯誤的理財觀念和理財方式花大錢買了一個極大的教訓。

股票是一種高風險的理財方式，所以在持有股票前，慎重的選股過程是非常重要的。如果選擇的股票所在公司業績比較好，得到大多數投資者的追捧，價格就會上漲，就會獲利；相反，就會虧損。心理情緒對投資者決策的過程影響非常大，因此恰當規避心理誤區，可以幫助投資者樹立正確的投資心態。

一、股票

1. 股票的定義

股票是股份公司在籌集資本時向出資人發行的股份憑證。股票代表著股票持有者（即股東）對股份公司的所有權。這種所有權是一種綜合權利，如參加股東大會、投票表決、參與公司的重大決策的權利，並收取股息或分享紅利等權利。同一類別的每一

份股票所代表的公司所有權是相等的。每個股東所擁有的公司所有權份額的大小，取決於其持有的股票數量占公司總股本的比重。股票一般可以通過買賣方式有償轉讓，股東能通過股票轉讓收回其投資，但不能要求公司返還其出資。股東與公司之間的關係不是債權債務關係。股東是公司的所有者，以其出資額為限對公司負有限責任，承擔風險，分享收益。

2. 股票特點

（1）不可償還性。股票是一種無償還期限的有價證券，投資者認購了股票后，就不能再要求退股，只能到二級市場賣給第三者。股票的轉讓只意味著公司股東的改變，並不減少公司資本。從期限上看，只要公司存在，公司所發行的股票就存在，股票的期限等於公司存續的期限。

（2）參與性。股東有權出席股東大會，選舉公司董事會，參與公司重大決策。股票持有者的投資意志和享有的經濟利益，通常是通過行使股東參與權來實現的。股東參與公司決策的權利大小，取決於其所持有的股份的多少。從實踐中看，只要股東持有的股票數量達到左右決策結果所需的實際多數時，就能掌握公司的決策控製權。

（3）收益性。股東憑其持有的股票，有權從公司領取股息或紅利，獲取投資的收益。股息或紅利的大小，主要取決於公司的盈利水平和公司的盈利分配政策。股票的收益性，還表現在股票投資者可以獲得價差收入或實現資產保值增值。通過低價買入和高價賣出股票，投資者可以賺取價差利潤。

以美國可口可樂公司的股票為例。如果在1984年年底投資1000美元買入該公司股票，到1994年7月便以11,654美元的市場價格賣出，賺取10倍多的利潤。在通貨膨脹時，股票價格會隨著公司原有資產重置價格上升而上漲，從而避免了資產貶值。股票通常被視為在高通貨膨脹期間可優先選擇的投資對象。

（4）流通性。股票的流通性是指股票在不同投資者之間的可交易性。流通性通常以可流通的股票數量、股票成交量以及股價對交易量的敏感程度來衡量。可流通股數越多，成交量越大，價格對成交量越不敏感（價格不會隨著成交量一同變化），股票的流通性就越好，反之就越差。股票的流通使投資者可以在市場上賣出所持有的股票，取得現金。通過股票的流通和股價的變動，可以看出人們對於相關行業和上市公司的發展前景和盈利潛力的判斷。那些在流通市場上吸引大量投資者、股價不斷上漲的行業和公司，可以通過增發股票，不斷吸收大量資本進入生產經營活動，收到了優化資源配置的效果。

（5）價格波動性和風險性。股票在交易市場上作為交易對象，同商品一樣，有自己的市場行情和市場價格。由於股票價格要受到諸如公司經營狀況、供求關係、銀行利率、大眾心理等多種因素的影響，其波動有很大的不確定性。正是這種不確定性，有可能使股票投資者遭受損失。價格波動的不確定性越大，投資風險也越大。因此，股票是一種高風險的金融產品。

例如，稱雄於世界計算機產業的國際商用機器公司（IBM），當其業績不凡時，每

股價格曾高達 170 美元，但在其地位遭到挑戰，出現經營失策而招致虧損時，股價又下跌到 40 美元。如果不合時機地在高價位買進該股，就會導致嚴重損失。

3. 股票的收益和風險

股票投資收益是指投資者從購入股票開始到出售股票為止整個持有期間的收入，由股息、資本利得和資本增值收益組成。

股息有現金紅利和紅股兩種形式。在熊市階段，持股者往往希望得到現金紅利，因為股價在不斷下跌；在牛市階段，持股者又希望得到紅股，因為股價在持續上漲。

資本增值收益是指上市公司在使用資本公積進行轉增時送股，與紅股的來源是未分配利潤有著明顯不同。上市公司在實施轉增時必須使用資本公積的股本溢價部分，而這部分的來源往往依靠上市公司實施首發融資或再融資等方式才能獲得。

資本利得是指股票持有者持股票到市場上進行交易，當股票的市場價格高於買入價格時，賣出股票就可以賺取差價收益。目前，內地股市尚不對該部分實施徵稅，但在境外發達國家和地區都是徵稅的，不過形成虧損也可以抵減應納稅所得額。

股票的風險可以簡單地分為系統性風險和非系統性風險。系統性風險是指針對整個市場的利空因素，包括升息、上調稅費以及其他突發性事件等。非系統性風險是指個股風險，往往僅影響單個上市公司或單個行業板塊，包括退市風險、長期停牌風險、行業調控政策等。

二、股票投資的分析方法

股票投資分析方法主要有兩大類：一類是基本分析法；另一類是技術分析法。

1. 基本分析法

基本分析法通過對決定股票內在價值和影響股票價格的宏觀經濟形勢、行業狀況、公司經營狀況等進行分析，評估股票的投資價值和合理價值，與股票市場價進行比較，相應形成買賣的建議。

基本分析法包括分析下面三個方面內容：

（1）宏觀經濟分析。研究經濟政策（貨幣政策、財政政策、稅收政策、產業政策等）和經濟指標（國內生產總值、失業率、通貨膨脹率、利率、匯率等）對股票市場的影響。

（2）行業分析。分析產業前景、區域經濟發展對上市公司的影響

（3）公司分析。具體分析上市公司行業地位、市場前景、財務狀況。

2. 技術分析法

技術分析法從股票的成交量、價格、達到這些價格和成交量所用的時間、價格波動的空間幾個方面分析走勢並預測未來。目前常用的有 K 線理論、波浪理論、形態理論、趨勢線理論和技術指標分析等。

基本分析法能夠比較全面地把握股票價格的基本走勢，但對短期的市場變動不敏感；技術分析貼近市場，對市場短期變化反應快，但難以判斷長期的趨勢，特別是對於政策因素，難有預見性。基本分析和技術分析各有優缺點和適用範圍。基本分析能

把握中長期的價格趨勢，而技術分析則為短期買入、賣出時機選擇提供參考。投資者在具體運用時應該把兩者有機結合起來，選擇合適的投資分析方法，方可實現效用最大化。

三、股票投資的五大步驟

股票投資風險具有明顯的兩重性，即股票投資風險的存在既是客觀的、絕對的，又是主觀的、相對的；股票投資風險既是不可完全避免的，又是可以控製的。投資者對股票風險的控制就是針對風險的兩重性，運用一系列投資策略和技術手段把承受風險的成本降到最低限度。

股票投資具有高風險、高收益的特點。理性的股票投資過程應該包括：確定投資策略→進行股票投資分析→確立投資組合→評估投資業績→修正投資策略五個步驟。進行股票投資分析作為其中一環，是成功進行股票投資的重要基礎。

1. 確定投資策略

股票投資是一種高風險的投資，人們常說：「風險越大，收益就越大。」換一個角度說，也就是需要承受的壓力越大。投資者在涉足股票投資的時候，必須結合個人的實際狀況，制定出可行的投資政策。這實質上是確定個人資產的投資組合的問題，投資者應掌握好風險分散原則和量力而行原則兩個原則。

（1）風險分散原則。投資者在支配個人財產時，要牢記：「不要把雞蛋放在一個籃子裡。」與房產、珠寶首飾、古董字畫相比，股票流動性好，變現能力強；與銀行儲蓄、債券相比，股票價格波幅大。各種投資渠道都有自己的優缺點，盡可能地迴避風險和實現收益最大化，成為個人理財的兩大目標。

（2）量力而行原則。股票價格變動較大，投資者不能只想盈利，還要有賠錢的心理準備和實際承受能力。《中華人民共和國證券法》明文禁止透支、挪用公款炒股，正是體現了這種風險控製的思想。投資者必須結合個人的財力和心理承受能力，擬定合理的投資政策。

2. 進行股票投資分析

受市場供求、政策傾向、利率變動、匯率變動、公司經營狀況變動等多種因素影響，股票價格呈現波動性、風險性的特徵。何時介入股票市場、購買何種股票對投資者的收益有直接影響。股票投資分析成為股票投資步驟中很重要的一個環節，其目的在於預測價格趨勢和價值發現，從而為投資者提供介入時機和介入品種決策的依據。

3. 確立投資組合

在進行股票投資時，投資者一方面希望收益最大化，另一方面又要求風險最小。兩者的平衡點，在可接受的風險水平之內，實現收益量大化的投資方案，構成最佳的投資組合。

根據個人財務狀況、心理狀況和承受能力，投資者分別具有低風險傾向或高風險傾向。低風險傾向者宜組建穩健型投資組合，投資於常年收益穩定、低市盈率、派息率較高的股票，如公用事業股。高風險傾向者可組建激進型投資組合，著眼於上市公司的成長性，多選擇一些涉足高科技領域或有資產重組題材的「黑馬」型上市公司。

4. 評估投資業績

定期評估投資業債、測算投資收益率、檢討決策中的成敗得失，在股票投資中有承上啓下的作用。

5. 修正投資策略

隨著時間推移，市場和政策等各種因素發生變化，投資者對股票的評價和對收益的預期也相應發生變化。在評估前一段業績的基礎上，重新修正投資策略非常必要。如此又重複進行確定投資政策→進行股票投資分析→確立投資組合→評估投資業績的過程，股票投資的五大步驟相輔相成，以保證投資者預期目標的實現。

學習小貼士

股票交易佣金對其影響

進行股票投資時，股票交易佣金的多少在一定程度上影響到投資者的交易成本。很多投資者都對交易佣金是比較關心的，在此就不同的交易佣金作為一個例子：A 客戶通過折扣網開戶交易佣金為 0.1%，B 客戶交易佣金為 0.2%，C 客戶交易佣金為 0.3%。

假如 A 客戶、B 客戶、C 客戶的資金量都為 10 萬元，每月交易 4 次，佣金分別為 0.1%、0.2%、0.3% 三種費率情況下的交易成本節約一覽表如下：

交易客戶	資金量(萬元)	每年交易次數(次)	年交易量(萬元)	佣金(‰)	每年交易成本(元)	每年節約成本(元)	節約成本產生的收益率(%)
A	10	48	960	1	9600	19,200	19.2
B	10	48	960	2	19,200	9600	9.6
C	10	48	960	3	28,800	0	0

假如投資者的資金量為 10 萬元，每月交易 20 次，佣金分別為 0.1%、0.2%、0.3% 三種費率情況下的交易成本節約一覽表如下：

交易客戶	資金量(萬元)	每年交易次數(次)	年交易量(萬元)	佣金(‰)	每年交易成本(元)	每年節約成本(元)	節約成本產生的收益率(%)
A	10	240	4800	1	48,000	96,000	96
B	10	240	4800	2	96,000	48,000	48
C	10	240	4800	3	144,000	0	0

通過上述表對比，不同的佣金可省不少錢。

任務三　基金投資

假設您有一筆錢想投資債券、股票等這類證券進行增值，但自己又一無精力二無專業知識，而且錢也不算多，就想到與其他 10 個人合夥出資，雇一個投資高手，操作

大家合出的資產進行投資增值。但是在這裡面，如果10多個投資人都與投資高手隨時交涉，那時還不亂套，於是大家就推舉其中一個最懂行的牽頭辦這事。定期從大伙合出的資產中按一定比例提成給他，由他代為付給高手勞務費報酬，當然他自己牽頭出力張羅大大小小的事，包括挨家跑腿，有關風險的事向高手隨時請教，定期向大伙公布投資盈虧情況等，不可白忙，提成中的錢也有他的勞務費。上面這些事就叫合夥投資。

將這種合夥投資的模式放大100倍、1000倍，就是基金。

一、證券投資基金

證券投資基金是指通過發售基金份額，將眾多投資者的資金集中起來，形成獨立資產，由基金託管人託管，基金管理人管理，以投資組合的方法進行證券投資的一種利益共享、風險共擔的集合投資方式。具體來說就是通過發行基金單位，集中投資者的資金，由基金託管人託管（一般是信譽卓著的銀行），由基金管理人（即基金管理公司）管理和運用資金，從事股票、債券等金融工具的投資。基金投資人享受證券投資的收益，也承擔因投資虧損而產生的風險。中國基金暫時都是契約型基金，是一種信託投資方式。

證券投資基金是一種間接的證券投資方式。基金管理公司通過發行基金單位，集中投資者的資金，由基金託管人（即具有資格的銀行）託管，由基金管理人管理和運用資金，從事股票、債券等金融工具投資，然后共擔投資風險、分享收益。根據不同標準，可以將證券投資基金劃分為不同的種類。

根據基金單位是否可增加或贖回，基金可分為開放式基金和封閉式基金。開放式基金不上市交易，一般通過銀行申購和贖回，基金規模不固定；封閉式基金有固定的存續期，期間基金規模固定，一般在證券交易場所上市交易，投資者通過二級市場買賣基金單位。

證券投資基金在美國稱為「共同基金」，在英國和中國香港特別行政區稱為「單位信託基金」，在日本和臺灣地區稱為「證券投資信託基金」。

二、證券投資基金的分類

1. 股票基金

股票基金是以股票為投資對象的投資基金，是投資基金的主要種類。股票基金的主要功能是將大眾投資者的小額投資集中為大額資金。投資於不同的股票組合，是股票市場的主要機構投資者。

與其他類型的基金相比，股票型基金具備以下特點：

（1）與其他基金相比，股票基金的投資對象具有多樣性，投資目的也具有多樣性。

（2）與投資者直接投資於股票市場相比，股票基金具有分散風險、費用較低等特點。對一般投資者而言，個人資本畢竟是有限的，難以通過分散投資種類而降低投資風險。若投資於股票基金，投資者不僅可以分享各類股票的收益，而且可以通過投資

於股票基金而將風險分散於各類股票上，大大降低了投資風險。此外，投資者投資了股票基金，還可以享受基金大額投資在成本上的相對優勢，降低投資成本，提高投資效益，獲得規模效益的好處。

（3）從資產流動性來看，股票基金具有流動性強、變現性高的特點。股票基金的投資對象是流動性極好的股票，基金資產質量高、變現容易。

（4）對投資者來說，股票基金經營穩定、收益可觀。一般來說，股票基金的風險比股票投資的風險低，因而收益較穩定。不僅如此，封閉式股票基金上市後，投資者還可以通過在交易所交易獲得買賣差價。基金期滿後，投資者享有分配剩餘資產的權利。

（5）股票基金還具有在國際市場上融資的功能和特點。就股票市場而言，其資本的國際化程度較外匯市場和債券市場低。一般來說，各國的股票基本上在本國市場上交易，股票投資者也只能投資於本國上市的股票或在當地上市的少數外國公司的股票。在國外，股票基金則突破了這一限制，投資者可以通過購買股票基金，投資於其他國家或地區的股票市場，從而對證券市場的國際化具有積極的推動作用。從海外股票市場的現狀來看，股票基金投資對象有很大一部分是外國公司股票。

2. 債券基金

債券型基金顧名思義是以債券為主要投資標的的共同基金，除了債券之外，尚可投資於金融債券、債券附買回、定存、短期票券等，絕大多數以開放式基金形態發行，並採取不分配收益方式，合法節稅。目前，中國國內大部分債券型基金屬性偏向於收益型債券基金，以獲取穩定的利息為主。因此，收益普遍呈現穩定成長。

（1）債券型基金的優點。債券型基金的優點如下：

①低風險、低收益。由於債券收益穩定、風險也較小，相對於股票基金，債券基金風險低但回報率也不高。

②費用較低。由於債券投資管理不如股票投資管理複雜，因此債券基金的管理費也相對較低。

③收益穩定。投資於債券定期都有利息回報，到期還承諾還本付息，因此債券基金的收益較為穩定。

④注重當期收益。債券基金主要追求當期較為固定的收入，相對於股票基金而言缺乏增值的潛力，較適合於不願過多冒險，謀求當期穩定收益的投資者。

（2）債券基金投資策略。債券基金投資策略如下：

①確定你的投資有正確的理由。如果你買債券基金的目的是為了增加組合的穩定性，或者獲得比現金更高的收益，這樣的策略是行得通的。如果你認為買債券基金是不會虧損的，那就需要再考慮一下。債券基金也有風險，尤其是在升息的環境中。當利率上行的時候，債券的價格會下跌，這樣你的債券基金可能會出現負的回報。尤其在國內，多數債券基金持有不少可轉債，有的還投資少量股票，股價尤其是可轉債價格的波動會加大基金回報的不確定性。

②瞭解你的債券基金持有些什麼。為了避免投資失誤，在購買前需要瞭解你的債

券基金都持有些什麼。對於普通債券而言，兩個基本要素是利率敏感程度與信用素質。債券價格的漲跌與利率的升降成反向關係。利率上升的時候，債券價格便下滑。

③瞭解債券基金的信用。債券基金的信用取決於其所投資債券的信用等級。投資人可以通過基金招募說明書瞭解對所投資債券信用等級有哪些限制；通過基金投資組合報告瞭解對持有債券的信用等級。

④對於國內的組合類債券基金，投資人還需要瞭解其所投資的可轉債以及股票的比例。基金持有比較多的可轉債，可以提高收益能力，但也放大了風險。因為可轉債的價格受正股聯動影響，波動要大於普通債券。尤其是集中持有大量轉債的基金，其回報率受股市和可轉債市場的影響可能遠大於債市。

⑤震盪市中的避險工具。投資者在選擇股票型基金的時候，將承受較大的波動風險。在這種市場格局下，流動性好、風險低且回報率高於儲蓄利率的債券型基金，可降低投資者的風險。目前市場中債券基金的資產中80%以上都是由國債、金融債和高信用等級的企業債組成的，基本不存在信用風險。在控製好利率風險之後，債券基金淨值下跌的風險很小，收益非常穩定。因此，債券基金是較好的替代銀行存款的理財品種，迎合了中國居民理財的穩健收益低風險需求。

當然，債券基金並非純粹投資債券，因此債券基金並不保本，同樣有虧損的風險，只是債券基金的投資風險遠遠低於股票型基金。

3. 貨幣市場基金

貨幣市場基金是指投資於貨幣市場上短期有價證券的一種基金。該基金資產主要投資於短期貨幣工具，如國庫券、商業票據、銀行定期存單、政府短期債券、企業債券等短期有價證券。

貨幣市場基金最早創設於1972年的美國。到1986年年底為止，美國共有400多個貨幣市場基金，總資產超過2900億美元。在美國，貨幣市場基金按風險大小可劃分為以下三類：

（1）國庫券貨幣市場基金。國庫券貨幣市場基金是主要投資於國庫券、由政府擔保的有價證券等。這些證券到期時間一般不到1年，平均到期期限為120天。

（2）多樣化貨幣市場基金。多樣化貨幣市場基金就是通常所說的貨幣市場基金，通常投資於商業票據、國庫券、美國政府代理機構發行的證券、可轉讓存單、銀行承兌票據等各種有價證券，其到期時間同前述基金類似。

（3）免稅貨幣基金。免稅貨幣基金主要用於短期融資的高質量的市政證券，也包括市政中期債券和市政長期債券。免稅貨幣基金的優點是可以減免稅收，但通常比一般的貨幣市場基金的收益率低（大約低30%~40%），稅率不高時投資者選擇該基金並不劃算。

貨幣市場基金與傳統的基金比較具有以下特點：

（1）貨幣市場基金與其他投資於股票的基金最主要的不同在於基金單位的資產淨值是固定不變的，通常是每個基金單位1元。投資該基金后，投資者可利用收益再投

資，投資收益就不斷累積，增加投資者所擁有的基金份額。例如，某投資者以100元投資於某貨幣市場基金，可擁有100個基金單位，1年后，若投資報酬是8%，那麼該投資者就多8個基金單位，總共108個基金單位，價值108元。

（2）衡量貨幣市場基金表現好壞的標準是收益率，這與其他基金以淨資產價值增值獲利不同。

（3）流動性好、資本安全性高。這些特點主要源於貨幣市場是一個低風險、流動性高的市場。同時，投資者可以不受到期日限制，隨時可根據需要轉讓基金單位。

（4）風險性低。貨幣市場工具的到期日通常很短，貨幣市場基金投資組合的平均期限一般為4~6個月，因此風險較低，其價格通常只受市場利率的影響。

（5）投資成本低。貨幣市場基金通常不收取贖回費用，並且其管理費用也較低，貨幣市場基金的年管理費用大約為基金資產淨值的0.25%~1%，比傳統的基金年管理費率1%~2.5%低。

（6）貨幣市場基金均為開放式基金。貨幣市場基金通常被視為無風險或低風險投資工具，適合資本短期投資生息以備不時之需，特別是在利率高、通貨膨脹率高、證券流動性下降、可信度降低時，可使本金免遭損失。

三、基金定投

定期定額投資基金是基金申購業務的一種方式，投資者可通過基金的銷售機構提交申請，約定每期扣款時間、扣款金額及扣款方式，由銷售機構於約定扣款日，在投資者指定資金帳戶內自動完成扣款及基金申購。

1. 基金定投的特點

基金定投的特點如下：

（1）平均成本、分散風險。普通投資者很難適時掌握正確的投資時點，常常可能是在市場高點買入，在市場低點賣出。而採用基金定期定額投資方式，不論市場行情如何波動，每個月固定一天定額投資基金，由銀行自動扣款，自動依基金淨值計算可買到的基金份額數。這樣投資者購買基金的資金是按期投入的，投資的成本也比較平均。

（2）適合長期投資。由於定期定額是分批進場投資，當股市在盤整或是下跌的時候，由於定期定額是分批承接，因此反而可以越買越便宜，股市回升後的投資報酬率也勝過單筆投資。對於中國股市而言，長期看應是震盪上升的趨勢，因此定期定額非常適合長期投資理財計劃。

摩根富林明投資諮詢公司對臺灣的投資者的調研結果顯示，約有30%的投資者選擇定期定額投資基金的方式。尤其是31~40歲的壯年族群，有高達36%的比例從事這項投資。

（3）更適合投資新興市場和小型股票基金。中長期定期定額投資績效波動性較大的新興市場或者小型股票型海外基金，由於股市回調時間一般較長而速度較慢，但上漲時間的股市上漲速度較快，投資者往往可以在股市下跌時累積較多的基金份額，因

而能夠在股市回升時獲取較佳的投資報酬率。根據理柏（Lipper）基金資料顯示，截至2005年6月底，2002年以來三年持續扣款投資在任一新興市場或小型公司股票類型基金的投資者至少有23%的平均報酬率。

（4）自動扣款，手續簡單。定期定額投資基金只需投資者去基金代銷機構辦理一次性的手續，此後每期的扣款申購均自動進行，一般以月為單位，但是也有以半月、季度等其他時間限期作為定期的單位的。相比而言，如果自己去購買基金，就需要投資者每次都親自到代銷機構辦理手續。因此，定期定額投資基金也被稱為「懶人理財術」，充分體現了其便利的特點。

學習小貼士

基金買賣指南

一、開放式基金購買手續

1. 準備過程

投資人購買基金前，需要認真閱讀有關基金的招募說明書、基金契約及開戶程序、交易規則等文件。各基金銷售網點應備有上述文件，以備投資人隨時查閱。

個人投資者要攜帶代理行借記卡、有效身分證件（身分證、軍人證或武警證），機構投資者則需要帶上營業執照、機構代碼證或登記註冊證書原件以及上述文件加蓋公章的複印件、授權委託書、經辦人身分證及複印件。

攜帶好準備資料，客戶在銀行的櫃臺網點填寫基金業務申請表格，填寫完畢後領取業務回執，個人投資者還要領取基金交易卡，在辦理基金業務當日兩天以後可以到櫃臺領取業務確認書。在領取了業務確認書後，單位或者個人就可以從事基金的購買和贖回。

2. 如何購買

在完成開戶準備之後，市民就可以自行選擇時機購買基金。個人投資者可以帶上代理行的借記卡和基金交易卡，到代銷的網點櫃臺填寫基金交易申請表格（機構投資者則要加蓋預留印鑒），必須在購買當天的下午3點以前提交申請，由櫃臺受理，並領取基金業務回執。在辦理基金業務兩天之後，投資者可以到櫃臺打印業務確認書。

3. 如何贖回

當投資者有意對手中的基金進行贖回，則可以攜帶開戶行的借記卡和基金交易卡，同樣在下午3點之前填寫並提交交易申請單，在櫃面受理後，投資者可以在5天後查詢，贖回資金到帳。

4. 如何撤回

交易投資者如果需要撤銷交易，則可以在交易當天的下午3點之前，攜帶基金交易卡和銀行借記卡，在櫃面填寫交易申請表格，註明撤銷交易。如果在下午3點以後，部分銀行則可以按照當天牌價進行預約交易，第二個工作日進行交易。目前，幾乎所有的銀行和基金管理公司都支持在網上交易基金。

5. 基金分紅原則

根據《中華人民共和國證券投資基金法》的規定，基金管理公司對於封閉式基金分紅要求是：符合分紅條件下，必須以現金形式分配至少90%基金淨收益並且每年至少分配一次。

開放式基金分紅原則是：基金收益分配后每一基金份額淨值不能低於面值；收益分配時所發生銀行轉帳或其他手續費用由投資人自行承擔；符合有關基金分紅條件前提下，需規定基金收益每年分配最多次數、每年基金收益分配最低比例；基金投資當期出現淨虧損則不進行收益分配；基金當年收益應先彌補上一年度虧損后方可進行當年收益分配。

二、買賣封閉式基金如何辦手續

封閉式基金的基金單位像普通上市公司的股票一樣在證券交易市場掛牌交易。因此，跟買賣股票一樣，買賣封閉式基金的第一步就是到證券營業部開戶，其中包括基金帳戶和資金帳戶（也就是所謂的保證金帳戶）。

如果是以個人身分開戶，就必須帶上本人的身分證或軍官證；如果是以公司或企業的身分開戶，則必須帶上公司的營業執照副本、法人證明書、法人授權委託書和經辦人身分證。

在開始買賣封閉式基金之前，必須在已經選定的證券商聯網的銀行存入現金，然后到證券營業部將存折裡的錢轉到保證金帳戶裡。在這之後，可以通過證券營業部委託申報或通過無形報盤、電話委託申報買入和賣出基金單位。

必須注意的是，如果已有股票帳戶，就不需要另外再開立基金帳戶了，原有的股票帳戶是可以用於買賣封閉式基金的。但是，基金帳戶不可以用來買賣股票，只能用來買賣基金和國債。

任務四　債券投資

一、債券

債券是國家政府、金融機構、企業等機構直接向社會借債籌措資金時，向投資者發行，並且承諾按規定利率支付利息並按約定條件償還本金的債權債務憑證。由此，債券包含了以下四層含義：

第一層含義：債券的發行人（政府、金融機構、企業等機構）是資金的借入者。

第二層含義：購買債券的投資者是資金的借出者。

第三層含義：發行人（借入者）需要在一定時期還本付息。

第四層含義：債券是債的證明書，具有法律效力。債券購買者與發行者之間是一種債權債務關係，債券發行人即債務人，投資者（或債券持有人）即債權人。

1. 債券的基本要素

債券是一種債務憑證，反映了發行者與購買者之間的債權債務關係。債券儘管種

類多種多樣，但是在內容上都要包含一些基本的要素。這些要素是指發行的債券上必須載明的基本內容，這是明確債權人和債務人權利與義務的主要約定。具體包括：

（1）債券面值。債券的面值是指債券的票面價值，是發行人對債券持有人在債券到期后應償還的本金數額，也是企業向債券持有人按期支付利息的計算依據。債券的面值與債券實際的發行價格並不一定是一致的，發行價格大於面值稱為溢價發行，小於面值稱為折價發行。

（2）票面利率。債券的票面利率是指債券利息與債券面值的比率，是發行人承諾以後一定時期支付給債券持有人報酬的計算標準。債券票面利率的確定主要受到銀行利率、發行者的資信狀況、償還期限和利息計算方法以及當時資金市場上資金供求情況等因素的影響。

（3）付息期。債券的付息期是指企業發行債券后的利息支付的時間。付息期可以是到期一次支付，或1年、半年、3個月支付一次。在考慮貨幣時間價值和通貨膨脹因素的情況下，付息期對債券投資者的實際收益有很大影響。到期一次付息的債券，其利息通常是按單利計算的；年內分期付息的債券，其利息是按複利計算的。

（4）償還期。債券償還期是指企業債券上載明的償還債券本金的期限，即債券發行日至到期日之間的時間間隔。公司要結合自身資金週轉狀況及外部資本市場的各種影響因素來確定公司債券的償還期。

上述四個要素是債券票面的基本要素，但在發行時並不一定全部在票面印製出來。例如，在很多情況下，債券發行者是以公告或條例形式向社會公布債券的期限和利率。此外，一些債券還包含有其他要素，如還本付息方式。

2. 債券的特徵

債券作為一種債權債務憑證，與其他有價證券一樣，也是一種虛擬資本，而非真實資本，債券是經濟運行中實際運用的真實資本的證書。債券作為一種重要的融資手段和其他金融工具具有如下特徵：

（1）償還性。債券一般都規定有償還期限，發行人必須按約定條件償還本金並支付利息。

（2）流通性。債券一般都可以在流通市場上自由轉讓。

（3）安全性。與股票相比，債券通常規定有固定的利率，與企業績效沒有直接聯繫，收益比較穩定，風險較小。此外，在企業破產時，債券持有者享有優先於股票持有者對企業剩餘資產的索取權。

（4）收益性。債券的收益性主要表現在兩個方面，一方面是投資債券可以給投資者定期或不定期地帶來利息收入；另一方面是投資者可以利用債券價格的變動，買賣債券賺取差額。

3. 債券的種類

（1）按發行主體劃分，債券可以分為政府債券、金融債券、公司（企業）債券。

①政府債券。政府債券是政府為籌集資金而發行的債券，主要包括國債、地方政

府債券等，其中最主要的是國債。國債因其信譽好、利率優、風險小而又被稱為「金邊債券」。

②金融債券。金融債券是由銀行和非銀行金融機構發行的債券。在中國，目前金融債券主要由國家開發銀行、進出口銀行等政策性銀行發行。

③公司（企業）債券。公司（企業）債券是企業依照法定程序發行，約定在一定期限內還本付息的債券。公司債券的發行主體是股份公司，但非股份公司的企業也可以發行債券，因此一般歸類時，公司債券和企業發行的債券合在一起，可直接成為公司（企業）債券。

（2）按是否有財產擔保，債券可以分為抵押債券和信用債券。

①抵押債券。抵押債券是以企業財產作為擔保的債券，按抵押品的不同又可以分為一般抵押債券、不動產抵押債券、動產抵押債券和證券信託抵押債券。以不動產如房屋等作為擔保品，稱為不動產抵押債券；以動產如適銷商品等作為提供品的，稱為動產抵押債券；以有價證券如股票及其他債券作為擔保品的，稱為證券信託抵押債券。一旦債券發行人違約，信託人就可將擔保品變賣處置，以保證債權人的優先求償權。

②信用債券。信用債券是不以任何公司財產作為擔保，完全憑信用發行的債券。政府債券屬於此類債券。這種債券由於其發行人的絕對信用而具有堅實的可靠性。除此之外，一些公司也可發行這種債券，即信用公司債。與抵押債券相比，信用債券的持有人承擔的風險較大，因而往往要求較高的利率。為了保護投資人的利益，發行這種債券的公司往往受到種種限制，只有那些信譽卓著的大公司才有資格發行信用債券。除此以外，在債券契約中都要加入保護性條款，如不能將資產抵押其他債權人、不能兼併其他企業、未經債權人同意不能出售資產、不能發行其他長期債券等。

（3）按債券形態分類，債券可分為實物債券、憑證式債券、記帳式債券。

①實物債券（無記名債券）。實物債券（無記名債券）是一種具有標準格式實物券面的債券。實物債券與無實物債券相對應，簡單地說就是發給投資人的債券是紙質的而非電腦裡的數字。在實物債券券面上，一般印製了債券面額、債券利率、債券期限、債券發行人全稱、還本付息方式等各種債券票面要素。

實物債券不記名、不掛失，可上市流通。實物債券是一般意義上的債券，很多國家通過法律或者法規對實物債券的格式予以明確規定。實物債券由於其發行成本較高，將會被逐步取消。

②憑證式債券。憑證式國債是指國家採取不印刷實物券，而用填制「國庫券收款憑證」的方式發行的國債。中國從 1994 年開始發行憑證式國債。憑證式國債具有類似儲蓄，又優於儲蓄的特點，通常被稱為「儲蓄式國債」，是以儲蓄為目的的個人投資者理想的投資方式。憑證式國債從購買之日起計息，可記名、可掛失，但不能上市流通。憑證式國債與儲蓄類似，但利息比儲蓄高。

③記帳式債券。記帳式債券指沒有實物形態的票券，以電腦記帳方式記錄債權，通過證券交易所的交易系統發行和交易。中國近年來通過滬、深交易所的交易系統發

行和交易的記帳式國債就是這方面的實例。如果投資者進行記帳式債券的買賣，就必須在證券交易所設立帳戶。因此，記帳式國債又稱無紙化國債。

記帳式國債購買後可以隨時在證券市場上轉讓，流動性較強，就像買賣股票一樣。當然，中途轉讓除可獲得應得的利息外（市場定價已經考慮到），還可以獲得一定的價差收益（不排除損失的可能），這種國債有付息債券與零息債券兩種。付息債券按票面發行，每年付息一次或多次，零息債券折價發行，到期按票面金額兌付。中間不再計息。

因為記帳式國債發行和交易均無紙化，所以交易效率高、成本低，是未來債券發展的趨勢。

（4）按是否可以轉換為公司股票劃分，債券可以分為可轉換債券和不可轉換債券。

①可轉換債券。可轉換債券是指在特定時期內可以按某一固定的比例轉換成普通股的債券。可轉換債券具有債務與權益雙重屬性，屬於一種混合性籌資方式。由於可轉換債券賦予債券持有人將來成為公司股東的權利，因此其利率通常低於不可轉換債券。若將來轉換成功，在轉換前發行企業達到了低成本籌資的目的，轉換後又可節省股票的發行成本。根據《中華人民共和國公司法》的規定，發行可轉換債券應由國務院證券管理部門批准，發行公司應同時具備發行公司債券和發行股票的條件。

②不可轉換債券。不可轉換債券是指不能轉換為普通股的債券，又稱為普通債券。因為不可轉換債券沒有賦予債券持有人將來成為公司股東的權利，所以其利率一般高於可轉換債券。

（5）按付息的方式劃分，債券可以分為零息債券、定息債券、浮息債券。

①零息債券。零息債券也叫貼現債券，是指債券券面上不附有息票，在票面上不規定利率，發行時按規定的折扣率，以低於債券面值的價格發行，到期按面值支付本息的債券。從利息支付方式來看，貼現國債以低於面額的價格發行，可以看成是利息預付，因而又稱為利息預付債券、貼水債券，是期限比較短的折現債券。

②定息債券。固定利率債券是將利率印在票面上並按其向債券持有人支付利息的債券。該利率不隨市場利率的變化而調整，因而固定利率債券可以較好地抵制通貨緊縮風險。

③浮息債券。浮息債券又叫浮動利率債券，浮動利率債券的息票率是隨市場利率變動而調整的利率。因為浮動利率債券的利率同當前市場利率掛鉤，而當前市場利率又考慮到了通貨膨脹率的影響，所以浮動利率債券可以較好地抵制通貨膨脹風險。浮動利率債券的利率通常根據市場基準利率加上一定的利差來確定。浮動利率債券往往是中長期債券。

（6）按是否能夠提前償還劃分，債券可以分為可贖回債券和不可贖回債券。

①可贖回債券。可贖回債券是指在債券到期前，發行人可以以事先約定的贖回價格收回的債券。公司發行可贖回債券主要是考慮到公司未來的投資機會和迴避利率風險等問題，以增加公司資本結構調整的靈活性。發行可贖回債券最關鍵的問題是贖回期限和贖回價格的制定。

②不可贖回債券。不可贖回債券是指不能在債券到期前收回的債券。

（7）按償還方式不同劃分，債券可以分為一次到期債券和分期到期債券。

①一次到期債券。一次到期債券是發行公司於債券到期日一次償還全部債券本金的債券。

②分期到期債券。分期到期債券是指在債券發行的當時就規定有不同到期日的債券，即分批償還本金的債券。分期到期債券可以減輕發行公司集中還本的財務負擔。

（8）按債券的計息方式分類，債券可分為單利債券、複利債券、累進利率債券。

①單利債券。單利債券是指在計息時，不論期限長短，僅按本金計息，所生利息不再加入本金計算下期利息的債券。

②複利債券。複利債券與單利債券相對應，是指計算利息時，按一定期限將所生利息加入本金再計算利息，逐期滾算的債券。

③累進利率債券。累進利率債券是指年利率以利率逐年累進方法計息的債券。累進利率債券的利率隨著時間的推移，后期利率比前期利率更高，呈累進狀態。

4. 債券的發行

中國目前已有債券型基金近 18 只，合計份額近 400 億份。

（1）債券發行的條件。根據《中華人民共和國公司法》的規定，中國債券發行的主體主要是公司制企業和國有企業。企業發行債券的條件如下：

①股份有限公司的淨資產額不低於人民幣 3,000 萬元，有限責任公司的淨資產額不低於人民幣 6,000 萬元。

②累計債券總額不超過淨資產的 40%。

③最近 3 年平均可分配利潤足以支付公司債券 1 年的利息。

④籌資的資金投向符合國家的產業政策。

⑤債券利息率不得超過國務院限定的利率水平。

⑥其他條件。

（2）債券的發行價格。債券的發行價格是指債券原始投資者購入債券時應支付的市場價格。債券的發行價格與債券的面值可能一致也可能不一致。

在理論上，債券發行價格是債券的面值和要支付的年利息按發行當時的市場利率折現所得到的現值。

由此可見，票面利率和市場利率的關係影響到債券的發行價格。當債券票面利率等於市場利率時，債券發行價格等於面值；當債券票面利率低於市場利率時，企業仍以面值發行就不能吸引投資者，故一般要折價發行；反之，當債券票面利率高於市場利率時，企業仍以面值發行就會增加發行成本，故一般要溢價發行。

在實務中，根據上述原理計算的債券發行價格一般是確定債券實際發行價格的基礎，還要結合債券發行公司自身的信譽情況。

5. 債券的交易方式

上市債券的交易方式大致有債券現貨交易、債券回購交易、債券期貨交易。目前

在深、滬證券交易所交易的債券有現貨交易和回購交易。

（1）現貨交易。現貨交易又叫現金現貨交易，是債券買賣雙方對債券的買賣價格均表示滿意，在成交後立即辦理交割，或在很短的時間內辦理交割的一種交易方式。例如，投資者可直接通過證券帳戶在深交所全國各證券經營網點買賣已經上市的債券品種。

（2）回購交易。回購交易是指債券持有一方出券方和購券方在達成一筆交易的同時，規定出券方必須在未來某一約定時間以雙方約定的價格再從購券方那裡購回原先售出的那筆債券，並以商定的利率（價格）支付利息。目前深、滬證券交易所均有債券回購交易，但只允許機構法人開戶交易，個人投資者不能參與。

（3）期貨交易。債券期貨交易是一批交易雙方成交以後，交割和清算按照期貨合約中規定的價格在未來某一特定時間進行的交易。目前深、滬證券交易所均不開通債券期貨交易。

二、債券投資的收益和風險

1. 債券投資的收益

人們投資債券時，最關心的就是債券收益有多少。債券投資收益主要來源於三個方面，即利息收入、償還盈虧（資本利得）和利息再投資所得的收益。為了精確衡量債券收益，一般使用債券收益率這個指標。債券收益率是債券收益與其投入本金的比率，通常用年率表示。債券收益不同於債券利息。債券利息僅指債券票面利率與債券面值的乘積。由於人們在債券持有期內，還可以在債券市場進行買賣，賺取價差，因此債券收益除利息收入外，還包括買賣盈虧差價。

決定債券收益率的主要因素有債券的票面利率、期限、面值和購買價格。最基本的債券收益率計算公式為：

債券收益率＝（到期本息和－發行價格）/（發行價格×償還期限）×100%

由於債券持有人可能在債券償還期內轉讓債券，因此債券的收益率還可以分為債券出售者的收益率、債券購買者的收益率和債券持有期間的收益率。各自的計算公式如下：

債券出售者的收益率 ＝（賣出價格－發行價格+持有期間的利息）/（發行價格×持有年限）×100%

債券購買者的收益率 ＝（到期本息和－買入價格）/（買入價格×剩餘期限）×100%

債券持有期間的收益率 ＝（賣出價格－買入價格+持有期間的利息）/（買入價格×持有年限）×100%

【案例6.1】某人於2016年1月1日以102元的價格購買了一張面值為100元、利率為10%、每年1月1日支付一次利息的2011年發行5年期國庫券，並持有到2017年1月1日到期，分別計算債券購買者和債券出售者的收益率。

【案例分析】債券購買者的收益率 ＝（100+100×10%－102）/（102×1）×100%

＝ 7.8%

$$債券出售者的收益率 = (102-100+100×10\%×4)/(100×4)×100\%$$
$$= 10.5\%$$

【案例6.2】某人於2013年1月1日以120元的價格購買了面值為100元、利率為10%、每年1月1日支付一次利息的2012年發行的10年期國庫券,並持有到2018年1月1日以140元的價格賣出,計算債券持有期的收益率。

【案例分析】
$$債券持有期間的收益率 = (140-120+100×10\%×5) / (120×5) ×100\%$$
$$= 11.7\%$$

以上計算公式沒有考慮把獲得的利息進行再投資的因素。把所獲利息的再投資收益計入債券收益,據此計算出來的收益率,即為複利收益率。

影響債券投資收益的因素主要包括以下幾個方面:

(1) 債券的利率。債券利率越高,債券收益也越高;反之,收益下降。形成利率差別的主要因素是利率、殘存期限、發行者的信用度和市場性等。

(2) 債券價格與面值的差額。當債券價格高於其面值時,債券收益率低於票面利息率;反之,則高於票面利息率。

(3) 債券的還本期限。還本期限越長,票面利息率越高。

(4) 市場供求、貨幣政策和財政政策。市場供求、貨幣政策和財政政策對債券價格產生影響,就直接影響到投資者的成本,成本越高則收益率越低,成本越低則收益率越高,因此除了利率差別會影響投資者的收益之外,市場供求、貨幣政策和財政政策也是我們考慮投資收益時所不可忽略的因素。

2. 債券投資的風險

儘管與股票相比,債券投資安全很多,但是同樣存在著風險,債券投資面臨的風險主要如下:

(1) 利率風險。利率的變動導致債券價格與收益率發生變動的風險。

(2) 價格變動風險。債券市場價格常常變化,若其變化與投資者預測的不一致,那麼,投資者的資本必將遭到損失。

(3) 通貨膨脹風險。債券發行者在協議中承諾付給債券持有人的利息或本金的償還,都是事先議定的固定金額。當通貨膨脹發生,貨幣的實際購買能力下降,就會造成在市場上能購買的東西卻相對減少,甚至有可能低於原來投資金額的購買力。

(4) 信用風險。在企業債券的投資中,企業由於各種原因,存在著不能完全履行其責任的風險。

(5) 轉讓風險。當投資者急於將手中的債券轉讓出去,有時候不得不在價格上打點折扣,或是要支付一定的佣金。

(6) 回收性風險。有回收性條款的債券,因為其常常有強制收回的可能,而這種可能又常常是市場利率下降、投資者按券面上的名義利率收取實際增額利息的時候,投資者的預期收益就會遭受損失。

（7）稅收風險。政府對債券稅收的減免或增加都影響到投資者對債券的投資收益。

（8）政策風險。由於政策變化導致債券價格發生波動而產生的風險。例如，突然給債券實行加息和保值貼補。

三、債券投資的原則

投資債券既要有所收益，又要控制風險，因此根據債券的特點，投資債券原則如下：

1. 收益性原則

不同種類的債券收益多少不同，投資者應根據自己的實際情況選擇。例如國家（包括地方政府）發行的債券，一般認為是沒有風險的投資；而企業債券則存在著能否按時償付本息的風險，作為對這種風險的報酬，企業債券的收益性必然要比政府債券高。

2. 安全性原則

投資債券相對於其他投資工具要安全得多，但這僅僅是相對的，債券投資的安全性問題依然存在，因為經濟環境有變、經營狀況有變、債券發行人的資信等級也不是一成不變，所以投資債券還應考慮不同債券投資的安全性。例如，就政府債券和企業債券而言，企業債券的安全性不如政府債券。

3. 流動性原則

債券的流動性強意味著能夠以較快的速度將債券兌換成貨幣，同時以貨幣計算的價值不受損失；反之，則表明債券的流動性差。影響債券流動性的主要因素是債券的期限，期限越長，流動性越弱，期限越短，流動性越強。另外，不同類型債券的流動性也不同。例如，政府債券在發行后就可以上市轉讓，故流動性強。企業債券的流動性往往就有很大差別，對於那些資信卓著的大公司或規模小但經營良好的公司，其發行的債券流動性是很強的；反之，那些規模小、經營差的公司發行的債券的流動性要差得多。

任務五　金融衍生產品

一、金融衍生產品的定義

金融衍生產品是指以貨幣、債券、股票等傳統金融產品為基礎，以槓桿性的信用交易為特徵的金融產品。

金融衍生產品是指其價值依賴於基礎資產價值變動的合約。這種合約可以是標準化的，也可以是非標準化的。標準化合約是指其標的物（基礎資產）的交易價格、交易時間、資產特徵、交易方式等都是事先標準化的，因此次類合約大多在交易所上市交易，如期貨。非標準化合約是指以上各項由交易的雙方自行約定，因此具有很強的靈活性，比如遠期協議。

金融衍生產品的共同特徵是保證金交易，即只要支付一定比例的保證金就可進行全額交易，不需實際上的本金轉移，合約的了結一般也採用現金差價結算的方式進行，

只有在滿期日以實物交割方式履約的合約才需要買方交足貨款。因此，金融衍生產品交易具有槓桿效應。保證金越低，槓桿效應越大，風險也就越大。

二、金融衍生產品的特點

金融衍生產品具有以下幾個特點：

1. 零和博弈

合約交易的雙方（在標準化合約中由於可以交易是不確定的）盈虧完全負相關，並且淨損益為零，因此稱「零和」。

2. 跨期性

金融衍生工具是交易雙方通過對利率、匯率、股價等因素變動的趨勢的預測，約定在未來某一時間按一定的條件進行交易或選擇是否交易的合約。無論是哪一種金融衍生工具，都會影響交易者在未來一段時間內或未來某時間上的現金流，跨期交易的特點十分突出。這就要求交易的雙方對利率、匯率、股價等價格因素的未來變動趨勢進行判斷，而判斷的準確與否直接決定了交易者的交易盈虧。

3. 聯動性

聯動性指金融衍生工具的價值與基礎產品或基礎變量緊密聯繫，規則變動。通常，金融衍生工具與基礎變量相聯繫的支付特徵有衍生工具合約所規定，其聯動關係既可以是簡單的線性關係，也可以表達為非線性函數或者分段函數。

4. 不確定性或高風險性

金融衍生工具的交易后果取決於交易者對基礎工具未來價格的預測和判斷的準確程度。基礎工具價格的變幻莫測決定了金融衍生工具交易盈虧的不穩定行，這是金融衍生工具具有高風險的重要誘因。

5. 高槓桿性

衍生產品的交易採用保證金制度，即交易所需的最低資金只需滿足基礎資產價值的某個百分比。保證金可以分為初始保證金和維持保證金。在交易所交易時採取盯市制度，如果交易過程中的保證金比例低於維持保證金比例，那麼將收到追加保證金通知，如果投資者沒有及時追加保證金，將被強行平倉。可見，衍生品交易具有高風險高收益的特點。

三、金融衍生產品的作用

金融衍生產品的作用有規避風險、價格發現，金融衍生產品是對沖資產風險的好方法。但是，任何事情有好的一面也有壞的一面，風險規避了一定是有人去承擔了，衍生產品的高槓桿性就是將巨大的風險轉移給了願意承擔的人手中，這類交易者稱為投機者，而規避風險的一方稱為套期保值者，另外一類交易者被稱為套利者，這三類交易者共同維護了金融衍生產品市場上述功能的發揮。

金融衍生產品交易不當將導致巨大的風險，有的甚至是災難性的，國外的有巴林銀行事件、寶潔事件等，國內的有國儲銅事件、中航油事件等。

四、金融衍生產品的種類

1. 根據產品形態不同，衍生金融產品可以分為遠期、期貨、期權和掉期四大類

遠期合約和期貨合約都是交易雙方約定在未來某一特定時間、以某一特定價格、買賣某一特定數量和質量資產的交易形式。

期貨合約是期貨交易所制定的標準化合約，對合約到期日及其買賣的資產的種類、數量、質量提出了統一規定；遠期合約是根據買賣雙方的特殊需求由買賣雙方自行簽訂的合約。因此，期貨交易流動性較高，遠期交易流動性較低。

掉期合約是一種交易雙方簽訂的在未來某一時期相互交換某種資產的合約。更為準確地說，掉期合約是當事人之間簽訂的在未來某一期間內相互交換他們認為具有相等經濟價值的現金流的合約。較為常見的是利率掉期合約和貨幣掉期合約。掉期合約中規定的交換貨幣是同種貨幣，則為利率掉期；是異種貨幣，則為貨幣掉期。

期權交易是買賣權利的交易。期權合約規定了在某一特定時間、以某一特定價格買賣某一特定種類、數量、質量原生資產的權利。期權合同有在交易所上市的標準化合同，也有在櫃臺交易的非標準化合同。

2. 根據原生資產不同，衍生金融產品可以分為股票、利率、匯率和商品

如果再加以細分，股票類中又包括具體的股票和由股票組合形成的股票指數；利率類中又可分為以短期存款利率為代表的短期利率和以長期債券利率為代表的長期利率；貨幣類中包括各種不同幣種之間的比值；商品類中包括各類大宗實物商品。具體見表 6.1。

表 6.1　　　　　　　　　根據原生資產對金融衍生產品的分類

對象	原生資產	金融衍生產品
利率	短期存款	利率期貨、利率遠期、利率期權、利率掉期合約等
	長期債券	債券期貨、債券期權合約等
股票	股票	股票期貨、股票期權合約等
	股票指數	股票指數期貨、股票指數期權合約等
貨幣	各類現匯	貨幣遠期、貨幣期貨、貨幣期權、貨幣掉期合約等
商品	各類實物商品	商品遠期、商品期貨、商品期權、商品掉期合約等

到目前為止，國際金融領域中，流行的衍生產品就是互換、期貨、期權和遠期利率協議。採取這些衍生產品的最主要目的均為保值或投機。但是，這些衍生產品之所以能存在與發展都是有其前提條件的，那就是發達的遠期市場。據統計，在金融衍生產品的持倉量中，按交易形態分類，遠期交易的持倉量最大，占整體持倉量的 42%，以下依次是掉期（27%）、期貨（18%）和期權（13%）。按交易對象分類，以利率掉期、利率遠期交易等為代表的有關利率的金融衍生產品交易占市場份額最大，為 62%，以下依次是貨幣衍生產品（37%）和股票、商品衍生產品（1%），1989—1995 年的 6

年間，金融衍生產品市場規模擴大了 5.7 倍。各種交易形態和各種交易對象之間的差距並不大，整體上呈高速擴大的趨勢。

任務六　互聯網金融理財產品

一、互聯網金融的定義

互聯網金融就是互聯網技術和金融功能的有機結合，依託大數據和雲計算在開放的互聯網平臺上形成的功能化金融業態及其服務體系，包括基於網路平臺的金融市場體系、金融服務體系、金融組織體系、金融產品體系以及互聯網金融監管體系等，並具有普惠金融、平臺金融、信息金融和碎片金融等相異於傳統金融的金融模式。

互聯網金融是傳統金融機構與互聯網企業（以下統稱從業機構）利用互聯網技術和信息通信技術實現資金融通、支付、投資和信息仲介服務的新型金融業務模式。互聯網與金融深度融合是大勢所趨，將對金融產品、業務、組織和服務等方面產生更加深刻的影響。互聯網金融對促進小微企業發展和擴大就業發揮了現有金融機構難以替代的積極作用，為大眾創業、萬眾創新打開了大門。同時，促進互聯網金融健康發展，有利於提升金融服務質量和效率，深化金融改革，促進金融創新發展，擴大金融業對內對外開放，構建多層次金融體系。作為新生事物，互聯網金融既需要市場驅動，鼓勵創新，也需要政策助力，促進發展。

二、互聯網金融理財產品的種類

第一類：集支付、收益、資金週轉於一身的理財產品。

典型代表：阿里巴巴（餘額寶）、蘇寧（零錢寶）。該類產品的最大特徵就是投資人可進行消費、支付和轉出的實時操作，而且幾乎沒有任何手續費。該類產品承諾 T+0 贖回，實時提現的優點直接滿足投資人對產品流動性的需求。此類產品的本質是貨幣型基金產品，收益取決於貨幣市場間資金利率水平，隨市場浮動，年化收益一般在 4%~6% 之間。

第二類：與知名互聯網公司合作的理財產品。

典型代表：騰訊（微信理財通）、百度（百度理財計劃 B）。此類產品直接接入一線品牌基金公司，以「7 日年化收益率」為賣點進行宣傳。事實上，所謂「7 日年化收益率」是根據最近 7 天的收益情況折算成年化收益率。假使，貨幣基金在某一天集中兌現收益，當天的萬份收益就會畸高，隨后一段時間其 7 日年化收益率都會很高，因此「7 日年化收益率」這個指標就會虛高。

第三類：P2P 平臺的理財產品。

典型代表：人人貸（優先理財計劃）、陸金所（穩盈-安 e 貸）、仟邦資都（智盈寶）、醫界貸（專注醫療行業的貸款平臺）。該類產品是互聯網直接理財的產物，即資金通過互聯網平臺直接流向資金需求方，出資人享受資金出讓的收益。為了保障出資人的資金安全，P2P 平臺的理財產品通常有兩種保障方式，一種是 P2P 平臺與小貸、

保險或擔保公司合作以保障投資人的本息安全；另一種保障方式，是投資人享有借款人提供的實物抵押權，最常見的抵押物有車子、房產等。正規P2P產品收益一般在8%~15%之間，有抵押產品的收益最高可達12%，但若綜合考量安全性，后者或許更受保守型投資人的偏愛。

第四類：基金公司在自己的直銷平臺上推廣的產品。

典型代表：匯添富基金（現金寶、全額寶）。其以貨幣基金為本質，披上互聯網金融外衣的理財產品與基金公司直銷推廣的產品，在原始收益率上並無差異。2016年12月初，貨幣市場基金平均7日年化收益率僅有2.5%，而截至2017年6月貨幣市場基金的平均收益率水平已達4%~5%，更有少數產品收益率已逼近6%，漲幅驚人。值得注意的是，伴隨互聯網金融的發展，貨幣市場基金的持有人結構發生了很大變化，個人投資占比有明顯增加，其中年輕投資者越來越多。

第五類：銀行自己發行銀行端現金管理工具。

典型代表：平安銀行（平安盈）、廣發銀行（智能金）。銀行信譽的保障是該類產品最大的優勢。這類平臺以自身銀行體系的產品為基礎進行銷售。也正由於機構提供的強大信譽背景，使得轉讓更容易。

三、互聯網金融的風險

互聯網金融作為互聯網和金融相結合的新興行業，其發展仍處於探索階段，由於行業本身所存在的高風險特徵，兩者結合之后所存在的風險可能將比單個行業所存在的風險更大。具體來看，國內互聯網金融發展主要面臨的風險包括：

1. 市場風險

由於便捷性和優惠性，互聯網金融可以吸收更多的存款，發放更多的貸款，與更多的客戶進行交易，面臨著更大的利率風險以及價格波動風險。

2. 操作風險

目前互聯網公司在沒有規範的法律法規、監管政策監管的環境下，互聯網企業僅是通過自律來經營金融業務，容易出現以下問題：為贏取不正當收入，一方面，互聯網公司提供的網路平臺有公布虛假信息的可能；另一方面，網路平臺未對客戶實施實名制，疏於對其借貸雙方的管理，縱容或無視客戶上傳虛假信息。

3. 信用風險

網路金融平臺公司在提供金融服務的同時，作為資金的募集者、發放者以及擔保人都擔當了一定的信用風險。由於這些網路金融平臺公司缺乏成熟的風險評估體系與實操經驗，在防範風險方面無法與商業銀行成熟的運作模式相媲美，因此對借款人的信用風險難以有效控制。

4. 流動性風險

有些網路金融平臺公司對歸集的資金以及貸出的資金沒有進行合理的期限匹配，造成期限錯配，屆時資金投放到長期上從而無力週轉短期到期需要償還的資金，極易引發流動性風險。

5. 聲譽風險

互聯網金融作為「草根金融」和傳統銀行格局下的攪局者，民營資本色彩濃厚；資本金不足，抵禦風險與償付能力較弱；缺乏長期數據累積，風險計量模型科學性有待驗證。在金融行業這個以信譽度、誠信度、透明度為生存之本的行業，互聯網金融缺乏傳統國有銀行或股份制銀行中隱形的政府信用做擔保和可靠的資本金補充渠道，因此天然地處於競爭劣勢地位。

模塊三　投資組合管理

【案例導入】

2008年，小鄭從師範學院畢業，進入某小學當教師。小鄭有銀行存款10萬元，每月工資3000元左右，每月各項消費2000元，由於比較年輕，3~5年內沒有結婚成家的計劃，父母親已經為她買了一套房子，暫時沒有其他大額消費計劃。小鄭工作后，發現周邊的同事有的炒股，有的買基金，有的炒黃金，於是想對自己「躺」在銀行裡的10萬元也做一個投資計劃，就請了一個懂理財的朋友幫她做了一份投資理財規劃。

針對小鄭的情況，該朋友首先給她做了風險承受能力和風險偏好測試，測試結果小鄭是溫和進取型的，風向承受能力為75分。根據風險矩陣，小鄭的投資組合可以包括10%的低風險資產、50%的中等風險資產和40%的高風險資產。接下來就是選擇具體的投資品種，由於小鄭對理財產品接觸較少，也不希望頻繁買進賣出，於是就考慮基金作為其資產配置。10%的資產選擇貨幣型基金，總額在1萬元左右，該資產還可以作為應急資金；50%的資產選擇偏債券型基金，總額為5萬元，風險中等偏小；40%選擇股票型基金，總額為4萬元，風險較高；同時考慮到小鄭每月有1000元的盈餘，建議其進行基金定投，每月定投500元偏債券型基金和500元股票型基金，總體投資結構比較符合小鄭的風險特徵。

任務一　進行投資組合管理

一、投資組合

美國經濟學家馬考維茨（Markowitz）1952年首次提出投資組合理論（Portfolio Theory），並進行了系統、深入和卓有成效的研究，他因此獲得了諾貝爾經濟學獎。馬考維茨的投資組合理論包含兩個重要內容：均值—方差分析方法和投資組合有效邊界模型。

在發達的證券市場中，馬科維茨的投資組合理論早已在實踐中被證明是行之有效的，並且被廣泛應用於組合選擇和資產配置。但是，中國的證券理論界和實務界對於該理論是否適合於中國股票市場一直存有較大爭議。

個人理財規劃

簡單來說，投資組合是指由投資人或金融機構所持有的股票、債券、衍生金融產品等組成的集合。投資組合的目的在於分散風險。

在投資過程中，合理地做好投資組合策略，會對投資者帶來極大的好處。組合投資最重要的好處就是分散風險，不同的投資者，應該根據自己的具體情況，合理地進行投資組合，這樣既能有效降低投資風險，同時又能盡可能獲取最大的收益。投資者把資金按一定比例分別投資於不同種類的有價證券或同一種類有價證券的多個品種上，這種分散的投資方式就是投資組合。通過投資組合可以分散風險，即「不能把雞蛋放在一個籃子裡」。

人們在證券投資決策中應該怎樣選擇收益和風險的組合呢？這正是投資組合理論研究的中心問題。投資組合理論研究理性投資者如何選擇優化投資組合。所謂理性投資者，是指在給定期望風險水平下對期望收益進行最大化，或者在給定期望收益水平下對期望風險進行最小化的投資者。

二、投資組合管理

投資組合管理是指投資管理人按照資產選擇理論與投資組合理論對資產進行多元化管理，以實現分散風險、提高效率的投資目的。

基金經理一方面可以通過組合投資的方法來減少系統風險，另一方面可以通過各種風險管理措施來對基金投資的系統風險進行對沖，從而有效降低投資風險。中小投資者由於資金量和專業知識方面的欠缺，很難做到組合投資。因此，從這一點來說，基金非常適合平時工作繁忙，又不具備相關金融投資知識的中小投資者進行家庭理財。

在設計投資組合時，一般依據下列原則：

在風險一定的條件下，保證組合收益的最大化；

在一定的收益條件下，保證組合風險的最小化。

具體來說，需要考慮以下幾個方面的問題：

第一，進行證券品種的選擇，即進行微觀預測，也就是進行證券投資分析，主要是預測證券的價格走勢以及波動情況。

第二，進行投資時機的選擇，即宏觀預測，預測和比較各種不同類型的證券的價格走勢和波動情況。例如，預測普通股相對於公司債券等固定收益證券的價格波動。

第三，多元化，即依據一定的現實條件，組建一個風險最小的資產組合。

1. 投資組合管理的目

按照投資者的需求，選擇各種各樣的證券和其他資產組成投資組合，然后管理這些投資組合，以實現投資的目標。投資者需求往往是根據風險（Risk）來定義的，而投資組合管理者的任務則是在承擔一定風險的條件下，使投資回報率（Return）實現最大化。

投資組合管理由以下三類主要活動構成：

（1）資產配置；

（2）在主要資產類型間調整權重；

（3）在各資產類型內選擇證券。

資產配置的特徵是把各種主要資產類型混合在一起，以便在風險最低的條件下，使投資獲得最高的長期回報。投資組合管理者以長期投資目標為出發點，為提高回報率時常審時度勢改變各主要資產類別的權重。例如，若一個經理判斷在未來年份內權益的總體狀況要比債券的總體狀況對投資者更加有利的話，則極可能要求把投資組合的權重由債券向權益轉移，而且在同一資產類型中選擇那些回報率高於平均回報率的證券，經理便能改善投資組合回報的前景。

2. 投資組合的構建過程

投資組合的構建過程是由下述步驟組成：

（1）需要界定適合於選擇的證券範圍。對於大多數計劃投資者來說，其注意的焦點集中在普通股票、債券和貨幣市場工具這些主要資產類型上。近年來，這些投資者已經把如國際股票、非美元債券也列入了備選的資產類型，使得投資具有全球性質。有些投資者把房地產和風險資本也吸納進去，進一步拓寬投資的範圍。雖然資產類型的數目仍是有限的，但是每一資產類型中的證券數目可能是相當巨大的。

（2）投資者還需要求出各個證券和資產類型的潛在回報率的期望值及其承擔的風險。此外，更重要的是要對這種估計予以明確說明，以便比較眾多的證券以及資產類型之間哪些更具吸引力。進行投資所形成投資組合的價值很大程度上取決於這些所選證券的質量。

（3）實際的最優化，必須包括各種證券的選擇和投資組合內各證券權重的確定。在把各種證券集合到一起形成所要求的組合的過程中，不僅有必要考慮每一證券的風險—回報率特性，而且還要估計到這些證券隨著時間的推移可能產生的相互作用。馬考維茨模型用客觀和簡練的方式為確定最優投資組合提供了概念性框架和分析方法。

3. 投資組合管理的要求

管理投資組合是一個持續的過程，同時涵蓋了對靜態資產和動態資產（比如項目等）的管理。在實際運行過程中，管理投資組合真正的難點在於需要時刻保持高度的商業敏感，不斷地進行分析和檢討，考察不斷出現的新生機會、現有資產的表現以及企業為了利用現有機遇而進行的資源配置活動等。

在瞬息萬變的現實環境中，那些影響投資組合的資產和項目的價值往往都處在一個隨時變化波動的狀態之下，造成這種波動的原因可能是來自外部的影響因素，包括市場地位變化或者公司本身競爭地位的變化。同樣，這種波動也可能是歸因於內部的某些力量，如公司戰略、產品組合、分銷渠道的調整或者成本和質量等競爭基礎發生變化。

（1）成本角度。在投資組合引入階段，對每一個組件都需要從技術、營運、人力成本等方面著手進行成本分析，預先確定一個可接受的成本浮動範圍。在投資組合運行過程中，投資組合管理就應將各個組件的成本努力控制在這一範圍內，同時根據需要及時調整各個組件在組合中的成本比重，以實現組合整體的成本效益最大化。

（2）收益角度。在投資組合的實際運行環境下，組合成本結構的調整、組件表現、股東權益、客戶及關係、內部流程、組織學習和提升能力等眾多因素會對組合產生方

方面面的影響，投資組合管理要確保在這些影響下各組件仍然能夠保證預計的收益。就收入來講，在投資組合引入階段，考慮到資金的時間價值，我們往往預期某項收入能夠在特定的時間產生。也就是說我們會給某項投資組合預設一個收益實現軌跡，而投資組合管理就要保證各個組件收益獲得時間的確定性，也就是要盡量使收益符合這個收益實現軌跡。在投資組合整體收益的管理上，我們也有必要把外部市場環境、法律法規、時間、競爭力等影響組件價值的因素考慮在內。

　　（3）風險管理角度。投資組合的組件必須多樣化而且要被控製在企業能夠承受的風險範圍之內。投資組合組件可以按照產出或者風險劃分為幾個等級。風險因素需要和達到預期收益的可能性、穩定性、技術風險等結合起來考慮。組件的風險等級決定了對其管理的緊密程度——包括審查的頻繁程度以及資本更新的模式。

　　現有資產的投資組合需要從上文提及的各個角度進行管理，因為這些都是靜態的，所以我們還有必要從一種互動的角度出發來進行管理，也就是說還要仔細考查這些組件之間如何互動，組件和企業如何互動。

　　請你為李先生提供一些投資方面的建議。

　　李先生家庭狀況：單身，25歲，在廣州一家外企做銷售，和父母同住。李先生的經濟狀況：月收入8000元，有養老、醫療及失業保險；另有一處房產出租，每月租金1000元；無需承擔父母贍養費；每月開銷基本和收入持平，是典型的「月光族」（李先生認為，如果理智消費，每月3000元就夠用了）；現有儲蓄存款2萬元。李先生的理財目標：在資產配置和投資方面希望能夠更完善。

本章小結

　　本章詳細介紹了有關投資規劃的內容，幫助大家認識和理解了什麼是投資、投資規劃，以及各種投資產品的特徵。

　　投資是指投資者運用自己持有的資本，用來購買實際資產、金融資產或者取得這些資產的權利，目的是在一定時期內預期獲得資產增值和一定收入。投資規劃是根據客戶投資理財目標和風險承受能力，為客戶指定合理的資產配置方案，構建投資組合來幫助客戶實現理財目標的過程。

　　投資規劃的整個過程是：確定投資目標、選擇投資品種和市場確定風險因素、程度、合理配置資金以及投資方案的確定和實施。

　　個人或家庭投資理財時可選擇的投資產品很多，不同的產品具有不同的風險特徵和收益性，本章主要向大家介紹了股票、債券、基金以及金融衍生品。

第三篇
人生事件規劃

項目七　個人住房規劃

【案例導入】

李先生今年28歲，單身，有一個交往了3年的女朋友，兩人準備3年內結婚。李先生是土生土長的天津人，目前與父母居住在南開區華苑的老房子裡，父母均有退休金和醫療保障。李先生從事外企的營銷工作，月收入6000元。現在的財務狀況為：父母積攢的買房資金10萬元，存款5萬元，股票市值4萬元，但已被套，損失近1萬元，有待於大盤轉好再解套；消費方面，李先生現有別克凱越一輛，每月養車費用約1500元，日常生活開銷和交際費用每月約1500元；社會保障方面，李先生單位為其繳納了社會養老保險和醫療保險，但商業保險並未涉及。

現在困擾李先生的是，在目前房價高位運行時，他應該如何利用現有資金實現3年內存出60萬元購房基金的50%首付款。

李先生的短期目標是3年內買一套60萬元左右的兩居室老房子做過渡，由於不想後期還貸款背負太多的壓力，想用3年的時間實現30萬元首付款的累積。從現有的財務狀況來分析，買房基金10萬元，存款5萬元，股票4萬元，有一輛經濟型轎車，本身的理財基礎是不錯的，屬於白領階層。從年收入來看，李先生的收入狀況在天津也屬於中等偏上水平，其年收入7.2萬元，月開支約3000元，年結餘3.6萬元。由於李先生的父母有退休金和養老保險，所以李先生相對負擔和壓力較輕。而且李先生社會養老保險和醫療保險齊全，唯一缺少的是沒有商業保險，也就是說，去除買房基金的10萬元，李先生需要在3年內積攢20萬元。

針對上述情況，理財規劃師給出以下建議：

對於目前李先生3年內預計買一套60萬的房產，按照李先生目前情況所能支付的最大值計算，首付為19萬元，貸款41萬元，貸款20年，那麼李先生的月供約為3068.93元（按照貸款利率為基準利率即6.55%，等額本息計算），顯然負擔過重，故應該調整房產首付的比例。

一般來說，房屋月供款不超過月收入的30%，這意味著，假設李先生3年來的收入水平並沒有發生大變動的話，考慮到房子裝修和稅費等相關費用，故首付應該不低於33萬元。按照首付33萬元的比例進行計算，貸款27萬元，貸款20年，則月供約為2021.00元，符合李先生的財務狀況。

李先生目前存款和股票的市值加起來19萬元，每年結餘3.6萬元，3年后10.8萬元，累積29.8萬元，並不夠其首付的35萬元的目標，且以目前的市場情況來看，與其

放到銀行日後背上沉重的房貸負擔，不如利用現有資金，通過投資來獲取更多的收益。

假設李先生每月用工資的 50% 結餘來投資，如果從事基金定投，則可購買股票型基金或者交易型開放式指數基金（ETF50），假設其每月定投 2000 元，平均收益率按照 8% 來計，3 年後其大概擁有 8 萬元；每月按照零存整取的方式進行儲蓄 1000 元，3 年後，這筆儲蓄約為 4 萬元（加上利息收入），加起來共有 12 萬元。除去已有的 9 萬元存款外，對於首付另外所需的 9.3 萬元只能通過目前的存款和股票收益來獲得。假設其 4 萬元的股票按照收益率為 10% 來計（保守估計），則 3 年後為 5.3 萬元，李先生存款如按照人民幣幣種，存入銀行，存期 3 年，整存整取，按照目前 4.25% 的利率來計算，存款 5 萬元，3 年後連本帶息可收入約 5.7 萬元，故其共有 10+12+5.3+5.7=33 萬元，實現了其買房計劃。

事實上，對於像李先生這樣正處於事業爬坡階段的單身白領而言，一份積極的投資理財計劃至關重要，只要理清現有的資源，搭配合理的理財策劃，理財目標就有實現的可能，對於其購買 60 萬元一套的兩居室戶型，李先生在維持基本生活水平不變的情況下就可以輕鬆承受月供。

以上的理財方案是基於李先生單身的情況而制定，如果其結婚後，他的配偶的資產狀況和收入情況直接決定了其不同的理財方案，故要重新制訂。

模塊一　住房規劃的基礎知識

任務一　認識住房規劃現實意義

一、住房規劃的重要性

房地產是當今世界各國經濟發展的重要支柱，是中國全面建設小康社會，使人民安居樂業，並拉動國民經濟增長的極為重要的行業。中國自實行商品房制度以來，居民的住房條件得到了極大改善，同時購買住房是每個普通人在社會生存中遇到的最為直接的難題。中國人是屬於「有房才有家」的民族，在城鎮化進程的推動下，大批城市新增人口，包括進城務工的農民和大學畢業生，需要尋找自己在城市中的落腳點，在城市中尋找家的感覺，擁有屬於自己的住房是尋找家的感覺的最直接的方法。同時，投資房地產也成了廣大投資者的財富增值的重要途徑。

很多人終其一生就為了買一套房子，或是很多父母工作多年的積蓄就是為了幫子女購置一套婚房，因此合理的住房規劃就顯得尤其重要。住房規劃不當可能導致以下結果：

第一，沒有住房規劃的概念，不懂得現代經濟金融知識，難以制訂合理的行動計劃，最後付出很多不必要支出。例如，在房價暴漲的時代，本來有足夠的首付款，但是一直觀望而猶豫不決，等待房子降價的情況，最後房價越漲越高，首付款越來越不

夠，從而不得不重新努力攢錢，又重新積攢首付款。又如，由於不懂等額本息還款法和等額本金還款法的區別，最後多償還了不少利息的情況。

第二，自不量力，陷入低首付陷阱，購買了自己無法承受貸款的房子，從而導致自己的生活捉襟見肘，極大影響生活質量。

第三，沒有利用住房按揭貸款的槓桿效用，從而導致財富增值速度太慢。

總之，住房規劃是每個人需要面對的重要問題。住房規劃宜早不宜遲，不要因為自己目前沒有買房的需要就不制訂住房規劃。合理的住房規劃既能滿足不同時期的居住需求，又不會背上沉重的債務負擔；既能滿足居住的需求，又能滿足其他生活的需求；既能使家庭財務平穩，又能使生活水平穩步上升；既能滿足自主需求，又能兼具投資功能。

二、房地產投資的優缺點

住房除了自住功能之外，還是一種良好的投資品，總結起來房產投資的優點如下：

1. 合理穩定的收益率

投資房地產的收益途徑主要有兩個，即持有期的租金收入和低買高賣的價差收入。一般來說，投資房地產的平均收益率應高於存款和債券等低風險投資品種。中國人口眾多，並在快速向工業化、城市化轉型，截至 2009 年，中國的城市化率已經達到 46.6%，且以每年一個百分點左右的速度增長，很快城市化率將超過 50%。城市化進程的推進，意味著對城市住房的持續需求增加，在土地供應有限的情況下，必然導致城市地價及房價的大幅升值。因此，筆者認為未來 5~10 年，投資房產市場仍將獲得穩定的收益。

2. 財務槓桿效應

房產投資的財務槓桿效應是指當房價上漲 10% 時，以自有資金投入計算的收益率可以翻倍，比如 20%、40% 甚至 50%。如何才能達到財務槓桿效應呢？關鍵就是利用銀行的錢來為自己賺錢。如果一處房產購買時價值是 100 萬元，完全是自有資金購買的話，房價上漲 10%，也就是 110 萬元時賣出，這時在不考慮交易費用的情況下，獲益 10 萬元，收益率為 10%。然而，購房過程中，有很大一部分資金是通過銀行按揭貸款實現的，如現在購房的首付比例是 30%，即是 100 萬元中自付 30 萬元，其他 70 萬元向銀行貸款。因此，當房價上漲 10%，也就是從 100 萬元上漲到 110 萬元時，將房子賣出獲益 10 萬元，在不考慮交易費用和貸款利率的情況下，自有資金的投資收益率為 10/30=33%，收益率是房價上漲比率的 3.3 倍。但是，我們忽略了交易費用和貸款利息，並且這個過程還有一個隱含的假設前提即房價上漲的。當貸款利率高於 10%，抑或房價下跌了，上述案例又應該怎麼分析呢？

3. 對抗通貨膨脹

通貨膨脹是經濟運行中的常態，銀行存款、投資債券往往會受到通貨膨脹的侵蝕。實物投資或對實際財富享有所有權的投資，如房地產投資、黃金投資等是抵禦通貨膨脹的最好渠道。房地產之所以能對抗通貨膨脹，原因在於通貨膨脹時期，因建材、工

資的上漲使得新建住房的成本大幅上升，從而使得住房價格上漲。通貨膨脹也使得各項消費成本上升，住房費用及房地產價格都會隨之上漲。另外，通貨膨脹還會帶來有利於借款者的財富分配效應。在固定利率貸款的房地產投資中，房地產價格和租金上升時，貸款本金和利息是固定的。投資者會發現債務負擔和付息壓力實際上是在大大減輕，個人淨資產也在相應增加。

任何投資都是有風險的，房地產投資也不例外。其缺點主要表現為以下幾點：

1. 缺乏流動性

一般來說，房地產屬於不動產，不是標準化的商品，也沒有公開交易的二級市場，因此房地產投資的流動性相對要低。同時，房地產買賣時的交易費用很高，這裡的交易費用包括有形的和無形的。有形的交易費用方面，購買和銷售住宅都需要交納一定的稅費，一般來說是交易雙方需要承擔房價 2%~3% 的稅費。無形的交易費用方面，由於房地產不是標準化商品，並且購買決策是屬於家庭的重大決策，因此交易過程中，一般從決定購房到辦完各種手續，少則半年，多則一年。目前中國的房地產投資的最大缺陷是缺乏大型、流動性強、便捷有效的交易市場。這對房產投資的狀況及效益等具有相當大的影響，影響了房產交易。

2. 需要大筆首期投資

在房地產投資中，通常需要有一筆首期投資額。例如，購買一幢價值 100 萬元的住房，投資者一般得支付 30% 以上的首付款，就是 30 萬元，對剛開始工作的年輕人而言，是個大數字。對大多數家庭而言，房地產投資項目都是規模龐大，直接進行房地產投資無法達到家庭資產多元化的目標。

3. 房地產週期與槓桿帶來的不利影響

房產市場呈現明顯的週期性特徵。房地產投資一般能夠抵禦通貨膨脹的風險，但在通貨緊縮或經濟衰退期，這類投資很可能會發生貶值。日本最近 20 年經濟不景氣，現在的房價下降到 20 世紀 80 年代后期的一半左右。當經濟衰退期到來時，房地產價格和租金下降時，上述優點中的財務槓桿作用，此時就變得非常不利，原本有利的財務槓桿變成巨大的債務包袱，且槓桿的效應越高越為不利。

4. 住房規劃的機會成本

進行住房規劃過程中還需要考慮機會成本。一方面，用於住房首付款或租住公寓押金要考慮其利息收益損失；另一方面，遠離城市中心的房產可能價格便宜、空氣新鮮，但上班時間和交通成本同時會相應增加。

請針對當前中國的住房市場和房地產投資市場分別進行討論。

任務二　住房規劃的步驟

擁有自己理想的家居環境，是一個人一生的追求之一，能使人有一種穩定感和自豪感。而近年來，隨著國內房屋價格的不斷攀升，購房正日益成為一般家庭最重大的支出項目。並且由於按揭貸款等金融手段的大量運用，購房甚至可能在一個相當長的時期內對家庭的財務狀況構成重大的影響。在這樣的情況下，對於一個家庭來說，購房前的資金準備、購房后的貸款償還等問題就有必要做出妥善的安排，以達到合理利用家庭財務資源，實現在購房準備中及購房後家庭（或個人）的財務狀況保持健康和安全的目標。

一般來說，一個全面的購房規劃應該包含下面這些內容：

一、明確家庭的購房目標

明確家庭的購房目標是首先要做的工作。任何可供理財規劃的目標必須是量化的、清楚而非模棱兩可的。具體到購房上，家庭計劃購房的時間、希望的居住面積、屆時的房價這三大要素就構成了購房目標本身。由於房價並非一成不變的，因此在考慮未來房地產的價格時，可以通過參考房地產專業報告或其他資料並結合房地產價格的歷史走勢而得出。最終，得到諸如「我希望在兩年以后購買 150 平方米左右，價格為 8000 元/平方米的房屋」這樣的描述，才能算是明確了購房目標，而不是「我希望過幾年換套大點的房子，讓老婆孩子住得舒服些」這種模棱兩可的目標。

另外，除了房款本身之外，相關稅費、裝修費用、家具電器購置費用等也是需要考慮的。統籌考慮購房款項、相關稅費、裝修費用、購置家具和電器等費用後，就可以得到家庭在預期的購房時間上總的資金需求，也就是購房規劃要實現的目標了。

二、收集財務資料，進行購房的資金準備

明確了資金的需求情況後，接下來就是要尋找資金的供給了。一般來說，購房資金的來源可以有兩種途徑：一種是從現有的資產中拿出一部分，確定為專項的購房基金，不做其他用途；另一種是每月或者每年的收支結餘資金中，在不影響其他目標的實現的情況下，可以繼續定期定額投入到購房基金的部分。

對於這兩種資金，個人可以考慮將其購買某個金融產品或投入到某個投資組合中，並實現一定的預期收益率，從而為購房做好資金的累積。一般情況下，當希望在短期內就實現購房計劃時，按照時間越長，可承受風險越高，時間越短，可承受風險越低的原則，因為這些資金已經有了近期確定的用途，所以不適宜再投入到高風險的項目中。而諸如儲蓄、人民幣理財產品、貨幣市場基金、其他低風險的基金類產品等都是可以考慮的短期購房基金累積手段。

還有一些人第一次購房時可能會得到父母或親友的資助，這類的額外資金如果來源和數目確定的話，可以直接抵減購房目標。

三、對比資金的累積和資金的需求，判斷購房計劃的可行性

根據在購房基金中投入的本金數量，按照假設可以獲得的預期收益率，由目前計算到未來的購房年月份為止，即可得出屆時的購房資金供給。對比購房資金的需求後，通常可以出現以下三種情況：

情況一：購房資金累積已經足夠一次性支付包括購房款項、相關稅費、裝修費用、購置家具和電器費用等在內的所有費用，該購房計劃顯然是可行的。這時，若存在其他更好的投資機會（預期收益率超過房屋按揭貸款利率），則仍然可以考慮利用貸款購房。如果屆時累積的資金大大超過了購房目標，則還可以減少為購房而動用客戶當前資產的數量或者減少定期投入的資金數量。

情況二：購房資金累積在扣除了需要支付的相關稅費、裝修和購買家電等費用後，尚不足以支付按揭貸款所要求的最低首付款。這時，就需要增加購房基金的累積。或者，看是否可以接受降低購房目標，比如重新將目標設定為面積較小一些的房屋等。

情況三：購房資金累積在扣除了需要支付的相關稅費、裝修和購買家電等費用後，雖不足以一次性支付房款，但符合按揭申請條件。針對這種情況，顯然就需要進行更進一步的工作，做出合理的貸款安排。一般來說，這種情況是最常見的。

四、根據需要和供款能力，進行合理的貸款融資安排

當無法一次性支付購房目標所需資金，需要從外部融資時，個人或家庭就需要在具體的貸款種類、貸款金額、償還期限和償還方式等方面進行合理安排。

購房規劃中，常用的貸款種類包括公積金貸款、銀行按揭貸款或同時使用這兩種貸款等。確定了貸款種類後，就需要明確貸款金額。因為這一數額將直接影響到日後背負的債務壓力，特別是在超過10年的貸款安排中，所以一般認為盡量少的貸款是比較明智的選擇。

至於還款方式，最常見的就是等額本息還款法和等額本金還款法兩種。等額本息還款法簡單易懂，操作便利，但客戶的利息負擔往往較重；而採用等額本金還款法時，客戶在還款期內每月的還款金額呈遞減趨勢，通常整體的利息支出較等額本息還款法為少。

貸款期限要結合供款能力來確定。家庭的月最大還款能力為其收入與支出的結餘（更嚴格的規劃還需要考慮到購房後家庭日常現金流可能發生的改變，比如新增的物業管理費等開支、因更換居住地點而可能增加或降低的交通費用等）。因此，若貸款月供金額超過這個結餘，則該貸款計劃在實際執行時將存在問題。另外，通常認為家庭所有貸款月供之和不超過家庭月度總收入的40%是比較合理和安全的情況。

模塊二　住房需求決策

任務一　購房區位的選擇

很多購房者在購房前跑了幾個月，手頭中意的房子也有了十幾處，總覺得這套有這套的好，那套有那套的優，不知該如何割捨，那麼應該如何評估選擇呢？不妨依下列方法實施：先列出自己各方面的需要和限制，如自己、配偶、雙親、子女的工作和學習地點、經濟承受能力、小區環境要求、住宅總面積要求、物業管理要求等，然後對照中意的房子進行比較，為幫助自己下決心、拿主意，也可以對各處房子進行分等評分。當然評判這些房子首先需要一些標準，下面就從由遠及近、由大及小、由外而內的順序為購房者決策提供一個參考。

那麼什麼是區位呢？

簡單地說，區位就是地塊的空間位置及其與相鄰地塊的相互關係。這裡的空間位置表面上看起來是一個地理概念，但實際上其中包含了與這一地塊全部相關聯的自然條件、環境條件、交通條件、經濟條件、政治條件、社會條件和文化條件等，是上述各種因素共同作用形成的綜合體。毫不誇張地說，購買住宅就是要選擇一個符合自己要求的理想區位（地段）。

從大的方面來說，全國各地的住宅市場差異很大。比較典型的差異明顯的城市如北京、上海、廣州、成都、武漢，都具有不同的自然、經濟、政治和文化條件。這些差別對一個人的購房決策影響不大，加上中國人守土觀念較強，一般不會選擇到外地城市購房，往往集中於自己工作的城市，不過隨著中國人員流動越來越容易，地區性的選擇也將提上議事日程。

對大多數購房者來說，主要是要做出在一個特定城市的區域選擇決策。通常，一個城市的功能分區對人們居住區域選擇的影響很大。對於住宅的具體位置，其區位特徵最終都在價格上反映出來，有興趣的購房者可以沿城市中心區一直向城郊前進，可以看到價格呈現梯級遞減的現象，如從上海外灘到閔行莘莊，每平方米建築面積價格的落差達萬元以上。

判斷一個城市內的不同區域（行政區域或人們習慣上劃分的區域）的區位好壞一般有下面一些指標：在宏觀層次上有自然條件、社會狀態、經濟發展水平及政策狀況等；在中觀層次上有環境條件、交通狀況、區域特徵、配套狀況、街道狀況等；在微觀層次上有建築質量、管理水平、戶型設計、品牌特徵、產權狀況等。下面側重介紹一些評判住宅區位條件好壞的主要指標。

一、自然條件

自然條件中，日照、溫度、風向等氣象狀態，房屋景觀、小區綠化、是否沿水、

臨街等人文和天然環境狀態，空氣、水流以及污染程度等方面，均是考慮的重點要素。對於氣象狀態，往往受住宅小區內環境與外環境情況影響極大。這也是臨近公園或大片綠地的住宅價格遠遠高於周邊其他住宅的主要原因。許多開發商抓住這些特徵大做文章，如臨近蘇州河邊的「上海花城」，以蘇州河整治成功后自然生態環境的改善作為吸引客戶的重要手段。這些無不反映了自然條件對居住質量的影響，這是判斷住宅區位條件的一個重要指標。

對於一些灾害發生可能性及現實或潛在污染源的考察也是很重要的。對於臨水房屋，要考慮該城市歷史上降雨量的大小，是否發生過大型的洪澇灾害，該房屋的抗灾性能及臨近河段的防洪措施是否可靠，堤岸上的道路及護欄是否安全。如果是臨海房屋，不僅要考慮防水，還要考慮該地點的臺風記錄以及該房屋的抗風性能。如果該地點（或地區）是地震多發區，重要的考慮對象就是該房屋的減震性及抗震性措施。此外，對有可能對水質、空氣等造成污染的源頭和由於靠近主要交通干線或餐飲娛樂設施而帶來的噪聲污染源也應密切關注，以免帶來不必要的麻煩。

二、環境條件

環境條件主要是指小區或單體房屋所處區域的城市功能規劃性質、小區周邊建築物景觀等方面。對環境條件的評判首先是對住宅建築或住宅小區所處城市功能分區的位置進行判斷。隨著經濟的發展，各城市建築必然按照城市規劃要求逐漸形成區域性的城市功能劃分，如中心商務區、商業區、居住區、文教區、工業區等。因此，在購買住宅時，就要重視城市規劃的指導功能，盡量購買已形成或在近期內有條件形成大規模居住區的地點，避免選擇坐落在或鄰近工業區的房屋。此外，伴隨著經濟的發展，城市區域在不斷地擴大，人們的消費習性及需求方式也趨向現代化，即生活、住宅有休閒化的趨勢。當交通條件改善時，加上郊區房屋價格往往較城區房屋便宜很多，更多的人就喜歡購買郊區房屋。此時，對房屋地點環境的選擇顯得尤為重要。如果選擇不好，聽信開發商的一些不切實際的承諾和規劃，往往由於郊區房屋均是新區開發，配套的公共設施滯后，環境條件惡劣，甚至改變原有的規劃也時有發生。因此，購房者要挑選一些已有一定規模，環境質量較佳，特別是一些多期開發住宅區的中、后期房屋。

三、交通條件

交通條件主要是指城市及居住小區內交通網路的建立，道路等級、道路通過能力、交通設施是否齊全等方面。對交通條件的考慮，主要是針對遠郊地點的住宅。由於遠郊或城郊接合部地點的居住小區往往屬於新區建設，城市的交通網路的完全建立需要一個較長的時期。開發商為了促銷其產品，往往誇大交通條件，甚至採用欺騙或掩飾的手段誤導購房者。例如，在房產產品廣告上，所列的交通線路圖經過精心編排，所說的到某市中心標誌性建築所花的時間或路程只是理論上的數據，往往實際條件遠非如此。如果交通條件惡劣，而工作地點又距離較遠時，可能交通時間和交通費用就會

很高。因此，從交通條件來看，城市中心地點的住宅要優於城郊接合部的住宅，因為可節約大量的交通費用和時間，也可以省卻交通堵塞、交通事故等帶來的煩惱。但綜合來看，城市中心區的住宅的價格較高，而且環境條件比城郊接合部要差。

四、配套條件

配套條件齊全與否，直接決定著該地點住宅的附加價值及升值潛力，同時也決定入住後居家生活方便與舒適與否。配套條件通常是指居住區公共服務設施狀況。這些設施一般包括：行政管理、金融郵電、文化體育、醫療衛生、商業服務、社區服務、市政公用和教育等。具體是要看以下設備及設施配套情況：

（1）街道辦事處、居委會、派出所等；

（2）菜場、糧油店、日雜店、理髮店、超市、銀行、郵局、醫院、公用電房、垃圾站等；

（3）托兒所、幼兒園、小學、中學等；

（4）餐飲娛樂休閒設施等。

房價取決於區位和面積兩個因素。區位生活機能越佳，單價越高；住房面積越大，總價越高。住房大小主要決定於居住成員的數目，需要多少房間才夠用，可伸縮的彈性較小。如上所述，如果選擇在靠市中心地帶購房的話，就只能購買 75 平方米的二居室，而如果要享受大空間的 95 平方米三居室就只能選擇距中心城區較遠的地帶。

任務二　購房或租房的選擇

【案例7.1】張強和李梅兩人打算結婚，兩人共有存款 30 萬元準備買房，但是對於婚房購置產生分歧。現在有三種方案，請幫他們選擇：

方案一：購買 120 平方米的房子，總值 180 萬元，首付 3 成，共 54 萬元，如果購買需要借錢 24 萬元，並且每月負擔 7000 元按揭貸款。

方案二：購買 70 平方米的房子，總值 100 萬元，首付 30 萬元，每月負擔 3000 元按揭貸款。

方案三：不買房，改為租房，120 平方米房子每月租金 3000 元。

一、購房還是租房

購房並非像教育規劃或退休規劃那樣具有不可替代性。對無力購房的人，租房也是不錯的選擇。購房與租房的居住效用相近，最重要的差別在於購房者擁有產權，因而有使用期間的自主權，租房者則會處於相對被動的地位，如面臨房東要求搬家、房東提高租金抑或房價暴漲而存在機會成本等。租房或購房應根據個人生活方式和財務狀況決定。

1. 租房的優缺點

（1）租房的優點。租房的優點包括如下內容：

①自由度大。當因為各種原因需要變動居住場所時，租房能提供較好的靈活性，比如更換工作地點、租金上漲、希望換更大的房子或更成熟社區等方面。剛剛完成學業、正在建立自己事業的年輕人由於沒有組成家庭，存在各種變數，因此租房的可能性較高。

②經濟負擔小。租房過程中，承租人主要就是負擔房租和日常水電支出等公用事業費用，而不用考慮償還月供、修繕房屋等費用，經濟負擔小。

③初始成本低。租房的初始成本大大低於購房。雖然承租人要負擔2~3倍於月租金的押金，但是相比較購房的首付，初始成本小了很多。

（2）租房有明顯的缺點。租房的缺點包括如下內容：

①在房價不斷上漲的情況下，租房人由於沒有購房，導致了房價上漲的機會成本的產生，最后可能會出現，越租房越買不起房，越買不起房越只能繼續租房的境地。

②租房減少了對城市的歸屬感。不少的城市新移民，雖然擁有這個城市的戶口，但是沒有自己的房產，產生了寂寞空虛的感覺，進而影響到工作生活。

③租房過程容易產生法律糾紛。承租人和招租人在合同約定方面可能出現爭議，導致承租人疲於應付。

2. 購房的優缺點

（1）購房的優點。購房的優點包括如下內容：

①所有者的自豪感。許多購房者的主要目的是擁有自己的住房，穩定的住所和個性化的生活地址也非常重要。不過要清楚的一點是，在中國購買住房只是購買了住房的70年的使用權。

②經濟利益。購房的潛在利益是房產升值。特別是在高通貨膨脹的經濟環境中，購房是抵禦通脹的好辦法。

③個性化的生活方式。雖然租房有一定的便利性，但擁有住房能更好地享受個性化生活。住房所有者可以隨心所欲地裝修自己的住宅，招待客人，而不用像租房那樣束手束腳。

（2）購房也有不利方面。購房的缺點包括如下內容：

①經濟壓力。擁有自己的住房並不能保證生活美滿。購房受到個人狀況或經濟條件的限制，首付款對大部分人來說是一筆不小的支出，每個月的月供壓力也會降低生活質量。

②活動受限制。擁有住房后，不可能像租房一樣輕易地變動生活環境。當環境變化迫使出售住房時，可能很難迅速出售住房。

③承受房價下跌和利率升高風險。當房價不斷上漲時，購房者可以享受到帳面資產不斷增加的快樂，同時購房者也可能承擔房價下跌帶來的沮喪，更直接的是利率的升高會加大月供支出，從而擠占了消費支出，最終降低生活水準。

二、購房與租房的決策方法

1. 淨現值法

淨現值法是考慮在一個固定的居住期內，將租房及購房的現金流量還原至現值，支付現金流越小越好。

【案例 7.2】房先生看中一處物業，每年租金 3 萬元。購買時的總價為 80 萬元，假設 5 年后售房所得為 100 萬元。如房先生確定要在該處住滿 5 年，以存款利率 3% 為機會成本。請對比租房與購房哪一個更為合算。

【案例分析】

（1）租房現金流量現值。由於房租每年 3 萬元，房先生租房 5 年，以存款利率 3% 為機會成本計算依據。按淨現值法計算租房現金流現值為：

P = 年金（3 萬元）×標準年金現值系數（$n=5$, $i=3\%$）

= 3×（P/A, 3%, 5）

= 3×4.5797

= 13.7391（萬元）

（2）購房淨現金流量現值。購房淨現金流現值應該等於 5 年后售房所得的現值減去購房現值，而 5 年后售房所得現值為：

P = 5 年后售房所得（100 萬元）×標準複利現值系數（$n=5$, $i=3\%$）

= 100×（P/F, 3%, 5）

= 100×0.8626

= 86.26（萬元）

購房淨現金流量現值 = 5 年后售房所得現值 − 購房現值 = 86.26 − 80 = 6.26（萬元）

租房現金流量現值高於購房淨現金流量現值，因此得出購房比租房劃算。請大家思考，如果房價不從原來的 80 萬元上漲到 100 萬元，購房和租房的決策又是怎樣的？

2. 年成本法

購房者的使用成本是首付款的資金占用造成的機會成本及房屋貸款利息；租房者的使用成本是押金的機會成本和房租。

【案例 7.3】房先生看中一處物業，每年租金 3 萬元，押金為 5000 元。購買時的總價為 80 萬元，首付 24 萬元，銀行貸款 54 萬元。假設貸款利率是 6%，存款利率 3%。請對比租房及購房何者更為合算。

【案例分析】租房年成本 = 30,000 + 5000×3% = 30,150（元）

購房年成本 = 540,000×6% + 240,000×3% = 39,600（元）

比較發現，租房比購房的年成本低 9450 元，每月低 787.5 元，租房比較劃算。不過除了單純計算比較外，還應考慮以下因素：

（1）房租是否會調整。在通貨膨脹的大環境下，月租也可能隨著通貨膨脹產生而進行調整，要進行具體比較。

（2）房價上漲潛力。案例 7.3 與淨現值法的例子（案例 7.2）不同之處在於忽略

了房價上漲的影響。若房價未來看漲，即使目前算起來購房的年居住成本稍高，未來出售房屋的資本利得，也可彌補居住期間的成本差異。

（3）利率高低。利率高低極大地影響到購房的年成本。如果預期未來利率下調，購房成本會降低，另外利率的下調也會推高房產價格，因此利率因素是影響購房租房決策的重要原因。

模塊三　購房規劃

投資者經過租房和購房比較后，經仔細權衡決定購房，就必須對購房安排做出正確規劃，確定負擔得起的房屋總價和單價，確定首付比例和購房區位。

任務一　以儲蓄及供房能力估算負擔得起的房屋總價和單價

可負擔首付款、可負擔房貸、可負擔房屋總價的計算公式分別如下：

負擔首付款＝目前年收入×儲蓄率上限×年金終值系數（n＝離購房年數，r＝投資報酬率）＋目前淨資產×複利終值系數（n＝離購房年數，r＝投資報酬率）

可負擔房貸＝目前年收入×複利終值系數（n＝離購房年數，r＝預計收入成長率）×儲蓄率上限×年金現值系數（n＝貸款年限，i＝房貸利率）

可負擔房屋總價＝可負擔首付款＋可負擔房貸

【案例 7.4】房先生年收入為 8 萬元。預計收入成長率為 3%。目前淨資產是 12 萬元。儲蓄率上限為 40%。打算 5 年后購房，投資報酬率為 10%，貸款年限 20 年。利率以 6% 計算。房先生可以負擔的房屋總價是多少？

【案例分析】房先生屆時可以負擔房價計算如下：

首付款部分＝80,000×40%×6.105＋120,000×1.611＝38.9（萬元）

貸款部分＝（80,000×1.159×40%）×11.47＝42.5（萬元）

屆時可以負擔的房價＝首付款＋貸款＝389,000＋425,000＝81.4（萬元）

可負擔的最高首付比例＝38.9/81.4＝48%

購房面積的大小取決於決策人的個人考量，沒有標準的決策方法。考慮的因素包括家庭人數和空間舒適度要求。若是購房用於結婚用戶的話，二居室或是三居室是正常的兩種選擇。一般兩居室以 75 平方米計，三居室以 95 平方米計，房先生可負擔購房單價計算如下：

75 平方米：81.4 萬元/75 平方米＝10,853 元/平方米

95 平方米：81.4 萬元/95 平方米＝8568 元/平方米

請您根據案例資料內容計算陳先生所能負擔得起的房屋總價和單價。

陳先生 2003 年畢業，畢業后進入一家公司工作，月薪 2500 元。跟大部分在廣州的年輕人一樣，陳先生面臨著購置房產的壓力，在 2008 年年底時，其有存款 5 萬元，當時他公司周圍房產價格約為 5000 元/平方米。如若購房，其父母可以支持 6 萬元。

任務二　個人住房貸款分析

對於大多數人來說，購房數額支出巨大，很難一次性付清所有購房款，因此尋找各種渠道貸款就成了必要途徑，個人住房貸款主要依靠商業性貸款和住房公積金貸款。

一、商業性個人住房貸款

個人住房商業性貸款，又稱按揭貸款，是銀行用其信貸資金發放的自營性貸款。具體是指具有完全民事行為能力的自然人，購買城鎮自住住房時，以其所購產權住房為抵押或銀行認可的其他擔保方式，作為償還貸款的保證向銀行申請住房商業性貸款。這是目前中國各種住房貸款中使用最為普遍的一種。

1. 商業性個人住房貸款的方式

（1）住房抵押貸款擔保。貸款銀行可接受的抵押物有貸款人自己擁有產權的住房。借款人以所購住房作為抵押或以自己已經擁有產權的住房作為抵押，抵押物都需經過銀行指定的評估機構進行評估，抵押人需要支付一筆評估費用，評估費用是按照政府規定的房地產評估收費標準收費。以住房作為貸款擔保，借貸雙方要按有關法律規定到房地產管理機關辦理抵押物登記手續，登記費用由借款人承擔。借款人選擇抵押作為貸款擔保方式，還需按規定到貸款銀行認可的保險公司購買抵押物財產保險和貸款保證保險，並明確貸款銀行為本保險的第一受益人。保險期不短於貸款期，保險金額不低於貸款的全部本息，抵押期間保險單由貸款銀行保管，保險費用由借款人承擔。採取抵押擔保方式，借款人要支付抵押登記費用、保險費用和抵押評估費用。如借款人經濟條件較為富足，這種選擇方式是比較理想的，也是銀行最願意接受的貸款擔保方式，也是大部分貸款購房人所選擇的最好的方式。

（2）權利質押貸款擔保。銀行接受特定有價證券和存單作為質押物。有價證券包括國庫券、金融債券和銀行認可的企業債券，存單只接受人民幣定期儲蓄存單。借款人申請質押擔保貸款，質押權利憑證所載金額必須超過貸款額度，即質押權利憑證所載金額要至少大於貸款額度的 10%。各種債券要經過銀行鑒定，證明真實有效，方可用於質押，人民幣定期儲蓄存單要有開戶銀行的鑒定證明及免掛失證明。借款人在與銀行簽訂貸款質押合同的同時，要將有價證券、存單等質押物交由貸款銀行保管，並由貸款銀行承擔保管責任。如果借款人要求進行公證，雙方可以到公證機關辦理公證

手續，公證費用由借款人承擔。選擇質押貸款擔保方式，要求居民家庭有足額的金融資產，依靠這些金融資產完全可以滿足購房消費的需要，只是購房時難於變現或因為變現會帶來一定損失而不想變現。因此，很少人採取質押方式貸款。

(3) 第三方保證貸款擔保。此種方式需要借款人提供貸款銀行認可的保證人。按照貸款銀行的規定，保證人必須為企業法人，為借款人提供貸款保證為不可撤銷的連帶責任保證。借款人選擇這種擔保方式，首先要瞭解銀行認可的第三方法人保證需具備的條件。從銀行有關貸款規定來看，借款人要提供獨立核算、自負盈虧的第三方法人的營業執照複印件；有健全的管理機構和財務管理制度，有相當於 AA 級以上企業的信用等級；在銀行開有存款戶；無重大債權債務糾紛等。第三方法人不符合這些條件或不符合其中任何一條，不能充當擔保人。由於承擔連帶責任，第三方法人會經常拒絕做這樣的貸款擔保。

2. 商業性個人住房貸款的還款方式

(1) 一次性還本付息。根據各銀行的規定，貸款期限在 1 年之內（含 1 年）的，還款方式採取一次性還本付息，即一次性還清貸款本金加上整個貸款期的利息總額。其計算公式如下：

到期一次還本付息額＝貸款本金×［1+月利率（%）×貸款期（月）］

月利率＝年（名義）利率/12

(2) 等額本金還款法。等額本金還款法是一種計算簡便，實用性強的一種還款方式。基本原理是還款期內按期等額歸還貸款本金，並同時還清當期未歸還的本金所產生的利息。可以是按月或按季還款，按照慣例，大都採用按月還款的方式。其計算公式如下：

每月還款額＝貸款本金/貸款期月數+（本金−已歸還本金累計額）×月利率

【案例 7.5】房先生的商業性個人住房貸款總額為 50 萬，貸期為 20 年，貸款利率是 6%，房先生選擇等額本金還款法還款，請計算各月還款額。

【案例分析】隨著時間的推進，已歸還本金累計額不斷增加，每月應還利息逐漸減少。因此，各月還款額計算如下：

第 1 月：4583.33 元

第 2 月：4572.92 元

第 3 月：4562.50 元

第 4 月：4552.08 元

……

第 238 月：2114.58 元

第 239 月：2104.17 元

第 240 月：2093.75 元

因為每月償還額不斷減少，最開始還款額比后期還款額高很多，所以此方法適用經濟能力較為寬裕的借款人。

（3）等額本息還款法。個人購房抵押貸款期限一般都在 1 年以上，除了等額本金還款法外，大部分人選擇等額本息還款法，即每月以相等的額度平均攤還貸款的本金和利息。其計算公式如下：

每月等額還本付息額 = 貸款本金 $\times \dfrac{i(1+i)^n}{(1+i)^n - 1}$

其中，n 為還款期數＝貸款年限×12，i 為月利率。

以案例 7.5 為例，房先生如果選擇等額本息法還款，則還款額計算如下：

每月等額還本付息額＝3582.16 元

由於等額本息還款法每月還款額是固定的，這適合收入穩定的年輕人，目前大部分人都選擇這種方式。還要注意的是，等額本金法和等額本息法由於計算方法的區別，會導致最後還款總額的區別，如上述案例中，等額本金法還息總額 30 萬元，而等額本息法還息總額是 36 萬元，兩者相差近 6 萬元。因此，選擇哪種方法需要借款人的慎重考慮。

3. 利率的調整

根據中國人民銀行的規定，貸款期間如遇國家調整利率，貸款期限在 1 年以內（含 1 年）的，實行合同利率，不分段計息；1 年期以上貸款，於下一年年初開始，按相應期限檔次利率調整。調整計算原則是將未歸還款項按原利率折現，再以調整后利率重新計算月還款額。

二、住房公積金貸款

住房公積金貸款是以住房公積金作為貸款資金來源的一種政策性貸款。住房公積金貸款是指政府部門所屬的住房資金管理中心運用公積金，委託銀行向購買自住住房（包括建造、大修）的住房公積金繳存人和離退休職工發放的優惠貸款。從發展趨勢來看，住房公積金貸款的主要對象是個人。從銀行信貸的角度來看，住房公積金貸款與其他貸款在受理、審核、發放和監督方面沒有本質性區別。

1. 住房公積金貸款特點

（1）對貸款對象有特殊要求。住房公積金貸款對象是指住房公積金繳存人和匯繳單位的離退休職工。以廣州為例，廣州要求借款人需要具備以下條件：

①廣州市常住戶口的，申請公積金貸款時已連續繳存住房公積金 6 個月以上（含 6 個月）；

②非廣州市常住戶口的，申請公積金貸款時已連續繳存住房公積金 12 個月以上（含 12 個月）。

商業銀行發放的個人住房貸款可對一切具有完全民事行為能力，符合銀行規定的貸款條件的自然人發放貸款。

（2）貸款利率優惠。如以 2012 年 7 月 6 日為基準（現行基準），根據中國人民銀行規定，住房公積金貸款年利率 5 年以下的為 4.00%，5 年以上的為 4.50%。而住房商業貸款基準為 6.0375%，5 年以上的為 6.55%。

（3）貸款金額限制。以廣州為例，貸款額度有公式可循：個人可貸額度＝（公積金帳戶當前餘額＋當前月繳存額×2×當前至法定離退休年齡總月數）×2。如果是兩人或兩人以上貸款可合併計算，但有額度限制。目前，住房公積金貸款個人最高額度為50萬元，申請人為兩個或兩人以上的最高額度為80萬元。

【案例7.6】假設有一對夫婦，男28歲、女25歲，申請公積金貸款時上個月公積金匯儲額分別為230元和200元，兩人名下住房公積金本息金額分別為2100元和1800元，離法定退休年齡分別是32年和30年，若要購買一套50萬元的一手商品房，按現行住房公積金個人貸款政策規定可以申請住房公積金貸款多少元？

【案例分析】

①按個人可貸額度計算公式，男女雙方的個人可貸額度分別計算如下：

男方可貸額度＝（公積金帳戶當前餘額＋當前月繳存額×2×當前至法定離休年齡總月數）×2＝（2100＋230×2×32×12）×2＝357,480（元）

女方可貸額度＝（公積金帳戶當前餘額＋當前月繳存額×2×當前至法定離休年齡總月數）×2＝（1800＋200×2×30×12）×2＝291,600（元）

②按貸款最高額度的有關規定，男女雙方的最高可貸額度計算如下：

男方最高可以貸款357,480元，女方最高可以貸款291,600元。

雙方合計最高可貸額度＝357,480＋291,600＝649,080（元）

③按貸款成數的有關規定，該房屋首付為房價的30%（15萬元），剩下的70%（35萬元）可申請住房公積金貸款。

綜合所述，該夫婦住房公積金貸款最高為35萬元。

（4）申請週期較長。由於住房公積金貸款需要經辦銀行審核、公積金管理中心審查和審批等程序，因此需要較長的申請週期，而商業貸款的事情週期較短，因此很多人最後放棄了公積金貸款申請，轉而申請商業性個人住房貸款。

2. 住房公積金還款方式

1年以內的公積金貸款，應當於到期時一次還本付息；1年期以上的公積金貸款，應當按月償還貸款本息。

公積金貸款還款方式與一般個人住房貸款相同，包括如下方式：

（1）等額本息法，即借款人每月償還的貸款本金和利息總額不變，但每月還款額中貸款本金逐月增加，貸款利息逐月減少的還款方式；

（2）等額本金法，即借款人每月償還的本金固定不變，貸款利息逐月遞減的還款方式。

借款人可以選擇其中一種還款方式，並在合同履行期限內不會變動。

3. 住房公積金貸款貸放流程

住房公積金貸款貸放流程如圖7.1所示：

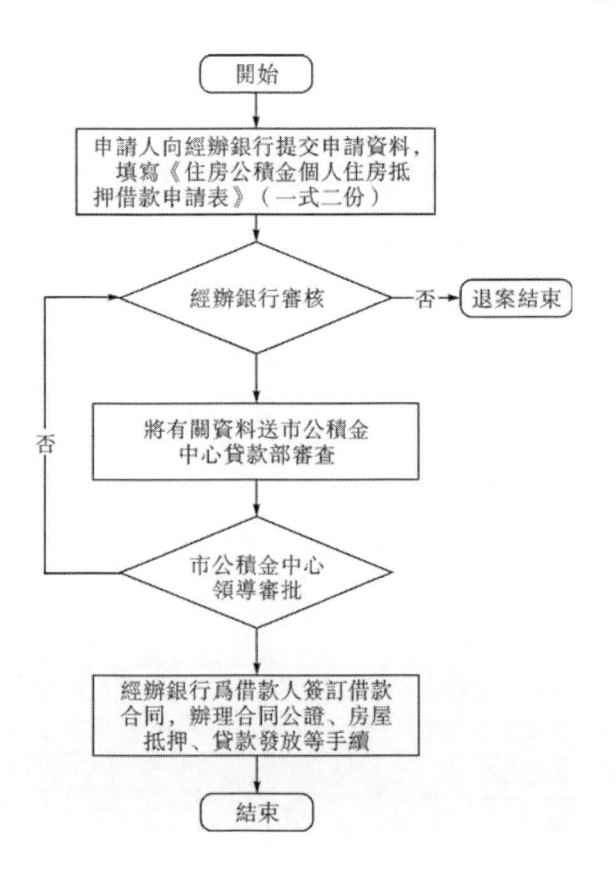

```
         開始
          │
          ▼
  申請人向經辦銀行提交申請資料,
  填寫《住房公積金個人住房抵
  押借款申請表》(一式二份)
          │
          ▼
      經辦銀行審核 ──否──▶ 退案結束
          │是
   ◀─否─  ▼
  │   將有關資料送市公積金
  │   中心貸款部審查
  │       │
  │       ▼
  │   市公積金中心
  │   領導審批
  │       │
  └───────▼
      經辦銀行爲借款人簽訂借款
      合同,辦理合同公證、房屋
      抵押、貸款發放等手續
          │
          ▼
         結束
```

請您為前面學習活動中的陳先生合理制訂貸款融資計劃。

本章小結

　　個人或家庭消費中所占比重最大的就是購買住房。本章詳細介紹了個人理財過程中應該如何進行住房規劃。

　　對於一個家庭來說,購房前的資金準備、購房后的貸款償還等問題就有必要做出妥善的安排,以達到合理利用家庭財務資源,實現在購房準備中及購房后家庭(或個人)的財務狀況保持健康和安全的目標。一般來說,一個全面的購房規劃應該包含的內容有:確定家庭的購房目標、收集財務資料,進行購房資金的準備,對比資金的累積和資金的需求,判斷住房規劃的可行性,根據供款能力進行合理的貸款融資安排。

　　房產除了自住功能之外,還是一種良好的投資品。

項目八　個人稅收籌劃

【案例導入】

富蘭克林：「只有兩件事情無法避免：一是死亡，二是納稅。」

「野蠻者抗稅、愚昧者偷稅、糊塗者漏稅、精明者進行稅收籌劃。」

繳納個人所得稅是每個公民應盡的義務，然而在履行繳納個人所得稅義務的同時，人們還應懂得利用各種手段提高家庭的綜合理財收益，進行個人所得稅合理避稅，尤其是隨著收入的增加，通過稅務籌劃合理合法避稅也是有效的理財手段之一。

模塊一　個人所得稅的徵收制度

個人所得稅是調整徵稅機關與自然人（居民、非居民人）之間在個人所得稅的徵納與管理過程中所發生的社會關係的法律規範的總稱。

任務一　個人所得稅基礎知識

一、納稅義務人

中國個人所得稅的納稅義務人是在中國境內居住有所得的人，以及不在中國境內居住而從中國境內取得所得的個人，包括中國國內公民，在中國取得所得的外籍人員和中國港、澳、臺同胞。

其中，居民納稅義務人是指在中國境內有住所，或者雖無住所但在中國境內居住滿一年，並從中國境內和境外取得所得的個人，應當承擔無限納稅義務；非居民納稅義務人是指在中國境內無住所又不居住或者無住所而在境內居住不滿一年，承擔有限納稅義務，僅就其從中國境內取得所得的個人。

下列所得，不論支付地點是否在中國境內，均為來源於中國境內的所得：

(1) 因任職、受雇、履約等在中國境內提供勞務取得的所得；

(2) 將財產出租給承租人在中國境內使用而取得的所得；

(3) 轉讓中國境內的建築物、土地使用權等財產或者在中國境內轉讓其他財產取得的所得；

（4）許可各種特許權在中國境內使用而取得的所得；

（5）從中國境內的公司、企業以及其他經濟組織或者個人取得的利息、股息、紅利所得。

二、個人所得稅的徵稅範圍

1. 工資、薪金所得

工資、薪金所得是指個人因任職或者受雇而取得的工資、薪金、獎金、年終加薪、勞動分紅、津貼、補貼以及與任職或者受雇有關的其他所得。

除工資、薪金外，獎金、年終加薪、勞動分紅、津貼、補貼等也包括在工資、薪金的範圍之內。但要注意的是，以下補貼、津貼不在應徵收個人所得稅的工資、薪金所得的範圍之內：

（1）獨生子女補貼；

（2）執行公務員工資制度未納入基本工資總額的補貼、津貼差額和家屬成員的副食品補貼；

（3）托兒補助費；

（4）差旅費津貼、誤餐補助等；

（5）按規定比例實際繳付的失業保險金。

2. 個體工商戶的生產、經營所得

個體工商戶的生產、經營所得包括以下四個方面：

（1）個體工商戶從事工業、手工業、建築業、交通運輸業、商業、飲食業、服務業、修理業以及其他行業生產、經營取得的所得；

（2）個人經政府有關部門批准，取得執照，從事辦學、醫療、諮詢以及其他有償服務活動取得的所得；

（3）其他個人從事個體工商業生產、經營取得的所得；

（4）上述個體工商戶和個人取得的與生產、經營有關的各項應納稅所得。

3. 對企事業單位的承包經營、承租經營所得

對企事業單位的承包經營、承租經營所得是指個人承包經營、承租經營以及轉包、轉租取得的所得，包括個人按月或者按次取得的工資、薪金性質的所得。

個人對企事業單位承包、承租的方式不同，所得項目的確定也不同。

（1）企業實行個人承包后，如果工商登記仍為企業的，不管其分配方式如何，均應先按照企業所得稅的有關規定繳納企業所得稅。承包經營者、承租經營者按照承包、承租經營合同取得的所得，依照有關規定繳納個人所得稅。

（2）企業實行個人承包、承租經營后，如果工商登記改變為個體工商戶的，依照個體工商戶的生產、經營所得徵收個人所得稅，不再徵收企業所得稅；企業實行個人承包、承租經營后，如果不能提供完整、準確的納稅資料並正確計算應納稅所得額的，由主管稅務機關核定其應納稅所得額。

4. 勞務報酬所得

勞務報酬所得是指個人從事設計、裝潢、安裝、制圖、化驗、測試、醫療、法律、會計、諮詢、講學、新聞、廣播、翻譯、審稿、書畫、雕刻、影視、錄音、錄像、演出、表演、廣告、展覽、技術服務、介紹服務、經紀服務、代辦服務以及其他勞務取得的所得。個人擔任董事職務所取得的收入，也屬於勞務報酬所得性質。

5. 稿酬所得

稿酬所得是指個人因其作品以圖書、報刊形式出版、發表而取得的所得。此處所說的作品，包括文學作品、書畫作品、攝影作品以及其他作品。原作者去世后，其作品所有權繼承者取得的稿酬，也應徵收個人所得稅。

6. 特許權使用費所得

特許權使用費所得是指個人提供專利權、商標權、著作權、非專利技術以及其他特許權的使用權取得的所得；提供著作權的使用權取得的所得，不包括稿酬所得。

特許權主要涉及以下權利：

（1）專利權。專利權是指由國家專利主管機關依法授予專利申請人在一定時期內對其發明創造獨自享有的使用和轉讓的權利。

（2）商標權。商標權是指商標註冊人依法取得的獨自享有對其註冊商標專門在某類商品或產品上使用特定的名稱或圖案的權利。

（3）著作權。著作權是指作者對其創作的文學、科學和藝術作品依法享有的各種權利，如發表權、修改權、保護作品完整權、使用權等。

（4）非專利技術。非專利技術是指未申請專利權的處於秘密狀態的先進技術或各種訣竅。

7. 利息、股息、紅利所得

利息、股息、紅利所得是指個人擁有債權、股權而取得的利息、股息、紅利所得。

8. 財產租賃所得

財產租賃所得是指個人出租建築物、土地使用權、機器設備、車船以及其他財產取得的所得。

9. 財產轉讓所得

財產轉讓所得是指個人轉讓有價證券、股權、建築物、土地使用權、機器設備、車船以及其他財產取得的所得。

10. 偶然所得

偶然所得是指個人得獎、中獎、中彩以及其他偶然性質的所得。

11. 經國務院財政部門確定的其他所得

如果個人取得的所得，難以界定應納稅所得項目的，由主管稅務機關確定。

三、個人所得稅的稅率

中國的個人所得稅實行分類所得稅制，即對不同類別的應稅所得分別徵稅，並對不同類別的所得實行不同的稅率。

第一，工資、薪金所得，適用七級超額累進稅率，稅率為3%~45%（見表8.1）。

表 8.1   工資、薪金所得稅目稅率表

級數	全月應納稅所得額	全月應納稅所得額(不含稅級距)	稅率(%)	速算扣除數
1	不超過 1500 元	不超過 1455 元的	3	0
2	超過 1500 元至 4500 元的部分	超過 1455 元至 4155 元的部分	10	105
3	超過 4500 元至 9000 元的部分	超過 4155 元至 7755 元的部分	20	555
4	超過 9000 元至 35,000 元的部分	超過 7755 元至 27,255 元的部分	25	1005
5	超過 35,000 元至 55,000 元的部分	超過 27,255 元至 41,255 元的部分	30	2755
6	超過 55,000 元至 80,000 元的部分	超過 41,255 元至 57,505 元的部分	35	5505
7	超過 80,000 元的部分	超過 57,505 元的部分	45	13,505

註：本表所稱全月應納稅所得額是指以每月收入額減除費用免徵點后的餘額或者減除附加減除費用后的餘額。

第二，個體工商戶的生產、經營所得和對企事業單位的承包經營、承租經營所得，適用5%~35%的超額累進稅率（見表8.2）。

表 8.2 個體工商戶的生產、經營所得和對企事業單位的承包經營、承租經營所得稅稅率表

級數	全年應納稅所得額	稅率（%）	速算扣除數
1	不超過 15,000 元的	5	0
2	超過 15,000 元至 30,000 元的部分	10	750
3	超過 30,000 元至 60,000 元的部分	20	3750
4	超過 60,000 元至 100,000 元的部分	30	9750
5	超過 100,000 元的部分	35	14,750

註：本表所稱全年應納稅所得額是指以每一納稅年度的收入總額，減除成本、費用以及損失后的餘額。

第三，稿酬所得，適用比例稅率，稅率為20%，並按應納稅額減徵30%，實際稅率為14%。

第四，勞務報酬所得，適用比例稅率，稅率為20%。對勞務報酬所得一次收入畸高，可以實行加成徵收。勞務報酬所得一次收入畸高是指個人一次取得的勞務報酬，其應納稅所得額超過 20,000 元。應納稅所得額超過 20,000 元至 50,000 元的部分，依照稅法規定計算應納稅額后再按照應納稅額加徵五成；超過 50,000 元的部分，加徵十成（見表8.3）。

表 8.3   勞務報酬所得稅率表

級數	應納稅所得額	稅率（%）	速算扣除數
1	不超過 20,000 元的	20	0
2	超過 20,000 元至 50,000 元的部分	30	2000
3	超過 50,000 元的部分	40	7000

第五，特許權使用費所得，利息、股息、紅利所得，財產租賃所得，財產轉讓所得，偶然所得和其他所得，適用比例稅率，稅率為20%。

任務二　個人所得稅的計算

一、工薪所得的計稅方法

工資、薪金所得實行按月計徵的辦法。自2011年9月1日起，減除費用由2000元調整為3500元。因此，工資、薪金所得以個人每月收入額固定減除3500元費用后的餘額為應納稅所得額。

工薪所得應納所得稅額計算公式如下：

應納稅所得額＝月工資、薪金收入－3500元

應納所得稅額＝應納稅所得額×適用稅率－速算扣除數

應納稅所得額＝每月收入－扣除標準

減除費用的具體規定

1. 附加減除費用4800元

附加減除費用所適用的具體範圍如下：

（1）在中國境內的外商投資企業和外國企業中工作的外籍人員；

（2）應聘在中國境內企業、事業單位、社會團體、國家機關中工作的外籍專家；

（3）在中國境內有住所而在中國境外任職或者受雇取得工資、薪金所得的個人；

（4）財政部確定的其他人員。

此外，附加減除費用也適用於華僑和中國香港、澳門、臺灣同胞。

2. 雇傭和派遣單位分別支付工資、薪金的費用扣除。

（1）只有雇傭單位在支付工資、薪金時，才可按稅法規定減除費用，計算扣繳稅款；

（2）派遣單位支付的工資、薪金不再減除費用，以支付全額直接確定適用稅率，計算扣繳個人所得稅。

3. 雇傭單位將部分工資、薪金上交派遣單位的費用扣除。

對於可以提供有效合同或有關憑證，能夠證明其工資、薪金所得的一部分按有關規定上交派遣（介紹）單位的，可以扣除其實際上交的部分，按其餘額計徵個人所得稅。

【案例8.1】中國南方某城市納稅人劉某月薪5100元，該納稅人不適用附加減除費用規定。如何計算其應納稅額？

【案例分析】

應納稅所得額＝5100-3500＝1600（元）

應納稅額＝1600×10%-105＝55（元）

【案例8.2】吳某為某中方單位派往外資企業的雇員，2013年外資企業每月應向吳某支付工資8500元，按照吳某與中方派遣單位簽訂的合同，外資企業將應付吳某工資的10%上交給派遣單位，並提供有效憑證。此外，吳某還在另一私營企業兼職，該私營企業每月向吳某支付報酬2000元。吳某每月應繳納個人所得稅多少元？

【案例分析】雇傭單位可以減除費用，並可以扣除上交派遣單位的部分；兼職取得的收入，按照勞務報酬所得徵收個人所得稅。

吳某每月應繳納個人所得稅＝（8500-8500×10%-3500）×10%-105+（2000-800）×20%＝550（元）

二、個體工商戶的生產、經營所得的計稅方法

個體工商戶的生產、經營所得應納所得稅額計算公式如下：

應納稅所得額＝收入總額-成本、費用及損失

應納個體工商戶的生產、經營所得額＝應納稅所得額×適用稅率-速算扣除數

【案例8.3】張某初中畢業後即在A市開了一家個體餐館。由於地處黃金地段，再加上張某靈活經營，飯館多年來一直處於盈利狀態，2016年，全年取得以下收入：

（1）餐館營業收入18萬元；

（2）出租房屋，全年租金收入2.4萬元；

（3）張某與A市某一食品加工企業聯營，當年分得利潤為2萬元；

（4）張某每月工資收入0.25萬元。

全年發生的費用共11.8萬元，上繳各種稅費1.2萬元。張某全年的應納所得稅額為多少？

【案例分析】在確定個體工商戶應納所得稅額時，應遵守以下規定：

其一，從事生產、經營的個體工商戶，凡不能提供完整、準確的納稅材料，不能正確計算應納稅所得額的，由主管稅務機關核定其應納稅所得額。

其二，個體工商戶業主的費用扣除標準以及從業人員的工資標準，由省、自治區、直轄市稅務局根據當地實際況確定；個體工商業戶業主的工資不得從收入總額中扣除。

其三，個體工商戶在生產、經營期間借款的利息支出，凡有合法證明的，不高於按金融機構同類、同期貸款利率計算的數額部分，準予扣除。

其四，個體工商戶或個人專營種植業、養殖業、飼養業、捕撈業，其經營項目屬於農業稅（包括農業特產稅）、牧業稅徵稅範圍，並已徵收了農業稅、牧業稅的，不再徵收個人所得稅。

其五，個體工商戶和從事生產、經營的個人，取得與生產、經營活動無關的各項應稅所得，應分別按各項應稅所得的規定計算個人所得稅。

出租房屋收入、投資聯營分得利潤收入以及工資收入應當分項核算應納稅額，因

此，張某 2016 年度應納個人所得稅計算如下：

餐館收入應納稅額＝（180,000−118,000−12,000）×30％−4250＝10,750（元）

租金收入應納稅額＝（2000−800）×20％×12＝2880（元）

投資聯營分得利潤應納稅額＝20,000×20％＝4000（元）

工資收入應納稅額＝（2500−2000）×5％×12＝300（元）

扣除項目特殊規定：個體工商戶發生的與生產經營所得有關的業務招待費，按照實際發生的 60％ 扣除，但是最高不超過銷售收入的 5‰；個體工商戶購置的新產品、新技術、新工藝的測試設備儀器單位價格在 5 萬元以下的，可以直接扣除；非金融機構的借款利息費用按同期銀行的利率計算扣除，超過部分不得扣除；捐贈在全年應納稅所得額 30％ 以內的部分可以扣除，超過部分不得扣除。

三、企事業單位的承包經營、承租經營所得的計稅方法

企事業單位的承包經營、承租經營所得應納所得稅額計算公式如下：

應納稅所得額＝個人全年承包、承租經營收入總額−每月 3500 元×12

應納所得稅額＝應稅所得額×適用稅率−速算扣除數

【案例 8.4】張某從 2016 年 1 月起承包某服裝廠，依據承包協議，服裝廠工商登記更改為個體工商業戶。2016 年，張某經營的服裝廠共取得收入 50 萬元、發生成本、費用、稅金等相關支出 43 萬元（其中包括工商戶業主工資每月 1600 元）。2016 年張某應繳納個人所得稅多少元？

【案例分析】2016 年張某應繳納個人所得稅＝（500,000−430,000+1600×12−3500×12）×20％−3750＝6170（元）

四、勞務報酬所得的計稅方法

勞務報酬所得應納所得稅額計算公式如下：

應納稅所得額＝一次收入額−費用扣除

應納所得稅額＝應納稅所得額×適用稅率−速算扣除數

費用扣除：是指每次收入不超過 4000 元的，定額減除費用 800 元；每次收入在 4000 元以上的，定率扣除 20％ 的費用；「次」的規定是屬於一次性收入的，以取得該項收入為一次，按次確定應納所得額，屬於同一項目連續性收入的，以一個月內取得的收入為一次，據以確定應納稅所得額。

獲得勞務報酬所得的納稅人從其收入中支付給仲介人和相關人員的報酬，除另有規定者外，在定率扣除 20％ 的費用後，一律不再扣除。

如果納稅人的每次應稅勞務報酬所得超過 20,000 元，應實行加成徵稅，其應納稅總額應依據相應稅率和速算扣除數計算。

【案例 8.5】李某於 2016 年 6 月外出參加營業性演出，一次取得勞務報酬 10 萬元。計算其應繳納的個人所得稅（不考慮其他稅費）。

【案例分析】該納稅人一次演出取得的應納稅所得額超過 20,000 元，按稅法規定

應實行加成徵稅。

(1) 應納稅所得額=100,000×(1-20%)=80,000(元)

(2) 應納稅額=80,000×40%-7000=21,000(元)

五、稿酬所得的計稅方法

稿酬所得應納所得稅額計算公式如下：

應納稅所得額=每次收入額-費用扣除

應納所得稅額=應納稅所得額×適用稅率×(1-30%)

費用扣除：每次收入不超過4000元的，定額減除費用800元；每次收入在4000元以上的，定率扣除20%的費用。

關於每次收入的確定的規定如下：

(1) 個人每次以圖書、報刊方式出版、發表同一作品，不論出版單位是預付還是分筆支付稿酬，或者加印該作品后再付稿酬，均應合併為一次徵稅。

(2) 在兩處或兩處以上出版、發表或再版同一作品而取得的稿酬，則可以分別各處取得的所得或再版所得分次徵稅。

(3) 個人的同一作品在報刊上連載，應合併其因連載而取得的所得為一次。連載之后又出書取得稿酬的，或先出書后連載取得稿酬的，應視同再版稿酬分次徵稅。

(4) 作者去世后，對取得其遺作稿酬的個人，按稿酬所得徵稅。

【案例8.6】某大學教授2016年2月因其編著的教材出版，獲得稿酬10,000元，2016年6月因教材加印又得到稿酬5000元。計算該教授取得的稿酬應繳納的個人所得稅。

【案例分析】該教授稿酬所得按規定應屬於一次收入，須合併計算應納稅額（實際繳納稅額）

(1) 應納稅所得額=(10,000+5000)×(1-20%)×20%=2400(元)

(2) 實際繳納稅額=2400×(1-30%)=1680(元)

六、特許權使用費所得的計稅方法

特許權使用費所得應納所得稅額計算公式如下：

應納稅所得額=每次收入額-費用扣除

應納所得稅額=應納稅所得額×適用稅率

費用扣除：每次收入不超過4000元的，定額減除費用800元；每次收入在4000元以上的，定率扣除20%的費用。

對個人從事技術轉讓中所支付的仲介費，若能提供有效合法憑證，允許從其所得中扣除。

【案例8.7】2016年8月，某電視劇製作中心編劇王某從該中心取得工資5000元、第二季度的獎金3000元及劇本使用費12,000元。王某8月份應繳納的個人所得稅為多少元？

【案例分析】季度獎並入當月工資，按照工資薪金所得繳納個人所得稅；劇本使用費按照特許權使用費所得繳納個人所得稅。

王某8月份應繳納個人所得稅＝（5000+3000-2000）×15%-125+12,000×（1-20%）×20%=775+1920=2695（元）

七、財產租賃所得的計稅方法

財產租賃所得應納所得稅額計算公式如下：

應納稅所得額＝每次收入額-費用扣除

應納所得稅額＝應納稅所得額×適用稅率

適用的稅率如下：

（1）財產租賃所得適用20%的比例稅率。

（2）個人按市場價格出租的居民住房取得的所得，減按10%的稅率徵收。

費用扣除：每次收入不超過4000元的，定額減除費用800元；每次收入在4000元以上的，定率減除20%的費用；一個月扣除一次費用。

依次扣除以下費用：

（1）財產租賃過程中繳納的稅費；

（2）由納稅人負擔的該出租財產實際開支的修繕費用（不超過800元）；

（3）稅法規定的費用扣除標準。

【案例8.8】鄭某於2016年1月將其自有的四間面積為100平方米的房屋出租給齊某居住，租期1年。鄭某每月取得租金收入5000元。計算鄭某全年租金收入應繳納的個人所得稅。

【案例分析】財產租賃收入以每月內取得的收入為一次，鄭某每月及全年應納稅額計算如下：

（1）每月應納稅額＝5000×（1-20%）×10%=400（元）

（2）全年應納稅額＝400×12=4800（元）

【案例8.9】張某於2016年5月份將其自有的房屋出租給一個體業主居住，租期1年，年租金24,000元，營業稅稅率為3%（城建稅、教育費附加不考慮），8月份張某因房屋陳舊而進行了簡單維修，發生維修費用1500元（取得合法有效憑證）。張某2016年9月份應繳納個人所得稅額是多少？

【案例分析】

張某應納個人所得稅＝［24,000÷12×（1-3%）-800-700］×10%=44（元）

八、利息、股息、紅利所得的計稅方法

利息、股息、紅利所得應納所得稅額計算公式如下：

應納所得稅稅額＝應納稅所得額（每次收入額）×適用稅率（20%）

其中，有關應納稅所得的確定的規定如下：

（1）股份制企業以股票形式向股東個人支付應得的股息、紅利時，應以派發紅股

的股票票面金額為所得額,計算徵收個人所得稅;

(2)對個人投資者從上市公司取得的股息紅利所得,自2005年6月13日起暫減按50%計入個人應納稅所得額;

(3)對證券投資基金從上市公司分配取得的股息紅利所得,在代扣代繳個人所得稅時,也暫減按50%計入個人應納稅所得額。

銀行存款所取得的利息徵免稅——按時間段規定如下:

(1)2007年8月14日(含)以前孳生的利息按20%徵稅;

(2)2007年8月15日起到2008年10月8日(含)稅率由20%降為5%;

(3)自2008年10月9日(含)起,暫免徵收儲蓄存款利息所得稅。

【案例8.10】某儲戶2007年2月14日存入一年定期人民幣200,000元,假定年利息率3.78%,存款到期日,即2008年2月14日把存款及利息取出。利息及利息稅分別是多少?

【案例分析】

(1)應結付利息額=200,000×3.78%=7560(元)

(2)2007年8月14日前后滋生的利息各有6個月,利息應繳納個人所得稅計算如下:

應繳納的個人所得稅=7560×6/12×20%+7560×6/12×5%=945(元)

【案例8.11】張先生為自由職業者,2008年4月取得如下所得:

(1)從A上市公司取得股息所得16,000元;

(2)從B非上市公司取得股息所得7000元;

(3)兌現4月14日到期的一年期銀行儲蓄存款利息所得1500元。

請分別求出其應納個人所得稅。

【案例分析】

(1)取得上市公司的股息所得減半徵收個人所得稅。

股息所得應納個人所得稅=16,000×50%×20%=1600(元)

(2)非上市公司取得股息應納個人所得稅=7000×20%=1400(元)

(3)2007年8月15日起到2008年10月8日儲蓄存款利息個人所得稅適用稅率為5%。

儲蓄存款利息應納個人所得稅=1500÷12×4×20%+1500÷12×8×5%=150(元)

九、財產轉讓所得的計稅方法

財產轉讓所得應納所得稅額計算公式如下:

應納稅所得額=每次收入額-財產原值-合理稅費

應納所得稅額=應納稅所得額×適用稅率

其中,財產原值是指以下內容:

(1)有價證券、股權,為買入價買入時按照規定繳納的有關費用以及投入的原始成本;

（2）建築物，為建造費或者購進價格以及其他有關費用；

（3）土地使用權，為取得土地使用權所支付的金額、開發土地的費用以及其他有關費用；

（4）機器設備、車船，為購進價格、運輸費、安裝費以及其他有關費用；

（5）其他財產，參照以上方法確定。

合理稅費是指賣出財產時按照規定支付的有關費用；轉讓債權財產原值的確認，債權、有價證券的原值為買入價以及買入時按規定交納的有關費用。一般情況下，轉讓債權的成本採用加權平均法來確定。

【案例8.12】成某3月買進某公司債券20,000份，每份買價8元，共支付手續費800元，11月份賣出10,000份，每份賣價8.3元，共支付手續費415元，7月末債券到期，成某取得債券利息收入2700元。該公民應繳納個人所得稅是多少？

【案例分析】

（1）一次賣出債券應扣除的買價及費用=(20,000×8+800)÷20,000×10,000+415
= 80,815（元）

（2）轉讓債券應繳納的個人所得稅=(10,000×8.3-80,815)×20%=437（元）

（3）債券利息收入應繳納的個人所得稅=2700×20%=540（元）

（4）該公民應繳納個人所得稅=437+540=977（元）

【案例8.13】丁某於2016年5月轉讓私有住房一套，取得轉讓收入800,000元。該套住房購進時的原價為350,000元，轉讓時支付有關稅費28,000元。計算丁某轉讓住房應繳納個人所得稅。

【案例分析】

（1）應納稅所得額=800,000-350,000-28,000=422,000（元）

（2）應納所得稅額=422,000×20%=84,400（元）

十、偶然所得和其他所得的計稅方法

偶然所得是指個人得獎、中獎、中彩票以及其他偶然性質的所得，以每次取得該項收入為一次，不扣除任何費用。除有特殊規定外，每次收入額就是應納稅所得額。

應納所得稅額=應納稅所得額（每次收入額）×適用稅率

【案例8.14】若某人購買體育彩票中獎10,000元，則其應繳所得稅為多少？

【案例分析】應納所得稅額=10,000×20%=2000（元）

任務三　個人所得稅的減免

一、免稅所得

《中華人民共和國個人所得稅法》（以下簡稱《個人所得稅法》）和相關法規、政策規定，對下列各項個人所得，免徵個人所得稅：

(1) 省級人民政府、國務院部委和中國人民解放軍軍以上單位，以及外國組織、國際組織頒發的科學、教育、技術、文化、衛生、體育、環境保護等方面的獎金。

(2) 國債和國家發行的金融債券利息。其中，國債利息是指個人持有的中華人民共和國財政部發行的債券而取得的利息；國家發行的金融債券利息是指個人持有經國務院批准發行的金融債券而取得的利息所得。

(3) 按照國家統一規定發給的補貼、津貼。這是指按照國務院規定發給的政府特殊津貼、院士津貼、資深院士津貼和國務院規定免納個人所得稅的補貼、津貼。

(4) 福利費、撫恤金、救濟金。其中，福利費是指根據國家有關規定，從企業、事業單位、國家機關、社會團體提留的福利費或者從工會經費中支付給個人的生活補助費；救濟金是指國家民政部門支付給個人的生活困難補助費。

(5) 保險賠款。

(6) 軍人的轉業安置費、復員費。

(7) 按照國家統一規定發給幹部、職工的安家費、退職費、退休工資、離休工資、離休生活補助費。其中，退職費是指符合《國務院關於工人退休、退職的暫行辦法》規定的退職條件，並按該辦法規定的退職費標準所領取的退職費。

(8) 依照中國有關法律規定應予免稅的各國駐華使館、領事館的外交代表、領事官員和其他人員的所得。

(9) 中國政府參加的國際公約、簽訂的協議中規定免稅的所得。

(10) 對外籍個人取得的探親費免徵個人所得稅。可以享受免徵個人所得稅優惠待遇的探親費，僅限於外籍個人在中國的受雇地與其家庭所在地（包括配偶或父母居住地）之間搭乘交通工具且每年不超過 2 次的費用。

(11) 對學生個人參與「長江小小科學家」活動並獲得的獎金，免予徵收個人所得稅。

(12) 按照國家有關城鎮房屋拆遷管理辦法規定的標準，被拆遷人取得的拆遷補償款，免徵個人所得稅。

(13) 經國務院財政部門批准免稅的所得。

二、享有稅收優惠待遇的所得

有下列情形之一的，經批准可以減徵個人所得稅：

(1) 殘疾、孤老人員和烈屬的所得；

(2) 因嚴重自然災害造成重大損失的；

(3) 其他經國務院財政部門批准減稅的。

模塊二　個人稅收籌劃實務

你需要稅收籌劃嗎？

別急著回答，我們先來做個小測試。

請回答以下問題：

（1）你的月薪在五位數以上嗎？
（2）你是單身嗎？
（3）除了薪水，你有其他收入來源嗎？包括投資行為嗎？
（4）總有其他機構願意為你支付一筆額外的收入嗎？
（5）收入增加了，你卻發現生活水平其實沒有什麼變化嗎？
（6）你熱衷各種投資嗎？你名下的帳戶金額變動頻繁嗎？
（7）你經常需要跨城市、跨地區、跨境工作嗎？
（8）你每每看到自己的稅單都會心痛嗎？你喜歡用「這個月又繳了一臺液晶電視」來衡量繳稅的數字嗎？
（9）你討厭計算，更不喜歡一大堆複雜的公式嗎？
（10）你有各種固定開支，讓你生活在城市平均收入之下嗎？

如果有3個問題你回答「是」，就說明你該去見一位稅務籌劃師，聽聽他的建議；如果有4~6個問題你回答「是」，就說明你該馬上制定一個稅收籌劃書了；如果回答的「是」超過7個，那麼完成稅收籌劃后也許你可以多一套家庭影院了。

中國目前的稅制結構叫「分類所得稅」。從個稅角度解釋，就是把收入按照不同的類別分項徵收，每一項的起徵點、稅率甚至優惠措施都有所不同。這樣的話，如果你有很多種收入，每一項所得都合法，且低於徵稅標準，就無需繳稅——即使你的總收入足已讓你位列「福布斯富豪榜」。這個規律就是：你的收入構成越是多元化，所繳納的稅金就越低。如此這般，稅金降到零也不奇怪。

稅收籌劃必須在事前進行，也就是提前做好準備。如果等到所有的結果都出來了，再去想辦法減少個稅就比較困難了。目前，進行個人稅收籌劃時主要有兩個思路：一個思路是通過主動降低收入來避稅；另一個思路是在收入確定的情況下，將其拆分成各種收入形式，你的收入來源越多樣，所繳納的個稅就越低。

任務一　利用稅收優惠籌劃

稅收優惠，用現在比較通用的說法叫作稅式支出或稅收支出，是政府為了扶持某些特定地區、行業、企業和業務的發展，或者對某些具有實際困難的納稅人給予照顧，通過一些制度上的安排，給予某些特定納稅人以特殊的稅收政策。例如，免除其應繳納的全部或者部分稅款，或者按照其繳納稅款的一定比例給予返還等。一般而言，稅收優惠的形式有：稅收豁免、免徵額、起徵點、稅收扣除、優惠退稅、加速折舊、優惠稅率、盈虧相抵、稅收饒讓、延期納稅等。這種在稅法中規定用以減輕某些特定納稅人稅收負擔的規定，就是稅收優惠政策。隨著稅收制度的發展與完善，稅收優惠政策的範圍和作用也越來越大，對於納稅人來說，機會也就越來越多。這種籌劃要求納稅人非常熟悉國家稅收政策，尤其是優惠政策，在這種前提下才可能進行該種籌劃。

技巧一：熟悉稅收政策，充分享受相關稅收優惠

為抑制投機和投資性購房需求，同時完善制度、加強徵管，國家稅務總局於 2006 年先后下發了《國家稅務總局關於加強住房營業稅徵收管理有關問題的通知》（國稅發〔2006〕74 號）和《國家稅務總局關於個人住房轉讓所得徵收個人所得稅有關問題的通知》（國稅發〔2006〕108 號），以進一步加強個人住房轉讓營業稅和個人所得稅的徵收管理。

按照稅法的規定，個人出租房屋主要涉及房產稅、營業稅、城市維護建設稅和教育費附加、印花稅、個人所得稅等稅種。對個人出租的住房，按租金收入徵收 12% 的房產稅、5.5% 的營業稅及附加；並按扣除相關費用后的淨收入徵收 20% 的個人所得稅。依此計算，此類住房出租的整體稅收負擔為租金收入的 17.5%～30%，如果再加上地方性的稅收附加，負擔更重。

鑒於稅收政策對房屋租賃市場的重大影響，2000 年 12 月 7 日，財政部、國家稅務總局聯合下發了《關於調整住房租賃市場稅收政策的通知》（財稅〔2000〕125 號）。根據《關於調整住房租賃市場稅收政策的通知》等文件的精神，對個人住房出租用於居住的，暫減按 3% 的稅率繳納營業稅，暫減按 4% 的稅率繳納房產稅。對個人住房出租用於生產經營的，應按 5% 的稅率繳納營業稅，按 12% 的稅率繳納房產稅。這為人們進行稅收籌劃提供了空間。

【案例 8.15】甲有一套住房準備出租，現有乙、丙兩人分別出價 3000 元/月及 2900 元/月要求租用。其中，乙租入該房后將用於經營餐飲業，丙用於居住（當地個人出租房屋營業稅起徵點為 1000 元）。如果從稅收角度考慮（不考慮相應附加及印花稅，同時由於居住和經營的個人所得稅適用稅率相同，在此不進行計算），租給誰更合算呢？

【案例分析】

如果租給乙，按稅法對個人住房出租用於生產經營的相關規定，每月（取得租金收入）應繳納營業稅 150 元（3000×5%），繳納房產稅 360 元（3000×12%），則甲每月應納營業稅、房產稅合計 510 元（150+360），每月實際收入為 2490 元（3000-510）。

如果租給丙，按稅法對個人住房出租用於居住的相關規定，每月應繳納營業稅 87 元（2900×3%），繳納房產稅 116 元（2900×4%），則甲每月應納營業稅、房產稅合計 203 元（87+116），每月實際收入為 2697 元（2900-203）。

雖然每月租金少 100 元，卻因為承租人用途不同，租金收入分別適用不同的稅率，使得租給丙比租給乙每月節省稅收 307 元（510-203），反而增加了 207 元（2697-2490）的實際收入。顯然，租給丙更合算。

技巧二：利用稅收臨界點免徵點和起徵點籌劃

中國個人所得稅規定的工薪所得實行免徵點是 3500 元，勞務報酬、稿酬、財產租賃所得和特許權使用費所得起徵點為 800 元。另外，稅法規定個人所得稅實行代扣代

繳、代徵代繳，即實行源泉扣繳的管理辦法。因此，通過合理安排收入渠道及支付次數，充分利用免徵額的規定，使免徵額達到最大化，以減少應納稅款，從而降低稅負。例如，在勞務費報酬的安排上可通過多次支付的方法使每次支付額在 800 元以下，由於每次的收入所得均在免徵額以下，因此取得免於繳納個人所得稅的稅收收益。

【案例 8.16】某企業為季節性生產企業，該企業職工實行計件工資，其一年中只有 4 個月生產，期間，職工平均工資為 5000 元/月。

【案例分析】若按其企業實際情況，則在生產 4 個月中，企業每位職工每月應繳個人所得稅（當地準予扣除費用標準為 3500 元/月）=（5000-3500）×3%=45 元。4 個月每人應納個人所得稅共 180 元。若企業將每名職工年工資 20,000 元（5000×4）平均分攤到各月，即在不生產月份照發工資，每月工資額為 1666.67 元，則該企業職工的工資收入達不到免徵點，無需交稅。

【案例 8.17】劉某為某縣國有企業的負責人，月工資收入 2500 元（包括各類津貼和月獎金），年終企業發給其年終獎金 20,000 元，同時縣政府因劉某將企業經營得好，又發給劉某 30,000 元獎勵金。此處可以用 3 個月時間做一下比較。

【案例分析】若劉某在 12 月份一次性領取 50,000 元獎金，那麼劉某 12 月、1 月、2 月應納個人所得稅分別為（當地準予扣除費用標準為 2000 元/月）：

12 月應納所得稅 =（2500+50,000-2000）×30%-3375=13,125（元）

1 月應納所得稅 =（2500-2000）×5%=25（元）

2 月應納所得稅同上為 25 元。

這樣，劉某 3 個月共繳納個人所得稅 13,175 元。

如果劉某在 12 月和 1 月分兩次領取政府獎 30,000 元，在 1 月和 2 月分兩次領取本單位獎金 20,000 元，那麼應納個人所得稅分別為：

12 月應納所得稅 =（2500+15,000-2000）×20%-375=2725（元）

1 月應納所得稅 =（2500+15,000+5000-2000）×20%-375=3525（元）

2 月應納所得稅 =（2500+15,000-2000）×20%-375=2725（元）

3 個月共納稅款 8975 元，這樣通過籌劃後共少繳個人所得稅稅款 4200 元。該實例通過將收入均衡攤入各月的做法使適用稅率檔次降低，從而達到減輕稅負的目的。

【案例 8.18】陳某為某行政單位軟件開發員，利用業餘時間為某電腦公司開發軟件並提供一年的維護服務，按約定可得勞務報酬 24,000 元，陳某可要求對方事先一次性支付該報酬，亦可要求對方按軟件維護期 12 個月支付，每月支付 2000 元。

【案例分析】儘管後一種付款方式會有一定的違約風險，但考慮個人所得稅因素後，兩種付款方案利弊會有新變化。

若對方一次支付，則陳某應納個人所得稅 = 24,000×(1-20%)×20%=3840（元）

若對方分次支付，則陳某每月應納個人所得稅 =（2000-800）×20%=240（元）

12 個月共計繳稅 2400 元，比一次支付報酬少繳納個人所得稅稅款 1440 元。

該案例中陳某可以要求對方按月支付勞務報酬，因為是多次勞務報酬所得，每次

可扣除 20% 的費用。經過多次分攤，多次扣除來實現降低稅負。

根據《中華人民共和國營業稅暫行條例實施細則》的規定，各省、自治區、直轄市人民政府所屬稅務機關可在規定的幅度內，根據實際情況確定本地區適用（營業稅）的起徵點。據此，各地結合當地實際情況，對個人出租房屋的營業稅起徵點進行了確定，如廣州市的起徵點全省統一為 1000 元（含）。稅法同時規定：納稅人（個人，下同）的營業額未達到財政部規定的營業稅起徵點的，免徵營業稅；達到起徵點的，應按營業額全額計算應納稅額。這為人們利用起徵點進行納稅籌劃提供了便利。

【案例 8.19】張三和李四同為某市居民（該市個人出租房屋營業稅起徵點為 4000 元），2016 年 7 月份他們將各自的原有住房出租。其中，張三每月租金收入為 4020 元，而李四的每月租金收入為 3980 元。

【案例分析】由於張三的月租金收入達到了該市的起徵點，要按營業額全額計算應納營業稅額，則張三應納營業稅及附加為 132.66 元（4020×3.3%）；李四的月租金收入未達到該市的起徵點，不用繳納營業稅。

假設不考慮其他稅收，則張三實際收入為 3887.34 元（4020-132.66），李四實際收入為 3980 元（3980-0），張三多收了 40 元的租金，實際收入反而比李四少了 92.66 元（3980-3887.34）。

出現上述情況，正是由於起徵點徵免稅的原因引起的。

假設當地個人出租房屋營業稅起徵點為 A，租金收入為 X（城市維護建設稅稅率為 7%，教育費附加 3%）。

對納稅人而言，若 X<A，則不需要納稅，實際淨現金流入為 X；若 X≥A，則需要納稅，納稅人要獲得更多的淨現金流入，那麼租金收入高出營業稅起徵點部分必須大於或等於按規定所繳納的各項稅費，即 X-A≥X×3%×（1+7%+3%），求得 X≥1.034A，即租金大於或等於起徵點的 1.034 倍時，納稅人在繳納營業稅及其附加後所帶來的利益大於起徵點所帶來的利益，因而對納稅人來說是划算的。

技巧三：正確計算各項扣除稅費，有效節省個人所得稅

依照《個人所得稅法》和《徵收個人所得稅若干問題的規定》（國稅發〔1994〕89 號）的規定，納稅人出租財產取得財產租賃收入，在計算徵稅時，除可依法減去規定費用和有關稅費外，還準予扣除能夠提供有效、準確憑證，證明由納稅人負擔的該出租財產實際開支的修繕費用。允許扣除的修繕費用，以每次 800 元為限，一次扣除不完的，準予在下一次繼續扣除，直至扣完為止。國家稅務總局《關於個人所得稅若干業務問題的批覆》（國稅函〔2002〕146 號）明確了關於財產租賃所得計算個人所得稅時稅前扣除有關稅費的次序問題。個人出租財產取得的財產租賃收入，在計算繳納個人所得稅時，應依次扣除以下費用：

（1）財產租賃過程中繳納的稅費；

（2）由納稅人負擔的該出租財產實際開支的修繕費用；

（3）稅法規定的費用扣除標準。

這為人們進行相應的個人所得稅籌劃創造了條件。

【案例8.20】劉大爺準備在下月初把地處市區的一套老房子出租，租期為12個月。主管地方稅務機關根據劉大爺的房屋出租收入減去應納的稅費及其他相關費用後，核定月應納稅所得額為10,000元。同時，劉大爺還有意向將該房子進行裝修。經維修隊的技術員測算，房屋維修費要10,000元。如果現在裝修，只需一個星期的時間就可維修好，不會影響房屋出租。張大爺到底什麼時候裝修更劃算呢？

【案例分析】

方案一：房屋出租期滿後維修。

稅法規定，從2001年1月1日起，對個人出租房屋取得的所得暫減按10%的稅率徵收個人所得稅。張大爺應納稅所得額為10,000元，每月應納個人所得稅為1000元（10,000×10%），即在12個月的房屋租賃期內，張大爺總共應納個人所得稅12,000元（1000×12）。

方案二：對房屋馬上進行維修。

假定維修費用為10,000元，依照上述規定，房屋租賃期的第1個月至第12個月，每月應納稅所得額為9200元（10,000−800），每月應納個人所得稅為920元（9200×10%），在房屋租賃期的第1個月至第12個月內，累計可扣除房屋維修費9600元（800×12），剩餘房屋維修費400元（10,000−9600），可在以後的房屋租金中扣除。張大爺在出租房屋12個月的時間內，實際繳納個人所得稅應為11,040元（920×12）。

該房產1年租期滿後，採用方案二可以節稅960元（12,000−11,040）。如果今後仍對外出租，該房產維修費可以在以後扣除。當然，納稅人在支付維修費時，一定要向維修隊索取合法、有效的房屋維修發票，並及時報經主管地方稅務機關核實，經稅務機關確認后才能扣除。

技巧四：瞭解稅法一些特殊規定

兩個或兩個以上的個人共同取得同一項目收入的，如編著一本書、參加同一場演出等，應當對每一個人取得的收入分別按照稅法規定減除費用后計算納稅，即實行「先分、后扣、再稅」的辦法。

【案例8.21】某高校5位教師共同編寫出版一本教材，共同取得稿酬收入21,000元。其中，主編一人取得主編費1000元，其餘稿酬5人平分。計算各教師應繳納的個人所得稅。

【案例分析】

扣除主編費后所得＝21,000−1000＝20,000（元）

平均每人所得＝20,000÷5＝4000（元）

主編應納稅額＝〔（1000+4000）−2000〕×20%×（1−30%）＝560（元）

其餘四位老師每人應納稅額＝（4000−800）×20%×（1−30%）＝448（元）

任務二　設計納稅人身分進行籌劃

技巧一：居民納稅人與非居民納稅義務人的轉換

在實行收入來源地管轄權的國家，對臨時入境者和非居民大多提供稅收優惠。中國規定，外國人在中國境內居住時間連續或累計居住不超過 90 日，或者在稅收協定規定的期間內連續或累計居住不超過 183 日的個人，其來源於中國境內的所得，由中國境外雇主支付並且不是由該雇主設在中國境內機構負擔的工資、薪金所得免於繳納所得稅。

通過流動來降低稅負還有一種方式，即在取得適當的收入之后，將財產或收入留在低稅負地區，人則到高稅負但生活費用較低的地方生活，以取得低稅負、低費用的雙重好處。例如，中國香港的收入高、稅收負擔低、生活費用高，於是有的香港人在取得收入后，就到內地來消費，既不承擔內地的高稅收負擔，又躲避了香港的高消費費用。

【案例 8.22】美國公民 A 從 2016 年 1 月在中國境內合資企業甲任工程師。2016 年他在中國境內停留 310 天；2016 年 4 月和 12 月在美國休假共 25 天；2016 年 3 月 1 日～21 日和 2016 年 10 月 1 日～11 日分別到合資企業甲的中國香港公司和日本公司提供技術支持。在以下兩種情況，分析 A 的納稅義務：

（1）由美國總部支付 A 工資，中國合資企業甲不負擔任何費用；

（2）由美國總部支付 A 工資，其報酬成本最終由中國合資企業甲負擔。

【案例分析】中國境內企業雇傭的個人，其「在中國境內實際工作期間」包括在中國境內工作期間所度過的法定公共假期、在中國境內或境外度過的年度休假或是培訓的時間。因此，2016 年在中國實際工作時間是 335 天（即 310+25）。按照一年居住時間算，在一個日曆年內累積少於 90 天的離境忽略不計。因此，2016 年在日本和中國香港的 30 天時間忽略不計，即 2016 年整個年度都視為在中國居住。

（1）A 在中國境內的實際工作期間（即 335 天）內所獲工資所得向中國繳納個人所得稅。其臨時離境期間在中國境外提供勞務而獲得的收入無須向中國繳納個人所得稅。

（2）A 應就所有工資所得（即來自中國境內實際工作期間及臨時離境期間所獲得的收入）向中國繳納個人所得稅。

技巧二：針對經營所得的納稅人身分規劃

1. 企業承包方式的選擇

根據有關規定，企業實行個人承包經營、承租經營后，如果工商登記仍為企業的，不管其分配方式如何，均應先按照企業所得稅的有關規定繳納企業所得稅。然后，根據其利潤分配方式對承包、承租經營所得徵收個人所得稅。也就是說，如果企業在被

個人承包后沒有改變性質的話，那麼承包、承租經營者除了繳納個人所得稅外，還要繳納企業所得稅。這裡就出現了重複徵稅的問題，使得總體稅負增加，從而最后歸到個人手中的收入就會大大減少。如果承包、承租者經營有條件的話，可以考慮改變企業的性質為個體戶或者其他性質，這樣就可以免交企業所得稅，節省部分稅款，使得總體收益最大化。

【案例 8.23】張先生欲承包一企業，承包期為 2001 年 3 月 1 日至 2001 年 12 月 31 日。2001 年 3 月 1 日至 2001 年 12 月 31 日期間，企業固定資產折舊 5000 元，上交租賃費 50,000 元，預計實現會計利潤 53,000 元（已扣除租賃費，未扣除折舊費），張先生不領取工資。已知該地區規定的業主費用扣除標準為每月 2000 元。

【案例分析】

方案一：將原企業的工商登記改為個體工商戶。這樣，經營所得就按個體工商戶的生產經營所得計算繳納個人所得稅。按照《個體工商戶個人所得稅計稅辦法（試行）》（國稅發〔1997〕第 43 號文）的規定，個體工商戶在生產經營過程中以經營租賃方式租入固定資產的租賃費，可以據實扣除。假定該企業所在地區規定的業主費用扣除標準為每月 2000 元，則：

本年度應納所得稅額 = 53,000 - 2000×10 = 33,000（元）

換算為全年的所得稅 = 33,000÷10×12 = 39,600（元）

按全年所得計算的應納稅額 = 39,600×30% - 6750 = 5130（元）

實際應納稅額 = 5130÷12×10 = 6156（元）

張先生實際取得的稅后利潤 = 53,000 - 6156 = 46,844（元）

方案二：如果張先生仍使用原企業的營業執照，則按規定在繳納企業所得稅后，還要就其稅后所得再按承包、承租經營所得繳納個人所得稅。在這種情況下，原企業的固定資產仍屬該企業持有，按規定可提取折舊，但上繳的租賃費不得在企業所得稅前扣除，也不得把租賃費當成管理費用進行扣除。

該企業應納稅所得額 = 53,000 - 5000（折舊）+ 50,000（承包費）= 98,000（元）

應納企業所得稅 = 98,000×25% = 24,500（元）

張先生實際取得承包、租賃收入 = 48,000 - 24,500 = 23,500（元）

應納個人所得稅 =（23,500 - 2000×10）×10% - 25 = 1325（元）

張先生實際取得稅后利潤 = 23,500 - 1325 = 22,125（元）

通過比較，方案一比方案二多獲得利潤 24,719 元（46,844 - 22,125）。

2. 承包時間的選擇

（1）承包滿一年的籌劃。

【案例 8.24】承包人胡某 2009 年承包經營一民營企業，合同簽訂承包期為 3 年，每年除上繳 8 萬元以外，其餘收入全部歸承包人所有。這期間，由於胡某經營有方，該企業 2009 年的淨利潤為 20 萬元。

【案例分析】

2009 年應納企業所得稅額 = 20×25% = 5（萬元）

淨稅后利潤 = 20-5 = 15（萬元）

胡某收入額 = 15-8 = 7（萬元）

應納個人所得稅 =（70,000-12×2000）×30%-4250 = 9550（元）

胡某實際收益 = 70,000-9550 = 60,450（元）

如果胡某通過一定的途徑使得該民營企業性質變為個體戶，同樣每年給被承包單位 8 萬元的上繳收入，則：

2009 年胡某收入額 = 20-8 = 12（萬元）

應納個人所得稅 =（120,000-2000×12）×35%-6750 = 26,850（元）

胡某實際收益 = 120,000-31,890 = 93,150（元）

同樣可以求出胡某 2010 年實際收益為 93,150 元，可多獲得收益 32,700 元。

（2）承包不滿一年的籌劃。根據國家稅務總局《徵收個人所得稅若干問題的規定》（國稅發〔1994〕089 號文件）規定，對於實行承包、承租經營的納稅義務人，在一個納稅年度內，承包、承租經營不足 12 個月的，以其實際承包、承租經營的月份數為一個納稅年度計算納稅。在這種情況下，納稅人如果將承包經營、承租經營的合同簽為 12 個月，則可以節省部分稅收，因為這時可以多抵扣若干個月的費用支出。

【案例 8.25】某納稅人承包經營一家飯店，2013 納稅年度承包經營期為 5 個月，在這期間，共獲得收入 8 萬元。

【案例分析】

如果不經籌劃，則：

該納稅人應納稅額 =（80,000-2000×5）×35%-6750 = 17,750（元）

如果該納稅人和飯店老板簽約時簽成承包經營期為 12 個月，則：

該納稅人應納稅額 =（80,000-20,000×12）×30%-3375 = 13,425（元）

共可節省稅收 4325 元（17,750-13,425）。

任務三　從徵稅範圍角度籌劃

技巧一：收入項目費用化

收入項目費用化，即通過報銷費用支出的方法降低個人收入總額，以達到減輕稅負的目的。如納稅人可以通過報銷職工醫藥費、旅遊費用及資料費、交通費等形式使收入支付形式費用化，以減少應納稅所得額。

【案例 8.26】2009 年，劉某是廣州一建築公司招聘的技術工人，合同上約定員工每月工資總額為 8000 元。按照目前的扣稅辦法，李某每月按照工資薪金所得應繳納個人所得稅為（8000-2000）×20%-375 = 825 元；全年應繳個人所得稅為 825×12 = 9900 元。

(註：李某作為技術工人，工作地點經常變動，還經常加班加點，不能按時就餐，簽訂合同的時候已經約定了工資總額，公司不再另外給予補助；同時，由於種種原因，公司也未辦理養老保險、住房公積金等保障性繳費。)

【案例分析】建議該公司根據員工的實際情況，在工資總額不變的情況下：

（1）核定誤餐補助標準，如每月 600 元，由李某取得餐飲發票到公司報銷；

（2）公司給員工繳納養老保險、住房公積金等，如每月繳費 1776 元（員工個人和公司各交工資額 7400 的 12%）；

這樣處理后，每月李某領取工資 8000−600−1776＝5624 元，應繳個人所得稅為（5624−2000）×15%−125＝418.6 元；全年應繳納個人所得稅為 418.6×12＝5023.2 元。比籌劃前少繳個人所得稅為 9900−5023.2＝4876.8 元。

籌劃依據：《徵收個人所得稅若干問題的規定》（國稅發〔1994〕89 號）第二條規定，誤餐補助不屬於工資、薪金性質的補貼、津貼或者不屬於納稅人本人工資、薪金所得項目的收入，不徵稅。誤餐補助、繳納的養老保險、住房公積金等可以在稅前扣除。

技巧二：收入項目福利化

由於工資、薪金實行累進稅制，對個人的支出只確定一個固定扣除額，收入越高支付稅金越多。因此，如果企業將帶有普遍性的職工福利以現金的形式直接支付給個人，將增加個人的稅收負擔，如果由企業提供各種福利設施，不將其轉化為現金，則不會視為工資收入，也就不必計算個人所得稅，從而可以減輕個人稅負

【案例 8.27】獎勵汽車放到公司名下。

張某是某房產公司高管，由於工作業績突出，同時因為工作需要，公司於 2014 年 1 月份獎勵給張某一輛汽車，價值 20 萬元，在車輛註冊登記部門登記為張某個人所有。

【案例分析】根據《關於生活補助費範圍確定問題的通知》（國稅發〔1998〕第 155 號文件）第二條規定，單位為個人購買汽車，應當並入納稅人的工資、薪金收入計徵個人所得稅，因此，張某應繳個人所得稅（暫不考慮當月工資等其他應稅所得）為 200,000×45%−15,375＝74,625 元。

如果將車輛過戶到公司名下，作為公司的固定資產管理，車輛仍然由張某使用，發生的運行費用、保險費用按照一定標準由公司報銷。這樣處理有如下幾個好處：

（1）由於車輛屬於公司所有，張某沒有取得 20 萬元收入，不用繳納個人所得稅 74,625 元；

（2）該車輛作為公司的固定資產管理，公司可以計提折舊，可以報銷合理的運行費用，而這些折舊、費用都可以在企業所得稅稅前扣除，降低了企業所得稅應稅收入；

（3）車輛計提折舊年限到期後，可以轉讓給張某個人。

籌劃依據：對於一些私營企業來說，老板的私家車既是自己的代步工具又是公司的「公車」。在此情況下，最好把車放到公司名下，這樣對於企業來說，該車輛作為公司的固定資產管理，公司可以計提折舊，可以報銷合理的運行費用，而這些折舊、費

用都可以在企業所得稅稅前扣除，降低了企業所得稅應稅收入。

【案例8.28】外出兼職路費讓對方掏。

經濟學家何教授應某公司邀請到廣州講課，對方答應講課費10萬元（包干）。根據《個人所得稅法》有關規定，何教授應按照勞務報酬繳納個人所得稅。

【案例分析】根據《個人所得稅法》第六條的規定，勞務報酬所得，每次收入不超過4000元的，減除費用800元；4000元以上的，減除20%的費用，其餘額為應納稅所得額。因此，何教授本次勞務報酬所得的應納稅所得額為100,000×（1-20%）=80,000元。

根據《中華人民共和國個人所得稅法實施條例》第十一條規定，勞務報酬所得一次收入畸高，應納稅所得額超過20,000元，對前款應納稅所得額超過20,000～50,000元的部分，依照稅法規定計算應納稅額後再按照應納稅額加徵五成；超過50,000元的部分，加徵十成。

應納稅額＝20,000×20%＋30,000×20%×（1＋50%）＋30,000×20%×（1＋100%）
　　　　＝25,000（元）

何教授本次講課所得10萬元中包括差旅費、食宿費等所有支出，到廣州之行的所有花銷預計為4萬元。如果何教授與該公司簽訂合同時約定只收取講課報酬6萬元，另外來回機票、食宿等支出費用，可以提供票據，讓企業以報銷形式支付，這樣一來，何教授應繳納個人所得稅計算過程如下：

應納稅所得額＝60,000×（1-20%）＝48,000（元）

應納稅額＝20,000×20%＋28,000×20%×（1＋50%）＝12,400（元）

比籌劃前少繳＝25,000－12,400＝12,600（元）

【案例8.29】勞務報酬直接支付。

工程師郭先生本月完成了一項設計任務，按獎勵辦法，應取得工資、獎金32,000元，按照工資薪金繳稅目前的扣稅標準，應繳（32,000－2000）×25%－1375＝6125元，該孫先生實際取得收入25,875元。

郭先生為了完成該項設計任務，不僅自己查閱了大量的文獻資料，還請了單位朋友幫忙，向朋友諮詢，和朋友討論，朋友還繪制了部分圖紙⋯⋯郭先生說：「我領了這筆獎金，無論如何要給朋友表示表示，按照朋友的工作量，怎麼也得給個10,000元。」給了10,000元，郭先生到手的就只有15,875元。

【案例分析】

稅收籌劃：該工程師取得的工資實際上有一部分是勞務報酬，可以簽訂一份勞務合同，在合同中註明勞務報酬10,000元，然後以支付勞務報酬的方式直接支付孫先生的朋友。

這樣，郭先生本月領取的工資就只有22,000元，應繳所得稅（22,000－2000）×20%－375＝3625元，實際到手的為18,375元，比領取32,000元工資的實際到手工資多了2500元。

這樣處理，孫先生不僅多收入了 2500 元，還可以避免一些無謂的糾紛。

技巧三：選擇合理的籌資方法

企業的籌資渠道主要有：財政資金、金融機構信貸資金、企業自有資金、企業之間相互拆借、企業內部集資、發行債券或股票籌資、商業信用籌資、租賃籌資等。從納稅的角度看，這些籌資渠道產生的納稅效果有很大差別，對某些籌資渠道的利用可以有效地幫助企業減輕稅負，獲得稅收上的好處。

採用內部累積這種籌資法，個體工商戶要很長的時間才能完成。當然，如果一個個體戶在生產經營過程中完全有能力自己解決資金問題，這對該個體戶而言是其實力的表現，但從稅收的角度來說，卻並不是盡善盡美的。自我累積法中，資金的所有者和使用者是一致的，稅收難以分攤和抵消，投入生產經營活動之後，產生的全部稅負由企業自己負擔，而且從稅負和經營的效益關係看，自我累積資金要經過較長的時間，不利於企業的發展。

貸款則不同，貸款可以使所需資金不需要很長時間就可以籌足，而且投資產生效益後，出資機構實際上也要承擔一定的稅收，即企業歸還利息後，企業的利潤有所降低，特別是稅前還貸政策，其本質就是用財政的錢還貸款。因此，企業實際稅負被大大降低了。所以說，利用貸款從事生產經營活動是個體戶減輕稅負，合理避開部分稅款的一個很好的途徑。

此外，對於個體戶來說，以貸款的方式進行資金籌措具有很多好處。首先，該個體戶可以提前若干年進行投資，投資的結果是獲得利潤，其利潤又可以進行新一輪的投資，如果延誤了時間就不知道這種機會還會不會存在，因此先抓住機會就意味著勝利了一部分。其次是貸款使得企業承擔的資金風險減少，當然相應地部分利潤將以利息的形式支付給金融機構也會使得收益下降。雖然業主在資金十分雄厚並且感覺利潤特別豐富時也可以用自有資金進行投資，但是這時和其他經濟機構進行資金拆借可能更利於降低風險。最后，就是企業的稅負大大地減輕了。貸款的利息支出是可以作為費用成本扣除的，費用增大則意味著淨利潤的減少，相應地應納稅額就會減少。

如果金融機構和該個體戶之間達成一定的協定，由金融機構提高利率，使個體戶計入成本的利息增大，還可以大大地降低其承擔的稅負。同時金融機構以某種形式將獲得的高額利息返還給企業或以更方便的形式為企業提供貸款等，也可以達到減輕稅負的目的。

【案例 8.30】某個體工商業者欲投資於某行業，預計前期投入需要 100 萬元，按照其自身累積速度估計要 10 年時間，投產經營後可實現每年 25 萬元的收益，每次投資可實現 12 年的收益（貸款年利率為 7%）。

【案例分析】

該個體戶如果自身累積，10 年后可以每年實現 25 萬元的收益。則：

年應納稅額 = 250,000×35% − 6750 = 80,750（元）

總共應納稅額 = 80,750×12 = 969,000（元）

如果該個體戶利用銀行貸款進行投資，則：
年應納稅額＝（250,000－1,000,000×7%）×35%－6750＝56,250（元）
總共應納稅額＝56,250×12＝675,000（元）
共可節省稅收＝969,000－675,000＝294,000（元）

任務四　兼有多種收入的稅收籌劃

兼有工資、薪金所得和勞務報酬等多種所得是一個非常現實的問題。實際工作中，勞務報酬所得與工資、薪金所得往往難以區分。一般而言，勞務報酬所得是指個人獨立從事各種技藝、提供各種勞務服務而獲取的報酬，提供所得的單位與個人之間不存在穩定的雇傭與被雇傭關係；工資、薪金所得則是個人在企事業單位、機關、團體、部隊、學校以及其他組織中任職、受雇而獲取的報酬，屬於非獨立個人的勞動。

根據中國現行的《個人所得稅法》的規定，工資、薪金所得適用的是 3%～45%的七級超額累進稅率；勞務報酬所得適用的是 20%的比例稅率，對於一次收入很高的，可以加成徵收，勞務報酬實際適用 20%、30%、40%的超額累進稅率。顯而易見，相同數額的工資、薪金所得與勞務報酬所得所適用的稅率不同，充分認識這一區別，並加以合法利用，能達到節稅的目的。尤其是對高收入人群，納稅籌劃會給他們帶來更大的實惠。

技巧一：勞務報酬與工資薪金的轉換

一般而言，當工資薪金比較少時，工資、薪金所得適用的稅率比勞務報酬所得適用的稅率低，將勞務報酬所得轉化為工資、薪金所得，合併按工資、薪金所得繳納個人所得稅是合理的；當工資、薪金收入相當高時，適用的稅率已累進到比較高的水平，此時，將工資、薪金所得轉化為勞務報酬所得可以節約應納稅額；當兩項收入都較大時，將工資、薪金所得和勞務報酬所得分開計算亦能節稅。

技巧二：勞務收入轉化為薪金所得

王先生 2016 年 2 月從 A 公司取得工資、薪金 1500 元，由於單位工資太低，王先生同月在 B 公司找了一份兼職，取得收入 5000 元。如果王先生與 B 公司沒有固定的雇傭關係，則按照稅法規定，工資、薪金所得和勞務報酬所得應該分別計算徵收個人所得稅。從 A 公司取得的工資、薪金沒有超過扣除限額，不用納稅。從 B 公司取得的勞務報酬應納稅額為 5000×（1－20%）×20%＝800 元，則 2 月份王先生共應繳納個人所得稅 800 元；如果王先生與 B 公司存在固定的雇傭關係，則兩項收入應合併按工資、薪金所得繳納個人所得稅為（5000＋1500－3500）×10%－105＝195 元。顯然，在這種情況下，將勞務報酬所得轉化為工資、薪金所得繳納個人所得稅是明智的。

技巧三：薪金所得轉化為勞務收入

朱先生是一高級工程師，2016 年 2 月從 A 公司取得工資類收入 62,500 元。如果朱

先生和該公司存在穩定的雇傭與被雇傭的關係，則應按工資、薪金所得繳稅，其應繳納所得稅額為（62,500-3500）×35%-5505=15,145元。如果朱先生和該公司不存在穩定的雇傭與被雇傭關係，則該項所得應按勞務報酬所得繳納個人所得稅，稅額為[62,500×（1-20%）]×30%-2000=13,000元。因此，如果朱先生與該公司不存在穩定的雇傭關係，則他可以節省稅收2220元。

技巧四：兩收入分別納稅

劉小姐2016年2月從A公司獲得工資收入共40,000元。另外，該月劉小姐還獲得某設計院的勞務報酬收入40,000元。不同類型的所得應分類計算應納稅額，工資、薪金收入應納稅額為（40,000-3500）×30%-2755=8195（元）；勞務報酬所得應納稅額為40,000×（1-20%）×30%-2000=7600元，劉小姐共納稅15,795元。如果劉小姐將勞務報酬所得轉化為工資、薪金所得繳納個人所得稅，則其應納稅額為：（40,000+40,000-3500）×35%-5505=21,270元。如果劉小姐將工資、薪金所得轉化為勞務報酬所得繳納個人所得稅，則其應納稅額為（40,000+40,000）×（1-20%）×40%-7000=18,600元。可見，分開繳稅比轉化後繳稅少。

因此，對個人所得中存在工資薪金和勞務報酬的，需要納稅人自行計算，考慮何種方式有利於合法減輕稅負。

五、技巧五：勞務報酬化整為零

勞務報酬所得適用三級超額累進稅率。在這種情況下，相對較少的應納稅所得額所適用的稅率就會相對較低，這樣稅款加總後，比合併繳納時的稅款要少得多。

徐小姐是名演員，7月到9月取得一項目勞務收入60,000元，期間，劉小姐支付交通、食宿等費用9000元。這樣，徐小姐應納個人所得稅為60,000×（1-20%）×30%-2000=12,400元，徐小姐取得的淨收益為60,000-9000-12,400=38,600元。若徐小姐與公司商議，改變支付方式，分3次申報納稅，並由電視臺支付交通、食宿費用9000元，支付給徐小姐的勞務收入由60,000元降為51,000元。這樣，徐小姐每月應交的個人所得稅為17,000×（1-20%）×20%=2720元，3個月共納稅為2720×3=8160元，徐小姐獲得的淨收益為51,000-8160=42,840元，第二個方案比第一個方案多獲得的淨收益為42,840-38,600=4240元。同時，企業列支的交通、食宿費用可沖抵收入，少納企業所得稅，何樂而不為呢？

任務五　個人無償贈與不動產的稅收籌劃

技巧一：選擇贈與對象，節省相關稅收

《國家稅務總局關於加強房地產交易個人無償贈與不動產稅收管理有關問題的通知》（國稅發〔2006〕144號文件）規定，個人向他人無償贈與不動產，包括繼承、遺產處分及其他無償贈與不動產等三種情況，在辦理營業稅免稅申請手續時，納稅人應

區分不同情況向稅務機關提交相關證明材料。屬於繼承不動產的，繼承人應當提交公證機關出具的繼承權公證書、房產所有權證和個人無償贈與不動產登記表；屬於遺囑人處分不動產的，遺囑繼承人或者受遺贈人須提交公證機關出具的遺囑公證書和遺囑繼承權公證書或接受遺贈公證書、房產所有權證以及個人無償贈與不動產登記表；屬於其他情況無償贈與不動產的，受贈人應當提交房產所有人贈與公證書和受贈人接受贈與公證書，或持雙方共同辦理的贈與合同公證書以及房產所有權證和個人無償贈與不動產登記表。因此，人們在稅收籌劃中，最好的籌劃技巧就是據實提供證明材料，防止因虛假贈與而遭受處罰。

【案例8.31】2006年10月31日，張三準備將一套面積110平方米的房產對外捐贈。現有兩個捐贈對象，一個是非直系親屬也非承擔直接贍養義務的李四，另一個是當地政府所辦敬老院。該房產市價為40萬元（當地對普通標準住宅核定徵收率為2%）。

【案例分析】

方案一：捐贈給李四。

中國稅法規定，個人將不動產無償贈與他人，不徵收營業稅。因為該贈與屬於其他情況無償贈與不動產行為，按《國家稅務總局關於加強房地產交易個人無償贈與不動產稅收管理有關問題的通知》的規定，受贈人應當提交房產所有人贈與公證書和受贈人接受贈與公證書，或持雙方共同辦理的贈與合同公證書，以及房產所有權證和個人無償贈與不動產登記表。只有提供的相關證明材料經稅務機關審核通過后，張三方可辦理無償贈與減免稅手續。

納稅人張三在辦理無償贈與減免稅手續時，特別要注意下面幾個問題：一是提供的證明材料必須是原件，同時要將有關公證證書複印件提供給稅務機關留存；二是資料必須齊全且填寫正確規範；三是要填報個人無償贈與不動產登記表並且做出無償贈與聲明；四是如贈與人死亡，由代理人代為填寫個人無償贈與不動產登記表並簽字，並且由於稅法規定稅務機關不得向無償贈與不動產的個人發售發票或者代為開具發票，張三所贈與房產不能取得稅務發票。

稅法規定，對財產所有人將財產贈送給政府、社會福利單位、學校所立的書據免納印花稅。張三還應當對所贈與房產按「產權轉移書據」稅目貼花，稅率為萬分之五，應納印花稅為 $400,000 \times 0.5‰ = 200$ 元。同時，稅法規定，以贈與方式無償轉讓房地產，不屬於土地增值稅的徵稅範圍，這裡贈與僅指房產所有人、土地使用權所有人將房屋產權、土地使用權贈與直系親屬或承擔直接贍養義務人。張三選擇捐贈給非直系親屬也非承擔直接贍養義務的李四，按規定要計算繳納土地增值稅為 $400,000 \times 2\% = 8000$ 元。合計應納稅為 $8000 + 200 = 8200$ 元。

方案二：贈給敬老院。

從立法背景和目的來看，《國家稅務總局關於加強房地產交易個人無償贈與不動產稅收管理有關問題的通知》主要是針對個人間無償贈與不動產的，對教育、民政和其

他社會福利、公益事業是否無償贈與的判斷，仍可主要參照《關於房地產交易與權屬登記管理辦理公證有關問題的通知》（中府辦〔1999〕70號）第三條的規定執行，即非涉外或中國港澳臺的不動產贈與，可按以下兩種辦法之一進行確認：第一，贈與雙方直接到國土房管部門簽訂贈與合同書；第二，憑公證處公證。只要納稅人能夠提供上述資料，就可以到稅務機關辦理營業稅免稅申請手續。

同時，稅法規定，對財產所有人將財產贈送給政府、社會福利單位、學校所立的書據免納印花稅，房產所有人、土地使用權所有人通過境內非營利的社會團體、國家機關將房屋產權、土地使用權贈與教育、民政和其他社會福利、公益事業的，不屬於土地增值稅的徵稅範圍，因此張三選擇將房產贈給敬老院應納的印花稅和土地增值稅均為0。

通過比較，方案二比方案一可以節稅8200元，而且辦理無償贈與減免稅手續也相對更方便，僅從稅收成本的角度和辦理無償贈與減免稅手續方面，張三選擇敬老院作為捐贈對象更合算。

技巧二：區分購房時間政策差異能省稅

《國家稅務總局關於加強房地產交易個人無償贈與不動產稅收管理有關問題的通知》規定將無償贈與行為區分為一般贈與行為（包括繼承、遺囑、離婚、贍養關係、直系親屬贈與）和其他無償贈與行為兩類，並對如何確定以這兩類無償贈與方式取得住房的購房時間問題加以區分。對以一般贈與方式取得的住房，其購房時間仍按照《國家稅務總局關於房地產稅收政策執行中幾個具體問題的通知》（國稅發〔2005〕172號）規定執行，對於非遺囑、繼承等其他無償贈與行為，購房時間將會重新計算，如果房產受贈不滿5年就轉手，那麼必須繳納營業稅。因此，在稅收籌劃時，必須嚴格區分所贈房產是否是普通住房，並對贈與行為正確歸類，正確確認購房時間，避免多繳稅款。

【案例8.32】李四於2006年10月20日通過受贈方式分別取得A、B兩套市價均為50萬元的住房。其中，A套所贈房產的原價為20萬元，購房時間是2002年1月30日，李四是通過其他無償贈與方式取得該住房的；B套所贈房產的原價也為20萬元，購房時間也是2002年1月30日，是通過繼承、遺囑等一般贈與方式取得該住房的。如果李四準備在2007年2月份轉讓其中的一套，他該轉讓哪套住房呢？

【案例分析】根據《國家稅務總局關於加強住房營業稅徵收管理有關問題的通知》（國稅發〔2006〕74號）的規定，從2006年6月1日起，個人將購買不足5年的住房對外銷售，應全額徵收營業稅；個人將購買超過5年（含5年）的普通住房對外銷售，免徵營業稅；個人將購買超過5年（含5年）的非普通住房對外銷售，按其售房收入減去購買房屋的價款后的餘額徵收營業稅。在此規定中，時間認定非常關鍵。

如果轉讓A住房，根據《國家稅務總局關於加強房地產交易個人無償贈與不動產稅收管理有關問題的通知》的規定，以其他無償贈與方式取得的住房，其購房時間確定為發生受贈行為后新的房屋產權證或契稅完稅證明上註明的時間。李四是通過其他

無償贈與方式取得該住房,並於 2006 年 10 月 20 日繳納契稅和辦妥贈與產權轉移登記手續,其購房時間即為 2006 年 10 月 20 日。因此,李四在 2007 年 2 月轉讓 A 套住房,遠遠沒有達到 5 年免徵或減徵營業稅的要求,要全額徵收營業稅及附加為 500,000×5.5%=27,500 元(營業稅稅率為 5%、城建稅稅率為 7%、教育費附加為 3%,不考慮其他稅收)。

如果轉讓 B 住房,根據《國家稅務總局關於加強房地產交易個人無償贈與不動產稅收管理有關問題的通知》的規定,對以一般贈與方式取得的住房,其購房時間仍按照《國家稅務總局關於房地產稅收政策執行中幾個具體問題的通知》規定執行,即「個人將通過受贈、繼承、離婚財產分割等非購買形式取得的住房對外銷售的行為,其購房時間按發生受贈、繼承、離婚財產分割行為前的購房時間確定」。李四是通過一般贈與方式取得 B 住房的,其購房時間即為 2002 年 1 月 30 日,所以在 2007 年 2 月份轉讓 B 住房,符合 5 年免徵或減徵營業稅的要求;如果是普通住房,則免徵營業稅;如果是非普通住房,則應納營業稅及附加為(500,000-200,000)×5.5%=16,500 元。比較可知,轉讓 B 住房比轉讓 A 住房至少可以節稅 11,000 元(27,500-16,500),甚至於 27,500 元(27,500-0),這還不包括其他稅收,否則數字還要大。因此,本例中李四應該轉讓 B 住房。

技巧三:變贈與為買賣可減輕總體稅負

《國家稅務總局關於加強房地產交易個人無償贈與不動產稅收管理有關問題的通知》出抬的目的,就在於防範不法分子在房地產交易中利用假贈與偷逃稅款,從而有效堵塞稅收徵管漏洞。但是,對於那些準備將受贈房產進行轉讓的人來說,需要在贈與和買賣間進行合理籌劃。

【案例8.33】2006 年 10 月 31 日,張三欲將一套面積110 平方米的房產以其他贈與方式贈給直接贍養義務人李四,該房產市場價值為 40 萬元,張三不能提供取得該房產完整、準確的房屋原值憑證,當地個人所得稅核定稅率為 1%,假定 2 年後李四以 50 萬元出售,稅務機關確定可以扣除的有關合理費用為 5000 元。

【案例分析】

情形一:張三的房產購買時間超過 5 年(含 5 年)。

方案一,如果李四是通過贈與取得,則贈與時,張三應納印花稅為 400,000×0.5‰ = 200 元,李四應納契稅為 400,000×3%=12,000 元;應納印花稅為 400,000×0.5‰=200 元;辦理產權轉移手續時繳納 5 元印花稅。

李四轉讓房產時,應納營業稅及附加(稅率同上)為 500,000×5.5%=27,500 元,印花稅為 500,000×0.5‰=250(元)。

同時,根據《國家稅務總局關於加強房地產交易個人無償贈與不動產稅收管理有關問題的通知》規定,受贈人取得贈與人無償贈與的不動產後,再次轉讓該項不動產的,在繳納個人所得稅時,以財產轉讓收入減除受贈、轉讓住房過程中繳納的稅金及有關合理費用後的餘額為應納稅所得額,按 20%的適用稅率計算繳納個人所得稅。在

計徵個人受贈不動產個人所得稅時,不得核定徵收,必須嚴格按照稅法規定據實徵收,則李四應納個人所得稅=(500,000−12,000−205−27,500−250−5000)×20%

$\qquad$ =91,009(元)

雙方合計應納稅=200+12,000+200+5+27,500+250+91,009=131,164(元)

方案二,如果李四是通過購買取得,則張三應納印花稅 200 元、個人所得稅 4000 元。

李四應納印花稅 455 元(205+250);契稅 6000 元(減半徵收);營業稅及附加 27,500 元。

個人所得稅=(500,000−400,000−6000−205−27,500−250−5000)×20%

$\qquad$ =12,209(元)

雙方合計應納稅=200+4000+205+250+6000+27,500+12,209=50,364(元)

方案二比方案一節稅 80,800 元(131,164−50,364)。而如果稅務機關對李四也是採用核定徵收方式計徵個人所得稅,則方案二雙方合計應納稅為 200+4000+205+250+6000+27,500+5000=43,155 元,方案二將比方案一節稅 88,009 元(131,164−43,155)。

情形二:張三所贈房產購買時間不足 5 年。

方案一,如果李四是通過贈與取得,則雙方合計應納稅為 200+12,000+200+5+27,500+250+91,009=131,164 元(計算同情形一)。

方案二,如果李四是通過購買取得,則張三應納營業稅及附加為 400,000×5.5%=22,000 元,印花稅 200 元為個人所得稅 400,000×1%=4000 元。李四應納印花稅 455 元、契稅 6000 元、營業稅及附加 27,500 元、個人所得稅 12,209 元,雙方合計應納稅為 22,000+200+4000+205+250+6000+27,500+12,209=72,364 元。

方案二比方案一節稅 58,800 元。如果稅務機關對李四也是採用核定徵收方式計徵個人所得稅,則方案二雙方合計應納稅為 22,000+200+4000+205+250+6000+27,500+5000=65,155 元,方案二將比方案一節稅 66,009 元。

從上述兩種情形分析可知,在個人真實無償贈與不動產時,如果受贈人取得贈與人無償贈與的不動產後,準備再次轉讓該項不動產,則利用買賣方式按規定先繳納相應稅收,往往可以減輕總體稅負,而且可以取得稅務機關開具的發票。當然,如果受贈人取得贈與人無償贈與的不動產後,不準備轉讓該項不動產的,則另當別論。同時,在稅收籌劃時,必須視具體情況和國家政策法規而定,所採用的籌劃方案必須符合國家立法精神和政策導向,具備合法性。

任務六　補償收入的免稅籌劃

個人因與用人單位解除勞動關係而取得的一次性補償收入(包括用人單位發放的經濟補償金、生活補助費和其他補助費用),其收入在當地上年職工平均工資 3 倍數額

以內的部分，免徵個人所得稅；超過的部分按照有關規定，計算徵收個人所得稅。

個人領取一次性補償收入時，按照國家和地方政府規定的比例實際繳納的住房公積金、醫療保險費、基本養老保險費、失業保險費，可以在計徵其一次性補償收入的個人所得稅時予以扣除。

企業依照國家有關法律規定宣告破產，企業職工從該破產企業取得的一次性安置費收入，免徵個人所得稅。

財政部、國家稅務總局聯合發出通知，從2001年10月1日起，個人與用人單位解除勞動關係取得的一次性補償收入免徵個人所得稅。

【案例8.34】2002年6月28日某飲品有限公司為了提高企業產品的知名度，委託國內著名歌星A為其產品拍攝形象廣告，根據協議約定，A的個人所得稅由該飲品有限公司承擔，A實際取得報酬100萬元。該廣告委託某電視臺播放，由某電視臺廣告部具體負責廣告的設計和製作工作，廣告部聘請業餘作家B負責設置有關廣告用語，B為此取得報酬3000元，廣告部職員C因設計製作廣告取得獎金2000元，當月領取工資4000元。

7月1日，該飲品有限公司又委託某報社為其刊登廣告，該廣告由報社具體負責設計、製作工作，報社採用了業餘作家B設置的廣告用語，B為此又取得報酬2000元。

7月3日，該飲品有限公司解除已有5年工齡職工D的勞動關係，一次性支付補償金99,800元，其中經濟補償金15,000元、生活補助費11,800元、其他補助費用18,000元、住房公積金12,000元、醫療保險費13,000元、基本養老保險費14,000元、失業保險費16,000元。

【案例分析】根據《廣告市場個人所得稅徵收管理暫行辦法》的有關規定，結合上述資料，A、B和C三人應納個人所得稅稅額如下：

納稅人在廣告設計、製作、發布過程中提供名義、形象而取得的所得，應按「勞報報酬所得」項目計算納稅。由於A取得的報酬為不含稅收入，在計算應納稅額時應換算成應納稅所得額。

應納稅所得額＝[（不含稅收入額－速算扣除數）×(1－20%)]÷[1－稅率×(1－20%)]
＝[（1,000,000－7000）×(1－20%)]÷[1－40%×(1－20%)]＝794,400÷0.68＝1,168,235.29（元）

應納稅額＝應納稅所得額×適用稅率－速算扣除數＝1,168,235.29×40%－7000＝460,294.12（元）

廣告部職員C在廣告設計、製作、發布過程中取得的由本單位支付的所得，按工資、薪金所得項目計算納稅。

應納稅額＝（4000+2000－800）×20%－375＝665（元）

根據《中華人民共和國個人所得稅法實施條例》的解釋，稿酬所得是指個人因其作品以圖書、報刊形式出版、發表而取得的所得。因此，報社向B支付的報酬，應按「稿酬所得」項目計算納稅，電視臺廣告部約請業餘作家B設計廣告用語而支付的報

酬，屬提供著作權的使用權而取得的所得，不適用「稿酬所得」項目，而應按「特許權使用費所得」項目計算納稅。

特許權使用費所得應納稅額＝（3000-800）×20%＝440（元）
稿酬所得應納稅額＝（2000-800）×20%×（1-30%）＝168（元）
B 應納個人所得稅合計＝440+168＝608（元）

再來看 D 應納個人所得稅問題。根據財政部、國家稅務總局《關於個人與用人單位解除勞動關係取得的一次性補償收入徵免個人所得稅問題的通知》文件的規定，飲品有限公司因解除與職工 D 的勞動關係而支付的住房公積金 12,000 元、醫療保險費 13,000 元、基本養老保險費 14,000 元、失業保險費 16,000 元四項共計 55,000 元免徵個人所得稅；將 99,800 元減去 55,000 元剩下的 44,800 元，看是否越過該市 2001 年職工年均工資 13,500 元 3 倍數額，超過部分按國家稅務總局《關於個人因解除勞動合同取得經濟補償金徵收個人所得稅問題的通知》的有關規定計算徵收個人所得稅。

計算分析該飲品有限公司職工 D 應納個人所得稅額如下：
月應納稅所得額＝（44,800-13,500×3）÷5-800＝60（元）
月應納稅額＝60×5%＝3（元）
應納稅額合計＝3×5＝15（元）

任務七　受贈的住房對外轉讓時的納稅籌劃

《國家稅務總局關於加強房地產市場個人無償贈與不動產稅收管理有關問題的通知》（國稅發〔2006〕144 號）下發后，輿論眾口一詞表示「假贈與將杜絕」。原先，房屋無償贈與只要繳納 3% 的契稅；而現在除了要繳納 5% 全額契稅外，再次轉手時，受贈人還得以財產轉讓收入減除受贈、轉讓住房過程中繳納的稅金及有關合理費用后的餘額為應納稅所得額，按 20% 的適用稅率計算繳納個人所得稅。在計徵個人受贈不動產個人所得稅時，不得核定徵收，必須嚴格按照稅法規定據實徵收，比正常的買賣繳稅還高。這將對正常的贈與需求產生很大的打擊，而且打擊面很廣。有的人認為該文件「明修棧道，暗度陳倉」。感覺像是變相、有條件地徵收遺產稅，可能對我們現行的社會關係產生深刻的影響。那麼，將受贈的住房對外轉讓時有沒有納稅籌劃的空間呢？

【案例 8.35】北京的黃先生 2006 年 9 月繼承了一套普通住房性質的 A 住房（當時的評估價格為 100 萬元）。2009 年 1 月，黃先生將該房產賣出，售價 100 萬元。那麼，黃先生該繳納的個人所得稅不能按照核定稅率 1% 徵收（1,000,000×1%＝10,000 元），必須要以財產轉讓收入減除受贈、轉讓住房過程中繳納的稅金及有關合理費用后的餘額為應納稅所得額。

【案例分析】
個人所得稅應納稅所得額＝（轉讓收入－受贈時契稅）×20%＝（1,000,000－

50,000）×20％＝19（萬元）（為了簡化計算不考慮印花稅）

受贈的住房再次轉讓時需繳納 19 萬元的個人所得稅，而正常轉讓相同價格的二手房只需繳納 1 萬元的個人所得稅，兩者相差甚遠。

按照《財政部、國家稅務總局、建設部關於個人出售住房所得徵收個人所得稅有關問題的通知》（財稅字〔1999〕278 號）的規定，對出售自有住房並擬在現住房出售 1 年內按市場價重新購房的納稅人，其出售現住房所繳納的個人所得稅應先以納稅保證金形式繳納，再視其重新購房的金額與原住房銷售額的關係，全部或部分退還納稅保證金。

假設在 2009 年 2 月份黃先生買了一套價值 100 萬元的 B 住房（系普通住房）。按照《財政部、國家稅務總局、建設部關於個人出售住房所得徵收個人所得稅有關問題的通知》的規定，黃先生出售住房一年內重新購房，而且購房金額等於原住房銷售額，應該全部退還納稅保證金。個人購買普通住宅，在 3％稅率基礎上減半徵收契稅，黃先生購買這套房屋的成本為 100＋100×1.5％＝101.5 萬元。同時黃先生應該得到 19 萬元的退稅。

2009 年 3 月份黃先生將 B 住房以 100 萬元的價格賣出，這時黃先生應該繳納的個稅為 0，也不用繳納營業稅。

按照《國家稅務總局關於個人住房轉讓所得徵收個人所得稅有關問題的通知》（國稅發〔2006〕108 號）的規定，對轉讓住房收入計算個人所得稅應納稅所得額時，納稅人可憑原購房合同、發票等有效憑證，經稅務機關審核后，允許從其轉讓收入中減除房屋原值、轉讓住房過程中繳納的稅金及有關合理費用。納稅人未提供完整、準確的房屋原值憑證，不能正確計算房屋原值和應納稅額的，稅務機關可根據《中華人民共和國稅收徵收管理法》第三十五條的規定，對其實行核定徵稅。按納稅人住房轉讓收入的一定比例核定應納個人所得稅額。具體比例由省級地方稅務局或者省級地方稅務局授權的地市級地方稅務局根據納稅人出售住房的所處區域、地理位置、建造時間、房屋類型、住房平均價格水平等因素，在住房轉讓收入 1％~3％的幅度內確定。由於黃先生擬轉讓的房產沒有發生增值，黃先生選擇據實徵收個人所得稅比較好，因為選擇據實徵收，黃先生繳納的個人所得稅為 0；如果選擇核定徵收要繳納個人所得稅 1 萬元。按照《北京市地方稅務局轉發國家稅務總局關於個人住房轉讓所得徵收個人所得稅有關問題的通知》（京地稅個〔2006〕348 號）的規定，對於納稅人未能提供完整、準確的有關憑證，不能正確計算應納稅額的，可以採取核定徵稅。核定徵收率暫按 1％執行。

按照《國務院辦公廳關於促進房地產市場健康發展的若干意見》（國辦發〔2008〕131 號）和《財政部、國家稅務總局關於個人住房轉讓營業稅政策的通知》（財稅〔2008〕174 號）的規定，自 2009 年 1 月 1 日至 12 月 31 日，個人將購買不足 2 年的非普通住房對外銷售的全額徵收營業稅；個人將購買超過 2 年（含 2 年）的非普通住房或者不足 2 年的普通住房對外銷售的按照其銷售收入減去購買房屋的價款后的差額徵收營業稅；個人將購買超過 2 年（含 2 年）的普通住房對外銷售的免徵營業稅。黃先生應該繳納的營業稅及附加為 0，因為住房的銷售收入為 100 萬元，購買房屋的價款也

為 100 萬元。

從以上分析我們可以看出，黃先生買賣 B 住房的收益為-1.5 萬元。因為買 B 住房花去 101.5 萬元，而賣出 B 時只得到 100 萬元，但通過這樣的買賣可以退還當初將受贈的 A 住房轉讓時的個人所得稅 19 萬元，這樣總體算下來，黃先生的收益為 19-101.5+100=17.5 萬元。

以上的分析是假設房價基本穩定的情況下得出的，現假設房價有所上漲，假設黃先生以 110 萬元的價格將 B 住房賣出，這時應該繳納營業稅及附加為（110-100）×5.5%=0.55 萬元，繳納的個稅為 110×1%=1.1 萬元。這時，黃先生買賣 B 住房的收益為 110-101.5-0.55-1.1=6.85 萬元。通過這樣的買賣可以退還當初將受贈的 A 住房轉讓時的個人所得稅 19 萬元，這樣總體算下來，黃先生的收益為 19+6.85=25.85 萬元。

現假設房價有所下跌，假設黃先生以 90 萬元的價格將 B 住房賣出，應該繳納營業稅及附加為 0，繳納的個稅為 0。這時，黃先生買賣 B 住房的收益為 90-101.5=-11.5 萬元。通過這樣的買賣可以退還當初將受贈的 A 住房轉讓時的個人所得稅 19 萬元，這樣總體算下來，黃先生的收益為 19-11.5=7.5 萬元。

假設黃先生以 82.5 萬元的價格將 B 住房賣出，這時應該繳納營業稅及附加為 0，繳納的個稅為 0。這時，黃先生買賣 B 住房的收益為 82.5-101.5=-19 萬元。通過這樣的買賣可以退還當初將受贈的 A 住房轉讓時的個人所得稅 19 萬元，這樣總體算下來，黃先生的收益為 19-19=0 元。也就是說，本案例中 B 住房只要能以 82.5 萬元以上的價格賣出，黃先生就有收益。

籌劃依據如下：

本案例籌劃的難點是黃先生買的 B 住房能夠以合適的價格賣出，因為黃先生買 B 住房的目的是要求退還賣 A 住房時繳納的個人所得稅。

按照《財政部、國家稅務總局、建設部關於個人出售住房所得徵收個人所得稅有關問題的通知》（財稅字〔1999〕278 號）的規定，跨行政區域售、購住房又符合退還納稅保證金條件的個人，應向納稅保證金繳納地主管稅務機關申請退還納稅保證金。有些地方出抬的政策沒有完全按照中央的政策來執行，所以在做納稅籌劃時，必須進一步熟悉當地的稅收政策。例如，廣州市出抬的政策規定，一年內買賣房屋，符合三個條件才可以退還個人所得稅：一是個人出售及新購住房的時間均發生在 1999 年 12 月 2 日以後，且出售及購買房屋的時間相隔不超過 12 個月（買房賣房不分先後，但期間不超過 12 個月）；個人出售住房的時間，以個人所得稅完稅證上代扣稅款的時間為準；個人購買住房的時間，以商品房買賣合同或房產產權轉讓證明中房產交易所登記確認時間為準。二是個人出售及新購住房均坐落在廣州地區範圍（含原兩區、兩市）內。三是個人出售住房在廣州市國土房管局辦理房產交易過戶，並由市調房總站按住房轉讓收入全額依 1.3%代徵了個人所得稅。

請為以下各情況進行稅收籌劃。

劉先生 2015 年每月工資、薪金 800 元，其所在單位採用減少平時工資發放、年底根據業績重獎的方法，12 月份劉先生一次性獲得公司年終獎金 12,000 元。試分析劉先生應繳納個人所得稅的情況。

王某開設了一個經營水暖器材的公司，由其妻負責經營管理。王某同時也承接一些安裝維修工程。預計其每年銷售水暖器材的應納稅所得額為 40,000 元，承接安裝維修工程的應納稅所得額為 20,000 元。試做出降低稅負的籌劃方案。

李某係一高級軟件工程師，2016 年 10 月獲得某公司支付的工資類收入為 50,800 元。試做出降低稅負的籌劃方案。

本章小結

繳納個人所得稅是每個公民應盡的義務，然而在履行繳納個人所得稅義務的同時，人們還應懂得利用各種手段提高家庭的綜合理財收益，進行個人所得稅合理避稅，尤其是隨著收入的增加，通過稅務籌劃合理合法避稅也是有效的理財手段之一。

本章主要向大家介紹了個人稅務規劃。具體來說包括什麼是個人所得稅，個人所得稅的計算方法，中國個人所得稅的減免規定以及合法、合理避稅的技巧。

項目九　子女教育規劃

【案例導入】

秦先生今年38歲，在一家外企公司擔任高管，妻子在某媒體當編輯，兩人年收入100萬元左右。他們的兒子12歲，今年小學畢業，準備上初中。秦先生夫婦準備讓兒子去英國留學，為此他們希望能夠早為兒子準備好教育金。

秦先生家擁有市場價值200萬元的房產，因為今年已經加息了2次，明年的按揭壓力將會加大，秦先生與妻子商量，把按揭貸款全部還清。秦先生平時工作較忙，而他妻子比較有理財意識，在今年火熱的基金行情中，他們購買了平衡型基金30萬元，另外銀行還有存款50萬元，有一輛價值10萬元的家庭轎車。

家庭資產負債表

資產項目	金額（萬元）	負債項目	金額（元）
存款	50	房屋貸款	0
基金	30	汽車貸款	0
自住房產	200		
家庭汽車	10		
資產合計	290	負債合計	0
淨資產		290	

家庭支出方面：秦先生每年家庭全部生活開銷約30萬元左右；兒子現在上小學六年級，除了在學校正常上課外，秦先生還為兒子報了幾個課后學習班，每年的教育費用大約5萬元；每年汽車支出大約5萬元；旅遊支出大約5萬元；贍養雙方父母的費用每年4萬元。秦先生夫婦沒有任何商業保險支出。

收支損益表

收入項目	金額（萬元）	支出項目	金額（萬元）
薪金收入	100	生活費支出	30
基金收益	9	孩子撫養費學費支出	5
		汽車支出	5
		旅遊支出	5
		贍養費	4
收入合計	109	支出合計	49
每年淨儲蓄		60萬元	

近期理財目標：累積夠6年後兒子到英國的教育費用。

秦先生的家庭處於家庭穩定期，收入穩定，具有較強的風險承受能力。因為具有較高的收入和較強的理財意識，他們已經基本完成了購房規劃和購車規劃，所以近期主要理財目標是子女教育規劃。

因為子女教育金最沒有時間彈性和費用彈性，也就是說到了孩子該上學的時候父母必須準備好應有的教育金，所以子女教育金應該提早規劃。秦先生希望兒子到英國讀書，英國目前留學花費大約需要每年20萬元，以留學3年計所需留學經費現值為60萬元。而且高等教育的學費年年上漲，上漲率普遍要高於通貨膨脹率。這筆開銷屬於階段性大支出，應該提前籌備，否則屆時難以負擔高額支出。

初步測算，秦先生兒子初中、高中以及到英國留學的教育經費現值約75萬。因為秦先生家的儲蓄率較高，具有較好的資產結構，基本可以用目前的儲蓄和今後的儲蓄來完成教育經費的累積。

秦先生是家庭的主要收入來源，收入結構也主要以薪金收入為主，應當注意防範家庭收入中斷的風險。目前他們夫婦二人都沒有購買保險，應當在保險方面盡早規劃。

第一，保險規劃。

為防範家庭收入中斷的風險，首先要進行保險規劃。秦先生夫婦沒有買過商業保險，提高保險保障是十分必要的。

子女教育金的準備是缺乏時間彈性的，6年後無論家庭情況如何，孩子的高等教育都不能耽誤。

因此，建議夫妻兩人購買保額為100萬元左右的定期壽險，保障期限10年，防止家庭意外變故而影響子女的高等教育。

重大疾病附加住院醫療、意外險，保額40萬元，保障期限20年。秦先生夫婦雖然還沒有進入疾病高發期，但是應該提早預防，提早準備。可以考慮購買重大疾病和住院醫療險，重疾險保額每人20萬左右。秦先生因為經常出差，應該投保意外險保額100萬左右，以防萬一發生意外，影響到家人的生活。

以上兩項保額相加為240萬元，相當於家庭淨資產的數額，與資金需求相關，每年的保費支出在2萬元左右。

第二，教育金規劃。

因為秦先生的兒子到國外留學還有6年的時間，秦先生可以將選擇平衡型基金作為教育基金，預計平均每年的回報率為3%～5%，如果暫時不考慮教育費增長率的話，那麼需要實現一筆60萬元的基金，6年後基金的價值將會達到75萬元。

秦先生也可以選擇用基金定投的方式累積教育基金。基金定投業務是指在一定的投資期間內，投資人以固定時間、固定金額申購某只基金產品的業務。基金管理公司接受投資人的基金定投申購業務申請後，根據投資人的要求在某一固定期限（以月為最小單位）從投資人指定的資金帳戶內扣劃固定的申購款項，從而完成基金購買行為。比較類似於銀行的零存整取方式。一般來說，基金定投比較適合具有特定理財目標需

要的父母（如子女教育基金、退休金計劃）和剛離開學校進入社會的年輕人。

對秦先生家庭來說，通過基金定投，可以使小錢變大錢，每月大概需要投資基金1萬元，6年後也可以累積一筆價值75萬元左右的教育基金。

模塊一　子女教育規劃概述

「望子成龍，望女成鳳」，是每個父母的心願。如何為子女籌集一筆充足的教育經費成為父母們的心頭大事。據中國人民銀行的調查顯示，城鄉居民儲蓄的目的，子女教育費用排在首位，所占比例接近30%，位列養老和住房之前。

由於學費逐年上漲，家長們積攢子女教育經費的壓力陡增，子女教育費用已經成為僅次於購房的一項重大家庭支出。子女教育費用需求也成為家庭理財的重要需求，家長們應該盡早規劃。

任務一　瞭解教育規劃的意義

一、子女教育規劃的意義

調查表明，在城鄉居民儲蓄目的中，子女教育費用需求已成家庭理財的第一需求，居民儲蓄的首要目的就是「攢教育費」。在中國，子女接受教育的費用確實成為現代社會中每個家庭的階段性高支出，而且也是家庭的最主要支出項目之一。對於一個普通的家庭來說，孩子的教育開支是在十多年後的大學階段才進入高峰期的，但是到了孩子的大學學習階段，子女教育金確是最沒有時間彈性與費用彈性的了。因此，子女接受教育的費用最重要的就是要預先規劃，在孩子年齡較小的時候，如果能為孩子準備一個好的教育理財計劃，相信會對整個家庭的理財事業添加比較成功的一筆。

一份名為《孩子的經濟成本：轉型期的結構變化和優化》的調查顯示，以2003年的物價水平計算，0~16歲孩子的直接經濟總成本達到25萬元左右（即0~16歲子女2003年的人均支出相加之和），如估算到子女上高等院校，家庭支出則高達48萬元，如果加上孕產期的人均13,000元支出，以及孩子從孕育到成長過程中父母因誤工、減少流動、升遷等自身發展損失的間接經濟成本，這一數字更為驚人。

在孩子的總經濟成本中，教育成本僅低於飲食營養費，占子女費用的平均比重為21%，但是自子女讀高中起，教育費用在子女總支出中的比重超過飲食費用，這一比重在高中階段為34%，大學階段為41%。學前教育的花費也顯著高於義務教育階段，幼兒班的學雜費人均為4600元，占子女總支出的比重為30%。有少數家庭還支出了高額的擇校費與贊助費。

從上面內容可以看出，對於大多數家庭來說，提前對子女教育金進行規劃的意義非常重大。

二、子女教育規劃的分類

家庭在子女教育上進行的有計劃的資金投入，分為家庭個人投資和自我擴張性、發展性教育投入兩個方面。

1. 家庭個人投資

家庭個人投資主要是指孩子在校學習期間，家庭應分擔的學校教育的合理費用，即培養一個學生一年所需要的費用中，家庭應當負擔的費用。在中國義務教育階段原則上是由國家承擔大部分培養費用，不存在個人家庭投資問題，家庭主要負擔的是非義務教育的投資。由於在非義務教育階段受教育者接受教育層次越高，人力資本、晉升機會、擇業機會等個人收益就越高，所以家庭應該分擔一部分學費和其他費用。

2. 自我擴張性、發展性教育投入

自我擴張性、發展性教育投入是一種選擇性教育投入，其實質是家庭為買到優質的教育資源而付出的費用，即購買教育服務所繳納的費用。家庭購買的教育服務一般包括優質教育服務、名牌教育服務和適合個性發展的教育服務。在一般情況下，擇校費、報課外輔導班的費用、購買和教育相關書籍的費用，以及在校外付出的為培養孩子某一方面的愛好、技能參加培訓班的費用都屬於自我擴張性、發展性教育投入。

三、子女教育規劃的特點

1. 教育金值得投資，但關鍵在於提前規劃

學者們研究表明，用於子女教育的支出並非是一種簡單的消費性支出，而是一種生產性投資，即教育投資。教育投資將增加子女的知識和技能，並為了增加子女能獲得較好的職業適應性、較多的就業機會、較高的收入等教育投資的收益。理財專家指出，如果從小學開始算起，國內培養一個大學生的平均開銷需要 20 萬~50 萬，按照現在大學生平均月薪和增長速度來計算，快的話，5~7 年就可以收回投資，因此哪怕是單獨從個人收入的角度來看，教育投資也還是划算的。鑒於目前教育投資的風險在不斷增加，而其邊際效用卻不斷在減少，因此孩子能否成為有價值的「生產品」，關鍵還是在於做好子女教育投資的規劃。

2. 子女高等教育期間的開支屬於階段性高支出，不事先準備，屆時的收入將難以應付

有民間調查機構數據表明，中國家庭子女教育的支出比重已接近家庭總收入的三分之一。城鄉貧困人群中有 40%~50% 的人提道：「家裡窮是因為有孩子要讀大學。」另外，家庭準備子女高等教育經費的階段與父母準備自己退休經費的時期高度重疊，因此應避免顧此失彼。

3. 高等教育學費的上漲率高於通貨膨脹率，儲備教育資金的報酬率要高於學費增長率

近 20 年，什麼價格上漲最快？很多家長會異口同聲地回答：「子女教育費用。」

僅以子女教育費用中的高校學雜費為例，20 年前，大學學費 200 元/年，現在已經

上漲至平均6000元/年。近20年時間裡，上漲了30倍。學費的漲幅遠遠超過了國民收入增長速度。

4. 子女教育金是最沒有時間彈性和費用彈性的理財目標，因此更要預先規劃，才不會有因財力不足而阻礙子女上進心的遺憾

子女的教育投資策劃與退休規劃和購房規劃相比，最缺乏彈性。退休規劃若財力不足，降低退休后的生活水平還熬得過去；購房規劃若資金不夠，選擇地點偏遠一點、房價較低的地段還可以將就；但子女的教育投資規劃，因為缺乏時間彈性，且學費也相對固定，因此務必需要提早準備。

四、子女教育規劃的原則

要考慮子女的興趣愛好轉換很快，學習成績和以後的發展方向也未定型，父母應該以較寬鬆的角度使準備的教育金可以應付子女未來不同的選擇。例如，上普通大學還是藝術院校，是在國內上學還是出國留學。

寧可多準備，到時候多餘的部分可留做自己的退休金準備。如果子女獨立性較強，可能會以假期打工賺取生活費或者可以獲得獎學金，但是由於這是不確定因素，作為父母還是不能做這樣的假定，在籌集資金時多一些為好，多餘的資金可以當成自己未來的退休金，降低退休後對子女的依賴程度。

充分利用定期定額計劃來實現子女教育基金的儲蓄。每月存一點，別看存得不多，正是這樣的習慣性儲蓄計劃能為子女教育打下堅實的基礎。目前，很多工具可以用來強制儲蓄，如教育儲蓄、教育保險等。

投資時注意以保守投資為主，不要太冒險。不要因為籌集資金的壓力大而選擇高風險的投資工具，因為如果本金遭受損失對以後子女的教育安排的不利影響會更大，所以還是要以穩健為原則。

任務二　教育規劃的步驟

既然孩子的教育資金是不得不花的，而父母又無法預知這些資金具體的金額支出，那麼未雨綢繆當然是尤其重要的了。作為一項重大工程，孩子的教育投資規劃也不單單只是「攢錢」可以解決的，我們把這種規劃分為四個步驟，父母可以遵循這四個步驟計算一下自己的家庭到底需要累積多少教育金，以及如何籌措這些費用，並找到適合的投資方式。

一、確定子女教育要達到的程度以及目前所需的費用

每個家長都要根據自己孩子的特點，制定理財目標。例如，有的孩子今后準備到國外讀書，那就要有比較大的資金儲備和比較高的理財目標。另外，大多數孩子都會按照從幼兒園—小學—初中—高中—大學這樣中規中矩的模式成長。因此，孩子接受普通的學歷教育所需要的花費也是必不可少的支出。

二、設定一個通貨膨脹率，計算未來子女入學時所需的費用

隨著經濟的發展，教育的費用越來越高，教育費用的增長率一般要比通貨膨脹率高，所以計算時應該在通貨膨脹率上加上 2～3 個百分點，假如未來某一階段的通貨膨脹率為 5%，則教育費用的增長率就為 7%～8%。因為教育費用沒有彈性的特點，為了避免到時資金不足的情況出現，所以一般都會預計多一點的費用。

三、計算出現在所需要的投資金額和資金缺口

通過對未來所需費用的貼現，可以計算出一次投資所需費用或分次投資所需資金。假如按現在投資的金額去投資而未來金額不足的話，可以通過調低小孩未來教育目標、增加初期投資金額或調整理財工具來實現。由於這一步的計算涉及理財方面的計算公式，非專業人士很難操作，可以通過銀行專業人士來處理。

四、選擇適當的投資工具並進行投資

一般情況下，投資工具的回報率越高，初期投資的金額就越少，與之相適應的風險就越高。假如沒有足夠的本金進行投資的話，可能就要降低教育目標或選擇高風險、高收益的投資產品，在進行投資時就要對風險管理投入更多的時間和精力。另外，假如初期沒有足夠的單筆投資資金，利用定期、定額計劃來實現子女教育基金的累積也是一種比較科學的方式。對父母們而言，選擇定期、定額業務的好處是分散風險、減輕壓力、強制儲蓄，即在不加重經濟負擔的情況下，做小額、長期、有目的性的投資，以應付未來對大額資金的需求，從而達到輕鬆儲備子女教育金的目標。

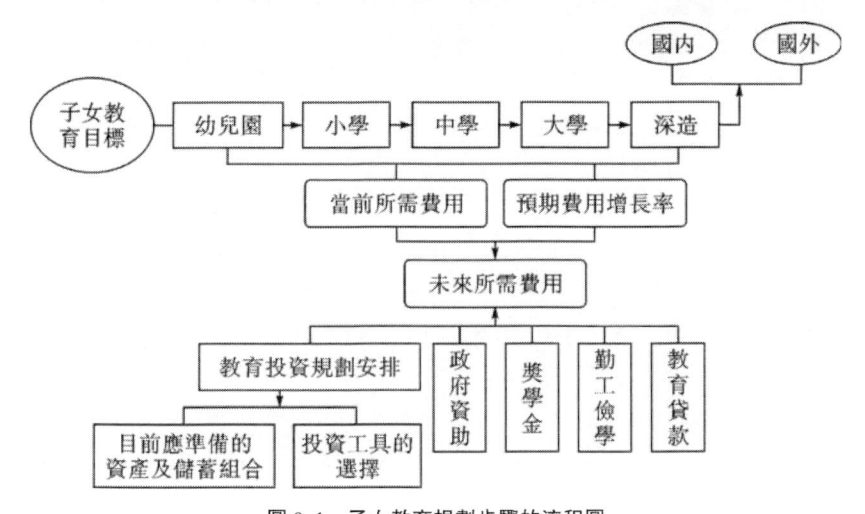

圖 9.1　子女教育規劃步驟的流程圖

請討論進行子女教育規劃與其他理財規劃相比有什麼特點？

個人理財規劃

模塊二　子女教育規劃實務

任務一　確定子女教育要達到的程度以及目前所需的費用

一、瞭解當前的教育收費水平和增長情況

瞭解當前的教育收費水平和增長情況，就要瞭解包括學前教育、義務教育、大學教育和其他支出的所有內容。這是基礎步驟，也是最關鍵的步驟，儘管最后計算出來的金額可能會讓人感到驚訝。如今的教育費用正處在持續增長的階段，如果沒有前期準備，那麼到時候付不起孩子的學費也不是不可能發生的狀況。

一般小孩的成長過程包括幼兒園期、小學教育期、中學教育期、大學教育期和出國留學期五個階段。讓我們來看看每個階段所需要的費用大約是多少。

1. 學前教育——幼兒園費用

我們以月托費為例，上海市一般公立的幼兒園（市區一級一類）收取月托費為450元/月，而私立幼兒園的費用就遠遠不止這些。稍微好一點的私立幼兒園，包括保育費、伙食費等在內，價格通常在1200元/月左右，如果按孩子在園時間為4年計算，僅支付幼兒園月托費這一項4年下來就需要57,600元。

2. 義務教育費用

義務教育費用主要包括小學6年和初中3年的費用。如果選擇上民辦學校，費用還要顯著增加。

小學6年的費用（按二期課改的收費標準計算）：二期課改（實驗本），每生每學期210元，包括雜費50元、課本和作業本費160元，6年12個學期一共2520元。

初中3年費用（按二期課改的收費標準計算）：二期課改（實驗本），每生每學期代辦費280元，包括雜費80元、課本和作業本費200元，3年6個學期共1680元。

3. 區縣重點高中費用

重點高中的學費是1200元/學期、代辦費386元/學期，3年6個學期共計9516元。

4. 大學費用

這是父母負擔中最沉重的一項。目前普通高等院校（除去師範類、軍校等院校外）的學費每學年都在4000元以上，大學生在校的生活費同樣是一大筆開支，由於通信費用大幅增長，大學生社會活動的增加，他們的月生活開支都達到1000元以上。這樣父母每年在一個大學生身上需要投入15,000元，4年共需要60,000元。如果繼續攻讀3年制研究生，那麼這筆費用則需要120,000元。

5. 其他費用

除了上述費用外，課外書、興趣班和家教的費用也是一大筆開支。例如，學鋼琴

的費用就要幾萬元，即使不學鋼琴，這樣那樣的費用加起來沒有 10 萬元也是肯定不夠的。另外，用於孩子的醫療費用我們按 3 萬元計算，這個數字絕對不算高，因為現在小孩子看病比大人還貴。

通過上述分析，一個孩子一生接受教育的費用總計大約為：學前教育費用+義務教育費用+高中教育費用+大學教育費用+其他費用＝321,316 元。

【案例 9.1】下面給出的是廣州地區各個教育階段的教育費用情況：
（一）幼兒園的費用（3~6 歲，見表 9.1）

表 9.1

項目	預計每年開支(元)	費用開支合計	備註
學費與學校贊助費（10,000 元）	每月 1000 元每年 10,000 元(計 4 年)	50,000 元	包括贊助費、各種學雜費、補習費及活動費

（二）小學時期的費用（6~11 歲，見表 9.2）

表 9.2

項目	預計每年開支	費用開支合計	備註
學校教育費用	6000 元（每月 500 元）	36,000 元	包括各種學雜費、補習費及活動費
特長教育支出	12,000 元（每月 1000 元）	72,000 元	鋼琴、英語、奧數及益智類教育
生活開支	14,400 元（每月 1200 元）	86,400 元	包括零花錢、服裝費、交通費用、生日費用
旅遊開支	3000 元	18,000 元	包括寒暑假帶孩子外出旅遊和學校夏令營
醫療開支	2000 元	12,000 元	
額外開支		12,000 元	如給孩子買電腦、手機等
小學期合計開支		236,400 元	時長：6 年

（三）中學時期的費用（12~17 歲，見表 9.3）

表 9.3

項目	預計每年開支	費用開支合計	備註
教育費	10,000 元	60,000 元	包括各種書雜費、補習費及活動費
補習班費用	3000 元	18,000 元	學校和家庭為孩子安排的各種補習課
生活開支	18,000 元（每月 1500 元）	108,000 元	年齡增大，生活各種開支也會增加
旅遊開支	3000 元	18,000 元	同小學保持同樣的水平
醫療保健	2000 元	12,000 元	學習壓力大，要為孩子準備滋補品和保健品
額外一次性開支		15,000 元	更換電腦、手機，每年生日聚會開支
中學期合計開支		231,000 元	時長：6 年

（四）大學時期的費用（18~21歲，見表9.4）

表9.4

項目	預計每年開支	費用開支合計	備註
學雜費	20,000元	80,000元	以中國本科大學費用概算
生活開支	12,000元	48,000元	
選修考證開支	1000元	4000元	
服裝費	3000元	12,000元	如是女大學生則更多
探親交通費	2000元	8000元	寒暑假回家交通費用
其他開支	2000元	8000元	
大學期間合計開支		160,000元	時長：4年

（五）出國留學費用（22~24歲，見表9.5）

表9.5

國家	現在每年費用	3年總費用	21年後總費用測算
英國	20萬~28萬元	84萬元	約175萬元
美國	18萬~30萬元	90萬元	約210萬元
澳洲	18萬~25萬元	75萬元	約160萬元
新加坡	15萬~20萬元	60萬元	約130萬元

孩子成長教育總費用（出國前）

表9.6

階段	幼兒園	小學期	中學期	大學期	總計
費用	50,000元	236,400元	231,000元	160,000元	677,400元

由此可見，以廣州大眾家庭的標準來看，從孩子3歲到21歲，要為子女成長教育支出67.7萬元，可以完成在國內上大學的支出費用；如果是去美國讀研再加100萬元；從幼兒園到研究生畢業需要的總費用為167.7萬元。

家長需要準備約170萬的孩子成長教育儲備金，是以目前的物價水平和匯率水平來測算的，事實上在未來20年裡，相關的教育費用、生活費用、留學費用等都將隨著通貨膨脹而增長，甚至還要高於通貨膨脹率的增長，因此未來孩子實際支出的成長教育開支遠遠高於170萬元。

算一算自己從入學到現在的教育費用大致有多少。

任務二　計算未來子女所需的教育費用

前面提到，隨著經濟的發展，家庭用於教育的費用會越來越高，因此進行教育費用的計算時一定要考慮教育費用增長率，而教育費用的增長率一般要比通貨膨脹率高，因此應該通過在通貨膨脹率上加上 2～3 個百分點來假定。例如，如果未來一個階段的通貨膨脹率為 5%，則教育費用的增長率就為 7%～8%。又因為教育費用沒有彈性的特點，為了避免到時資金不足的情況出現，所以一般都會預計多一點的費用。

【案例9.2】王先生的兒子今年 6 歲。王先生估計兒子上大學之前的教育費用不多。他的子女教育投資規劃目標是在兒子 18 歲上大學時能累積足夠的大學本科和碩士的教育費用。王先生目前已經有 3 萬元教育準備金，不足部分打算以定期定額投資基金的方式來解決。王先生投資的平均回報率大約為 4%。

為實現這一教育目標，請做一個教育投資規劃。

【案例分析】

1. 確定實現教育目標的當前費用

中國目前大學本科四年需要花費 48,000～72,000 元，取中間值 60,000 元；碩士研究生需要花費 30,000～40,000 元，取中間值 35,000 元。

簡便起見，假設學費一次性支付，不考慮學費支付的時間差異。

2. 預測教育費用增長率

結合通貨膨脹率、大學收費增長、經濟增長等因素，預測教育費用年均增長率為 5%。

3. 估算未來所需教育資金和當前現值

12 年後，王先生的兒子上大學時：

應準備大學教育費用 = 60,000 ×(F/P,5%,12) = 107,751（元）

已準備金額 = 30,000 ×(F/P,4%,12) = 48,031（元）

尚需準備金額 = 107,751 - 48,031 = 59,720（元）

每年應提存金額 = 59,720÷(F/A,4%,12) = 3975（元）

每月應提存金額 = 3975÷12 = 331（元）

(簡便起見，不考慮每月提存金額的時間價值差異)

16 年後，王先生的兒子讀碩士時：

應準備碩士教育費用 = 35,000 ×(F/P,5%,6) = 76,401（元）

每年應提存金額 = 76,401 ÷(F/A,4%,16) = 3501（元）

每月應提存金額 = 3501 ÷12 = 292（元）

個人理財規劃

任務三　選擇適當的教育規劃產品

目前比較適合做教育理財的金融產品主要有教育儲蓄、基金定投、教育保險和子女教育信託等幾大類。

1. 教育儲蓄

教育儲蓄是指個人按國家有關規定在指定銀行開戶、存入規定數額資金、用於教育目的的專項儲蓄，是一種專門為學生支付非義務教育所需教育金的專項儲蓄。教育儲蓄採用實名制，開戶時儲戶要持本人（學生）戶口簿或身分證，到銀行以儲戶本人（學生）的姓名開立存款帳戶。到期支取時，儲戶需憑存折及有關證明一次支取本息。

（1）開戶對象：開戶對象為在校小學四年級（含四年級）以上學生。

（2）存期與起點金額：教育儲蓄存期分為一年、三年、六年；教育儲蓄 50 元起存，每戶本金最高限額為 2 萬元。

（3）服務特色：稅務優惠，按照國家相關政策的規定，教育儲蓄的利息收入可憑有關證明享受免稅待遇；積少成多，適合為子女累積學費，培養理財習慣。

（4）存款利率：一年期、三年期教育儲蓄按開戶日同期同檔次整存整取定期儲蓄存款利率計息；六年期按開戶日五年期整存整取定期儲蓄存款利率計息；教育儲蓄在存期內遇利率調整，仍按開戶日利率計息。

（5）利率優惠：一年期、三年期教育儲蓄按開戶日同期同檔次整存整取定期儲蓄利率計息，六年期按開戶日五年期整存整取定期儲蓄存款利率利息（儲戶提供接受非義務教育的錄取通知書原件或學校開具的相應證明原件，一份證明只能享受一次優惠利率，按一般零整業務辦理）。

（6）相對其他儲蓄存款而言，教育儲蓄有以下三方面好處：

①家庭可以為其子女（或被監護人）接受非義務教育（指九年義務教育之外的全日制高中、大中專、大學本科、碩士和博士研究生）在儲蓄機構通過零存整取方式積蓄資金；

②符合規定的教育儲蓄專戶，可以享受整存整取利率的優惠；

③教育儲蓄存款的利息免徵個人所得稅。

按照有關規定，開立教育儲蓄的對象必須是中國大陸在校小學四年級（含四年級）以上學生；享受免徵利息稅優惠政策的對象必須是正在接受非義務教育的在校學生，其在就讀全日制高中（中專）、大專和大學本科、碩士和博士研究生的三個階段中，每個學習階段可分別享受一次 2 萬元教育儲蓄的免稅和利率優惠。也就是說，一個人至多可以享受三次優惠。

2. 基金定投

基金定投是國際上通行的一種類似於銀行零存整取的基金理財方式，最大的好處是可平均投資成本，自動逢高減籌、逢低加碼。在這種情況下，時間的長期複利效果

就會凸顯出來，可以讓平時不在意的小錢在長期累積之後變成大錢。

採用基金定投儲備教育金，不會給家庭的日常支出帶來過大壓力，又可獲得複利優勢。應選擇過往業績表現穩健的股票型基金，關注中長期排名而淡化短期排名。

上投摩根基金公司聯合新浪網進行的「子女成長費用調查」結果顯示，多數家庭認為教育費已經成為孩子成長費用中最大的一項開支。有六成家庭願意嘗試基金定投的方式來儲備子女教育費。調查顯示，多數家庭認為養大一個孩子至少需要 20 萬~30 萬元的費用，68%的受調查者認為在孩子成長過程中，教育費用所占比例最大。調查數據表明，多數家長對親子理財很有興趣，而在眾多理財方式中，基金定投所具備的長期複利、紀律投資、門檻較低等特點，是他們傾向這一理財方式的原因。

【案例 9.3】30 歲的李先生，屬於白領一族，家庭月收入 20,000 元，房屋月供 4000 元，孩子剛出生不久，對於孩子的教育經費儲備經濟壓力比較大。

【案例分析】李先生可以制定一個基金定投子女教育的理財計劃。

第一個 5 年，由於花銷較大，每月僅拿出 1000 元來定投；

第二個 5 年，由於事業的發展，工資收入會有較大上漲，將每月投資額度上調為 2500 元；

最後一個 5 年，由於更換住房，準備養老金等需求逐漸擴大，調整子女教育經費為每月 1500 元。

按照上述「智能定投」的方法模擬定投上證指數為例，假設在 1999 年 1 月開始定投以上證指數為標的的模擬基金，15 年后，即到 2013 年 12 月 28 日，基金帳戶將有 122 萬元。

需要注意的是，進行基金定投要掌握以下投資技巧：

（1）用基金定投籌集子女教育經費要趁早開始。因為投資時間越長，複利效果越明顯，累積的財富也越多。

（2）要堅持長期投資。基金定投採用平均成本概念降低了投資風險，但相應地也需長期投資，才能克服市場波動風險，並在市場回升時獲利。

（3）基金淨值低時停止扣款要慎重。基金淨值有高低波動，最悲觀的時候往往也是最低點的時候，由於低點時可買進較多的基金份額，等到股市回升後可以享受更豐厚的回報。

3. 教育保險

子女教育保險又稱子女教育金保險，也叫作少兒教育險，是針對少年兒童在不同生長階段的教育需要提供相應的保險金，充分體現父母對子女的呵護和關愛。

（1）教育保險的分類。從產品保障期限來看，主要分為非終身型教育保險和終身型教育保險。非終身型教育金保險一般屬於真正的專款專用型的教育金產品。也就是說，在保險金的返還上，完全是針對兒童的教育階段而定，通常會在孩子進入高中、進入大學兩個重要時間節點開始每年返還資金，到孩子大學畢業或創業階段再一次性返還一筆費用以及帳戶價值，以幫助孩子在每一個教育的重要階段都能獲得一筆穩定

的資金支持。終身型教育險會考慮到一個人一生的變化，教育金僅是其中考慮問題之一。

（2）教育保險的特點如下：

①專款專用。子女教育要設立專門的帳戶，就像個人養老金帳戶用於退休規劃，住房公積金帳戶用於購房規劃一樣，只有這樣才能做到專款專用。

②沒有時間彈性。子女到了一定的年齡就要上學（如7歲左右上小學，18歲左右上大學），不能因為沒有足夠的學費而延期。

③沒有費用彈性。各階段的基本學費相對固定，這些費用對每一個學生都是相同的。

④持續週期長且總費用龐大。子女從小到大將近20年的持續教育支出，總金額可能比購房支出還多。

⑤階段性高支出。比如大學教育，平均每個孩子每年2萬，4年就是8萬元；出國留學費用，總價15萬元以上。這些費用支付週期短、支付費用高都需要有提前的財務準備。

⑥額外費用差距大，必須準備充足。子女的資質不同，整個教育過程中的相關花費差距很大，所以寧可多準備不能少準備。

（3）教育保險的功能如下：

①「保費豁免」功能。所謂「保費豁免」功能，就是一旦投保的家長遭受不幸，身故或者全殘，保險公司將豁免所有未交保費，子女還可以繼續得到保障和資助。

②強制儲蓄的功能。父母可以根據自己的預期和孩子未來受教育水平的高低來為孩子選擇險種和金額，一旦為孩子建立了教育保險計劃，就必須每年存入約定的金額，從而保證這個儲蓄計劃一定能夠完成。

③保險的保障功能。教育保險可以為投保人和被保險人提供疾病和意外傷害以及高度殘疾等方面的保障。一旦投保人發生疾病或意外身故及高殘等風險，不能完成孩子的教育金儲備計劃，則保險公司會豁免投保人以後應交的保險費，相當於保險公司為投保人繳納保費，而保單原應享有的權益不變，仍然能夠給孩子提供以後受教育的費用。

④理財分紅功能。教育保險能夠在一定程度上抵禦通貨膨脹的影響。教育保險分紅一般分多次給付，回報期相對較長。

（4）教育保險的返還方式。少兒教育金保險現金返還方式一般可分以下三種：

①第一種是從繳費之日起，每隔幾年返還一定數額；

②第二種是從特定時間點開始每年返還，如從孩子進入高中開始或者進入大學開始；

③第三種是在約定時間點一次性返還，如進入大學或大學畢業。

（5）教育保險的投保建議。從保障內容上看，教育保險通常僅僅能夠提供身故保障，意外傷害、疾病等都不在保險的範圍內。因此，家長還應考慮針對孩子的具體情況，選擇附加高保障的意外險、重大疾病險、住院醫療保險等。這樣就不至於出現買了保險卻沒有保障的尷尬。另外，教育保險應選具有投資功能的險種，如分紅型產品、

投連型產品等。分紅型教育險收益並不高，但以穩定見長，保障功能非常明確；投連型教育險增值帳戶預期收益較為可觀，但風險也相對比較大。

（6）購買教育保險的注意事項如下：

①先重保障后重教育。很多父母花大量資金為孩子購買教育金保險，卻不購買或疏於購買意外保險和醫療保險，這將保險的功能本末倒置。

②應問清楚豁免條款範圍。在購買主險時，應同時購買豁免保費附加險。這樣一來，萬一父母因某些原因無力繼續繳納保費時，對孩子的保障也繼續有效。

③購買教育金保險要小心流動性風險。教育金保險的缺陷在於其流動性較差，而且保費通常比較高，資金一旦投入，需要按合同約定定期支付保費給保險公司，屬於一項長期投資。

④購買教育保險時應兼顧保障功能，以應付小孩未來可能的疾病、傷殘和死亡等風險。

⑤家長在為孩子購買教育金保險時應巧用組合，即在小學四年級前採用教育保險來做教育規劃，在小學四年級后可採用「教育保險+教育儲蓄」的組合方式。

⑥教育保險具有保險的保障功能，可以為投保人和被保險人提供疾病和意外傷害以及高度殘疾等方面的保障。一旦投保人發生疾病或意外身故及高度殘疾等風險，不能完成孩子的教育金儲備計劃，保險公司則會豁免投保人以後應交的保險費，相當於保險公司為投保人繳納保費，而保單原應享有的權益不便，仍然能夠給孩子提供以後受教育的費用。

【案例9.4】平安子女教育保險實例（見表9.7）。

表9.7　　　　　　　　　　平安子女教育保險

產品名稱	平安子女教育保險
險種類別	少兒保險
所屬公司	中國平安人壽保險股份有限公司
投保範圍	被保險人：0~14周歲；投保人：20~50周歲
繳費方式	躉交、年交至14周歲
保險期間	保至21周歲
保險責任	（1）被保險人生存至15、16、17周歲的生效對應日，本公司每年按基本保額的10%給付高中教育保險金。 （2）被保險人生存至18、19、20、21周歲的生效對應日，本公司每年按基本保額的30%給付大學教育保險金。在被保險人21周歲的生效對應日給付教育保險金後，本合同終止。 （3）被保險人身故，本公司退還保險單的現金價值，本合同終止。 （4）投保人身故或身體高度殘疾，從投保人身故或被確定身體高度殘疾之日起，若被保險人生存，本公司於每年的生效對應日按基本保額的5%給付成長年金，直至被保險人21周歲的生效對應日為止。若投保人身故或身體高度殘疾發生於繳費期內，從其身故或被確定身體高度殘疾之日起，免繳以後各期保險費，本合同繼續有效。

表9.7(續)

綜合事項	
產品特色	(1) 五家中資壽險公司聯合推出，統一的條款、統一的費率； (2) 教育年金減輕您的負擔，確保子女順利完成學業； (3) 成長年金呵護孩子幸福成長，告別「只要我在」的承諾； (4) 可豁免保費，體現保險真諦。

總之，教育保險相當於將短時間急需的大筆資金分散開逐年儲蓄，投資年限通常最高為18年。越早投保，家庭的繳費壓力越小，領取的教育金越多；購買越晚，由於投資年限短，保費就越高。從理財的角度出發，教育保險也不宜多買，適合孩子的需要就夠了。因為保險金額越高，每年需要繳付的保費也就越多。總體來講，保險產品主要是保障功能，如果只看其投資收益率，甚至可能比不上教育儲蓄。

4. 子女教育信託

子女教育信託是指委託人（即子女的父母）將信託資金交付給信託機構（即受託人），簽訂信託合同，通過信託公司專業管理，發揮信託規劃功能。雙方約定孩子進入大學就讀時開始定期給付信託資金給受益人（子女），直到信託資產全部給付完。教育信託一是可以讓父母事先規劃，事後無後顧之憂。二是財產受《中華人民共和國信託法》保障，產權獨立避免惡意侵占。也就是說信託財產具有較強的獨立性，既不受父母債權人追索，又不受信託公司債權人的追索。即使信託公司破產了，委託人的信託財產仍可以完整地交予其他信託公司繼續管理。三是不會讓子女過早拿到大筆財產，失去人生奮鬥目標。另外，父母每年可領取由信託公司代為管理和投資時所產生的收益。在新加坡、美國等國家，父母為子女設立專門的財產信託是一種非常普遍的現象。目前，子女教育信託在中國大陸地區並不普遍。

學習小貼士

教育儲蓄操作指南

1. 開戶

開戶時，須憑客戶本人（學生）戶口簿或居民身分證到儲蓄機構以客戶本人的姓名開立存款帳戶，金融機構根據客戶提供的上述證明，登記證件名稱及號碼。開戶對象為在校小學四年級（含四年級）以上學生。

2. 存款

開戶時客戶須與銀行約定每次固定存入的金額，分次存入，中途如有漏存，應在次月補齊，未補存者按零存整取定期儲蓄存款的有關規定辦理。

3. 支取

到期支取時，客戶憑存折、身分證、戶口簿（戶籍證明）和學校提供的正在接受非義務教育的學生身分證明，一次支取本金和利息，每份證明只享受一次利息稅優惠。客戶如不能提供證明的，其教育儲蓄不享受利息稅優惠，即一年期、三年期按開戶日

同期同檔次零存整取定期儲蓄存款利率計付利息；六年期按開戶日五年期零存整取定期儲蓄存款利率計付利息。同時，應按有關規定徵收儲蓄存款利息所得稅。

4. 提前支取

教育儲蓄提前支取時必須全額支取。提前支取時，客戶能提供證明的，按實際存期和開戶日同期同檔次整存整取定期儲蓄存款利率計付利息，並免徵儲蓄存款利息所得稅；客戶未能提供證明的，按實際存期和支取日活期儲蓄存款利率計付利息，並按有關規定徵收儲蓄存款利息所得稅。

5. 逾期支取

教育儲蓄超過原定存期部分（逾期部分），按支取日活期儲蓄存款利率計付利息，並按有關規定徵收儲蓄存款利息所得稅。

分小組調研目前中國市場上常見的教育投資產品，並進行討論。

本章小結

對於大多數家庭來說，提前對子女教育金進行規劃意義非常重大。作為一項重大工程，孩子的教育投資規劃也不單單只是「攢錢」可以解決的，本章把子女教育規劃分為四個步驟：確定子女教育要達到的程度以及目前所需的費用；設定一個通貨膨脹率，計算未來子女入學時所需的費用；計算出現在所需要的投資金額和資金缺口；選擇適當的投資工具並進行投資。

目前比較適合做教育理財的金融產品主要有教育儲蓄、基金定投、教育保險和子女教育信託等幾大類。

個人理財規劃

項目十　養老規劃

【案例導入】

讓我們先通過案例來看一看早計劃養老和晚計劃養老的區別：

一對30歲雙胞胎兄弟，兩個人收入相同、支出相當、積蓄相同。哥哥30歲投入10萬元，平均每年保持10%的收益率，后不再追加投資，但所得利潤全部投入，那麼10年后，他將擁有25.94萬元，再過10年，他的財富為67.27萬元，到他60歲時，這筆錢達到174.49萬元，如果還堅持10年，那麼70歲時，最終擁有453萬元。我們可以發現，越到后來，財富增長越快。而他的弟弟35歲才開始理財，那麼在相同的條件下，同樣到70歲，只有281萬元。只晚5年理財，最終收入相差卻達172萬元。這就是複利的力量。每一分錢都有時間價值，所以時間是富足退休養老最好的幫手。也就是說，養老要及早規劃，養老不只是中年人的事情，更不應該到老了以後才進行規劃，而是越早越好。

模塊一　養老規劃概述

任務一　瞭解養老規劃的意義

據報導，在非洲，當地的土著人常用很原始的方法去捕捉猴子。他們會找一些椰子，在上面打一個口，剛好能容猴子的手臂伸進去，然后，他們在每個椰子殼裡面都放一些花生。猴子看到以后，一定會從樹上跳下來，去抓那些花生。獵人及時出現，這個時候猴子抓著花生不忍心放開，最后沒辦法攀越，很容易就被抓住了。猴子雖然聰明、靈巧，卻放不開致命的花生。其實，我們人類也一樣，在人生一些重大問題上，常常會犯各種各樣的錯誤。例如，像養老這樣的問題，一旦犯錯就是致命的，因為我們根本沒有重來的機會。有人覺得現在炒股票很賺錢，養老金已經準備好了，現在不需要考慮養老錢；還有人會覺得現在國家有社保，養老可以交給國家；也有人自己琢磨養兒防老……

對於養老的問題，很多人或多或少都會有一些認識誤區，這些錯誤認識屬於我們生活中常見的心態，今天的財富是屬於今天的，不一定屬於未來，養老規劃的意義就是提前準備退休資金，保證將來有一個自尊、自立、保持水準的退休生活。

一、社保解決不了養老生活的全部問題

現在人越來越長壽，導致很多國家進入老齡化社會。這裡的很多國家，主要是指一些發達國家，但中國現在還是一個發展中國家，就已經率先進入老齡化階段了。也就是說，我們面臨一個未富先老的困境。在這樣的大前提下，國家政府還可以完全地、無限度地支持退休民眾的生活嗎？社保還夠不夠呢？

這裡有個張女士的例子：張女士54歲，每月收入3000元，如果她明天退休，以她的現狀，結合現有的社保政策，會給她多少退休金呢？大概1000元。我們可以試想一下，那將是張女士理想的生活嗎？今天每月3000元，明天就變成每月1000元，這樣一個3倍的落差，她的生活能夠平衡嗎？中國有句古話：由儉入奢易，由奢入儉難。所以說，養老僅靠國家、靠社保，也許只能解決我們部分的問題，沒有辦法實現我們期待的老年生活。

二、「養兒防老」觀念的改變

按照我們國家傳統的觀念，養兒防老是一個很堅固的傳統觀念。目前在北京，仍有接近30%的人還是覺得在未來，他們的老年生活要靠子女。而在西方國家，推崇的養老方式叫作接力式，即他們只負責撫養子女，在自己老年生活裡面，加上他們本身所處的社會環境福利的情況，基本可以自己照顧自己的生活，不需要子女負擔。而且，在很多西方國家人們的意識裡面，也沒有「養兒防老」的概念。請看一個事實，我們國家長期以來推行的計劃生育政策，造成一個很重要的社會現象：「4-2-1」的家庭結構。也就是說，一小孩子最終要負擔2位父母，然后再加上四位老人。一個人要撫養6個人，在這種結構裡面，先不說子女孝不孝順，就算孝順還有可能心有餘而力不足。儘管現在計劃生育政策開始放鬆，但是人們的生育意識也已經發生了變化。還有長壽的問題，可能等到80歲需要更多的養老金的時候，我們再看自己的子女，他們也要面臨養老的問題了。另外，在今天的社會變革當中，還有很多值得關注的社會現象，這些社會現象都有可能會對於未來的老年生活造成一些問題。十幾年前，說這一個人30歲還不結婚，我們會怎麼想？這個人可能有毛病、腦子有問題，怎麼不結婚呢？兩個人結婚了不生孩子，我們也會想，這兩口子有問題、是不是有病？他們怎麼不要孩子呢？但在看今天的社會，獨身主義是新型的名詞；丁克一族，即結婚不要孩子，就自己過，不撫養子女，這樣的族群越來越大，這就是社會的變化。那麼，單身或丁克一族靠什麼養老呢？靠子女養老並不科學。

三、養老金準備不足將無法事后補救

李嘉誠講過一句話：每年存一筆錢，給出一定的報酬率，幾十年的時間，每個人都會成為千萬富翁。現在應該去過一些更好的生活，至於老年問題以后再說——很大部分的年輕人可能都有這樣的想法。龐大的醫療費支出、龐大的生活的成本，怎麼樣來考慮？年輕人要不要考慮養老？專業登山隊員在爬珠穆朗瑪峰的時候，一般不會選擇北坡，因為南坡坡度很小，而且風景秀麗。其實，養老如同爬山，如果我們選擇在20

歲爬 60 歲的山，這個坡度我們走路就可以過去，我們需要的只是時間而已；如果到 55 歲，甚至到 60 歲的時候再考慮爬 60 歲的山，這時我們需要扶梯才能上山，甚至還需要專業的登山工具；等到 60 歲以後，就不需要再爬了。爬山就是一個過程，而選擇什麼時候來爬？在什麼地方爬？就會呈現出不同的效果。

很多人會說：現在的生活有太多壓力，每月要還房貸、車貸，還要撫養子女等，因此養老的問題現在根本沒有辦法考慮，船到橋頭自然直；還有不少人認為，現在我還沒有養老規劃，一代一代人不都是這麼過來的嘛，到時候我也會有自己的辦法。如果我們確認養老是今后每個人都將會面對的問題，這個問題如果今天不去解決，依然存在，那麼當它出現的時候，有可能就會演變為更大的問題出現在我們面前，最終讓我們無法接受，即所謂積勞成疾。年輕時有壓力不可怕，可怕的是到了老的時候我們沒有力氣、沒有能力、沒有辦法。年輕不怕苦，怕的是老來苦。因此，年輕的時候就要做好準備。每個月哪怕存 100 元、200 元、300 元，一些不必要的開支和應酬我們省下來放到養老的儲備裡面。然后，1 年、5 年、30 年日積月累下來，也會變成一筆財富。因此，如果你今天感覺有壓力，你更應該為未來去做好準備。

四、用今天賺的錢來規劃明天

今天有錢，不代表明天有錢。養老的錢是明天的錢，如何把你今天的錢搬到未來，確實是一個技術問題。人生如棋，我們要走一步看三步，學會運籌帷幄。當我們有錢時，就可以開始準備養老金了，讓我們不但現在有錢，未來也能有錢。因此，有錢更需要去做科學合理的養老規劃。

現在證券市場回暖，很多人都把錢投資到這裡面，也可能會賺取很高回報。但我們要知道，今天的財富是屬於今天的，不一定屬於未來。科學理財的實質是如何把今天的錢放到未來，要去選擇很好的方法，這就需要科學的技巧。

任務二　養老規劃的步驟

一個完整的退休養老規劃主要包括職業生涯設計、退休后生活方式的設計和為彌補養老金缺口而進行的投資增值設計三個部分。退休養老規劃的步驟就是由退休生活目標測算出退休后到底需要花費多少錢，同時由職業生涯狀況推算出可領多少退休金，然后計算出退休后需要花費的資金和可受領的資金之間的差距，即應該自籌的退休資金。養老規劃流程圖如圖 10.1 所示：

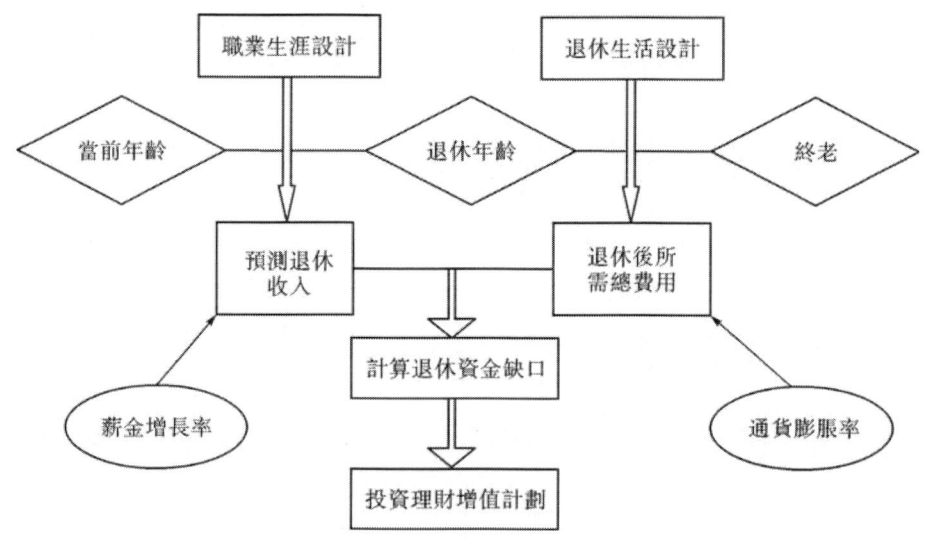

圖 10.1　養老規劃流程圖

一、第一步：確定退休年齡

中國現行法定的企業職工退休年齡是男年滿 60 周歲，女工人年滿 50 周歲，女幹部年滿 55 周歲。研究顯示，退休人員的退休年齡普遍低於法定退休年齡。國外一些充滿干勁的年輕人，都會很早開始進行儲蓄和投資，然后便可以提早退休。退休規劃的第一步就是要確定退休的年齡。退休年齡直接影響著個人工作累積養老基金的時間和退休后所需要的生活費用。在個人預期壽命（全國平均壽命）不變的情況下，退休年齡越早，退休后生活的時間越長，而累積養老基金的時間則越短，這意味著每年要累積的資金越多，壓力越大，甚至要降低當前消費質量。

二、第二步：設定退休生活方式

直接決定退休后所需費用的另一大因素是退休后的生活方式。退休后是只想過僅滿足三餐溫飽，並支付一些小病醫療費的生活，還是希望退休后依舊「想去哪旅遊就去哪」，過著有品質的生活，做個「即使長著魚尾紋也優雅美麗、有風度的老人」呢？答案恐怕是后者。因此，退休規劃的第二步就是設定退休生活方式，以此推算出每年所需的退休費用再結合第一步推出的退休后的生活時間，測算出退休后所需總費用。

三、第三步：預測退休收入

構成退休收入的來源主要有社會保障收入、企業年金、商業保險、兒女孝敬、投資回報和兼職工作收入等。退休規劃的第三步就是要計算退休時所能領到的退休金，以及現在手邊的股票、基金、存款等，預計到退休時，共可累計多少可用資金。

四、第四步：計算退休資金缺口

根據前面對退休后所需費用的預算和退休收入的計算，可以確定在退休時是否有

193

足夠的退休金。如果資金充裕，那麼注意資金的安全性是首要的；但大多數情況下，會存在退休資金缺口，即需要自籌的退休資金，這意味著必須要開始儲蓄更多錢，或找尋更高的投資回報渠道。

五、第五步：制訂理財規劃彌補資金缺口

針對退休資金缺口制訂適當的理財規劃，挑選報酬率和風險都適合的投資工具，以保證退休目的的實現。通常可以利用提高儲蓄的比例、延長工作年限並推遲退休、進行更高投資收益率的投資、減少退休後的花費和參加額外的商業保險等方式來進一步修改退休養老計劃。

通過本模塊的學習，你能列舉出進行養老規劃時常見的誤區嗎？

模塊二 養老規劃實務

【案例導入】

尼爾森和妻子朱莉原先都在美國軍中服役，20多年的軍旅生涯一共搬了15次家，在4個國家居住過，3次被送到戰爭前線。當尼爾森44歲、他的妻子朱莉40歲時，他們在軍中服役的時間已符合退休的條件，兩人決定一起退休，在餘下的時光陪伴3個孩子，過穩定的生活。如今尼爾森一家人居住在聖路易斯市一處有4個臥房的獨立住宅，每天早晨尼爾森起來為要上學的孩子們做早餐，下午尼爾森和妻子朱莉一同到校車停車站接回放學的孩子。

尼爾森和妻子朱莉的故事不在於他們離開了軍隊，過著一種安逸的生活，關鍵是美國人的退休制度尤其是軍職人員優厚的退休待遇使這對夫婦早早就能安享生活。美國很多軍職人員選擇服役20年后退休，然後到私人公司再謀求一份工作。尼爾森和妻子朱莉卻沒有走這條路，而是選擇了完完全全的退休。

一年60,000美元退休金收入的尼爾森夫婦是美國最普通的家庭，但他們以20年的節儉生活和有效的理財，實現了40歲就退休的夢想，並且為未來幾十年生活提供了經濟保障，其中的秘密何在呢？

下面看一下尼爾森夫婦退休后家庭收入和支出的情況。尼爾森的退休金每年36,900美元，朱莉的退休金每年21,600美元，兩人合計退休金58,500美元。尼爾森夫婦工作20年，最高收入是每年127,000美元，在短短20年中他們能累積500,000美元的家庭淨資產，而且有380,000美元的退休基金和36,000美元的銀行存款，不得不說，他們不僅很能節儉過日子而且也善於理財。

將近 60,000 美元的收入，對於一個五口之家而言並不是太寬裕。但尼爾森夫婦在花錢上還是保持著一貫的節儉生活方式，除了支付日常的開支外，他們每年還可節省下 5000 美元用於退休基金投資。讓我們看一看他們是如何進行理財的。

兩人婚后的生活從節約開始，他們在家裡自己煮飯，而不是下飯館。他們買二手車開、在舊貨店買衣服、趁著商店大甩賣時購物。雖然這些做法看起來都是在省小錢，但積少成多，每個月他們能將收入的 35% 節省下來，投入到退休計劃中。女人天生就愛逛商店，朱莉說，每次逛商店都有點不把這月的工資花光不罷休的氣勢，但結婚后只好忍痛割愛了。

兩人積攢下來的錢先是投資共同基金，然后是股票，當其他人在打牌或是看電視時，尼爾森卻是抽空讀一些投資的書籍。結婚兩年后，尼爾森夫婦就積攢了 40,000 美元用於投資。結婚初期的生活方式為后來 20 年的生活奠定了基調，他們決定在軍中服役 20 年就退役，最起碼朱莉要在 40 歲退休以便照顧孩子。朱莉說，在過去 20 年的生活中她對 40 歲退休的目標也動搖過，而且在有了 3 個孩子以后非常想立刻辭掉工作。但尼爾森告訴她要堅持住，不能半途而廢。

20 世紀 90 年代末，尼爾森和朱莉的退休投資組合資金已達到 200,000 美元，然而 2000 年和 2001 年的金融風暴使他們的投資縮水一半。好在尼爾森得到提升、薪水上漲，再加上他們更加省吃儉用，到他們正式退休時，養老儲蓄金已累積到 380,000 美元。

尼爾森計劃在 10 年內不去動用退休儲蓄資金，並讓它繼續在市場上增值。而日常的生活開銷用退休金來支付。雖然是退休了，也有了一大筆的退休資金，但他們依舊堅持勤儉持家。他們絕大多數食品和用品是在當地空軍基地商店購買，那裡的價格要比市場上低 20%。尼爾森要自己修理汽車和換機油，朱莉收集報紙上的折扣券用來購物，而他們也不為孩子們買名牌衣服。

在退休前，尼爾森的投資策略是將退休基金投資於高風險、高回報率的股票上。退休后，理財專家對他的建議是：雞蛋不能都裝在一個籃子裡，越到晚年越要平衡投資風險。在投資組合上，資金的 30% 可以投到高風險、高回報率的股票上，30% 投資到平穩增長的共同基金上，20% 購買債券，10% 投資到低風險股票，10% 投資到外國股票。

理財專家針對尼爾森一家的財務狀況提出的建議是：40 歲退休的人要考慮到未來幾十年的生活能有足夠的經濟來源。現在尼爾森一家有 380,000 美元的退休基金投資在金融市場，而且每年還要追加 5000 美元。如果他們每年追加的退休基金能夠增加到 10,000 美元，按照 8% 的投資回報率，12 年后他們的退休基金將增長到 1,300,000 美元。到那時他們每年可以提出 50,000 美元用於生活，退休基金至少可以讓他們花上近 30 年。即使每年只保持追加 5000 美元資金，在 15 年后他們的退休基金總額也會達到 1,200,000 美元，這對於未來幾十年的生活有著強大的經濟保障。

20 年、30 年的節儉生活和有效的理財，這就是尼爾森夫婦可以在 40 歲就退休而

個人理財規劃

且能夠為未來幾十年生活打好經濟基礎的真正秘密,也許這能給現代的年輕人一點有益的啟示。

任務一　設定養老目標

若要老有所養、退而無憂,甚至保持退休前的生活質量,更重要的還是依靠自願性的個人儲蓄投資來提供退休後的生活所需,所以一個周詳的退休規劃,主要是財務上的規劃,就顯得相當必要。

在開始介紹這部分內容之前,請大家先回答如下兩個問題:

您計劃何時退休?

您退休后期望達到什麼樣的生活水平?

由這兩個問題衍生出來的是所有關於設定養老目標的方方面面。你計劃何時退休?就是你準備在什麼時候開始你的夕陽生活,那時你將很難指望大為減少的收入來滿足養老需求。你期望退休得越早,你的養老金缺口會越大,需要累積的養老金會越多。這意味著你需要每年為養老預留更多的錢,或者為了彌補這個缺口而要在養老金投資中冒更大的風險。

在設定你退休后生活水平時,有很多人會非常茫然,畢竟十年后的狀況是難以預料的。最簡單的辦法是,假設今天退休,你期望的生活水準如何?當然你不再需要職業套裝、交際應酬、出差旅費等與工作有關的支出,也不用考慮子女的撫養教育。但是,在退休后會有幾個必須考慮的項目:日常開支、健康護理、休閒活動。

接下來,讓我們結合實際例題進行學習。

【案例10.1】李先生夫婦今年都是40歲,計劃60歲退休,預期壽命80歲。當前家庭的月收入為18,000元,擁有一套價值90萬元的自有住房,房貸50萬元,每月還貸5000元,有活期存款3萬元,定期存款8萬元,基金15萬元,股票6萬元。

【案例分析】根據李先生對退休后老年生活的設計,得出其退休前後飲食與穿著方面的費用大致相當於當前費用的70%,則李先生夫妻目前的生活費用和退休后第一年的生活費用的變化情況如表10.1所示:

表10.1　　　　李先生家當前月支出及退休后預期月支出　　　　單位:元

支出項目	當前月支出	退休后月支出
食品	2000	1400
衣服	1000	700
交通	500	200
娛樂、旅遊	600	1000
禮物等交際支出	500	200
房屋貸款	5000	0

表10.1(續)

支出項目	當前月支出	退休后月支出
醫療保健	200	500
稅	2000	500
保險	800	500
支出總額	12,600	5000

由表10.1可知，退休后各種生活費用的變化並不是一致的，有些費用可能會不再存在，如房貸的月還款額；有些費用可能增加，如醫療保健方面的費用；還有些費用可能會減少，如一般的飲食。考慮到貨幣的時間價值等因素，可以預期李先生夫婦退休后第一年的生活費用為12萬元。

根據退休后第一年所需的生活費用12萬元和退休后的預期壽命20年，以及假設退休生活費用增長率為5%和投資回報率為10%，則可以計算出李先生夫婦整個退休期所需的養老金總額。

根據公式：整個退休期所需的養老金總額

= {1-[(1+費用增長率)/(1+投資回報率)]^n}/(投資回報率-費用增長率)

可以算出，李先生夫婦整個退休期所需的養老金總額大約為145.34萬元。

通過上述計算可以發現，養老費用的數額確實龐大，因此必須盡早進行規劃。以上只是一個非常簡單的例子，當具體到你自身的情況時，可能還要添加其他複雜的項目。例如，退休后你是否會把你的一套房子出租來增加收入，或者換一個較小的公寓以減少開支，甚至你決定在退休后開一家洗衣店並且可預期的每月有一筆可觀的進帳等。

嘗試幫助自己的父母算一算他們所需的養老金總額。

任務二　選擇養老規劃產品

在上一個任務中，已經根據退休目標的設定計算出了退休期間養老費用總額，如果已有基本養老金、年金等養老投資，就可以從養老費用總額中扣除這部分，從而確定出養老金缺口。那麼這部分缺口資金應如何準備呢？

通過前面的導入案例，大家可以發現選擇適合的養老規劃產品非常關鍵。市場中可供選擇的退休養老方面的投資產品很多，個人應該從安全性原則、流動性原則和收益性原則出發來進行投資選擇，下面就請大家瞭解一下一些常用的養老投資產品。

一、儲蓄

儲蓄是指利用銀行提供的現金儲備理財產品，專門為退休生活累積現金。目前中國銀行業尚沒有專門為個人退休計劃而設計的儲蓄產品，但可以巧妙地將現有的整存整取、零存整取、存本取息、定期儲蓄等不同的儲蓄產品進行組合，以達到為退休計劃理財的目的。該產品的主要特點是風險低、回報低，適用於風險承受能力較低的人，如接近退休年齡或已退休人員。

二、保險

投保商業養老保險可作為養老金缺口的有效補充。因為中途退保會損失，所以商業養老保險有強制儲蓄的作用，使工薪階層能長期堅持儲備養老金，做到專款專用。若選擇具有分紅功能的商業養老險，其複利增值作用具有抵禦通脹風險的作用。選擇商業養老保險時，應同時兼顧意外、健康險等保障類商業保險，以抵禦人生中各種風險。作為規劃可以從30歲開始，每年用年收入的10%～15%進行養老保險投資。許多保險公司都提供了靈活的領取方式，可選擇60歲退休時一次性領取，或選擇每月領取，也能部分彌補退休後的養老金缺口。

目前，市場上可覆蓋養老需求的保險產品主要有以下幾種：

1. 傳統型養老險

預定利率固定，一般在2%～2.4%，什麼時間開始領養老金、領多少，都是投保時就可以明確選擇和預知的。

（1）優勢：回報固定。在出現零利率或負利率的情況下，也不會影響養老金的回報利率。

（2）劣勢：很難抵禦通貨膨脹的影響。若通貨膨脹率較高，從長期看，存在貶值風險。

（3）適合人群：較保守、年齡偏大的投資者。

2. 分紅型養老險

通常有保底的預定利率，但這個利率比傳統養老保險稍低，一般只有1.5%～2%。分紅險除固定生存利益外，每年還有不確定的紅利獲得。

（1）優勢：收益與保險公司經營業績掛鉤，理論上可迴避或部分迴避通貨膨脹對養老金的威脅，使養老金相對保值甚至增值。

（2）劣勢：分紅具有不確定性，也有可能因該公司的經營業績不好而受到損失。要挑選一家實力強、信譽好的保險公司來購買該類產品。

（3）適合人群：理財較保守、不願承擔風險、易衝動消費、比較感性的投資者。

3. 萬能型壽險

這一類型的產品在扣除部分初始費用和保障成本後，保費進入個人投資帳戶，有保證最低收益，目前一般在1.75%～2.5%。除了必須滿足約定的最低收益外，還有不確定的「額外收益」。

（1）優勢：其特點是下有保底利率，上不封頂，每月公布結算利率，目前大部分為 5%~6%，按月結算，複利增長，可有效抵禦銀行利率波動和通貨膨脹的影響。帳戶較透明，存取相對較靈活，追加投資方便，壽險保障可根據不同年齡階段提高或降低。萬能型壽險可靈活應對收入和理財目標的變化。

　　（2）劣勢：存取靈活是優勢也是劣勢，對儲蓄習慣不太好、自制能力不夠強的投資人來說，可能最后存不夠所需的養老金。

　　（3）適合人群：較理性、堅持長期投資、自制能力強的投資者。

4. 投連險

　　設有不同風險類型的帳戶，與不同投資品種的收益掛鉤。不設保底收益，保險公司只是收取帳戶管理費，盈虧由客戶全部自負。

　　（1）優勢：以投資為主，兼顧保障，由專家理財選擇投資品種，不同帳戶之間可自行靈活轉換，以適應資本市場不同的形勢。只要堅持長線投資，有可能收益很高。

　　（2）劣勢：保險產品中投資風險最高的一類，若受不了短期波動而盲目調整，有可能損失較大。

　　（3）適合人群：較年輕、能承受一定的風險、堅持長期投資理念的投資者。

　　三、基金

　　說到長期投資，恐怕沒有什麼比養老金儲備更長期。做養老金儲備，一般儲備期都在 10 年以上，年輕人儲備養老金時間還會更長。基金定投是可以作為儲備養老金的方式的，而且基金定投是最簡單、最有效的投資方式之一。在社保體系逐步完善的情況下，對一般投資者來說，都可以在社保體系內獲得基本的養老保障。因此，通過個人投資來儲備養老金實際上是一種補充養老金，其目的是把日常收支餘額做更有效管理，使這部分長期備用資產有效升值。如此前提下，10 年以上的養老金儲備是可以承受較高風險的，也就是說完全可以忽略一段時間內的收益波動。雖然股市波動幅度大，但長期看，股票類資產提供的平均回報一般會高於債券類資產，因此股票型基金可作為定投養老的主投品種。養老金投資的期限通常能夠涵蓋一個或數個完整的「牛熊循環」，因此一段時間的漲跌不用特別在意。由於定投的平均時間和分散成本作用，中途虧損的幅度也是有限的。

　　對於定投養老金，有兩點需特別注意：一是養老儲備金應主要來自日常收支結餘，這樣就不會因為收支壓力而改變定投計劃；二是定投計劃一旦設定就應堅持，而不應因短期收益波動而改變，以避免錯誤擇時導致收益受損。至於定投養老金的選擇，可以採用被動+主動組合的方式。被動方式就是選一只指數基金，最好是市場代表性強的指數基金；主動方式是選一只優秀公司旗下的長期績優偏股基金。

　　四、房產

　　一般來說，如果有兩套或兩套以上的房子，養老是沒有問題的，如果只有一套房子的怎麼辦？其實，有一套房子也一樣能夠以房養老，以下是有別於「倒按揭」的五

種以房養老方案。

方案一：可以採取「賣房」辦法籌措補充養老金，但不是賣給外人，而是把房子賣給自己的子女。也就是說，老人可將自己的房子抵押給子女。老人每月可從子女那兒得到一筆退休金補助，而子女也可以以遠低於市場價的價格買下父母的房子，這將更加增進老人與子女之間的感情。

方案二：可以採取「以房換養」方式籌措補充養老金。就是當子女的生活也不寬裕時，老人可將自己的房子租出去，拿著租金住進養老院，用收租金來支撐養老院的費用，作為老人不僅沒有失去房子，而且在物質生活大為改善的同時，老人的精神生活也將更為豐富。

方案三：可以採取「以大換小」的方式籌措補充養老金。就是大房換小房，在相同地段把原有的二室一廳換成一房一廳。得到的差價作為補充養老金。人越老，其活動空間就越小，老人不會因此產生失落感。

方案四：可以採取「以近換遠」的方式籌措補充養老金。就是將位於市中心的房子置換到郊區去，把置換到的區域差價，作為未來的補充養老金。這種方法可能會使老人有背井離鄉的感覺，但總比沒錢好。

方案五：還可以採取「以一換二」的方式籌措補充養老金。就是在相同地段把原有的二室一廳換成兩套一房一廳，或者將市區的一套房子換成郊區的兩套房，其中一套自己住，另一套出租，從而賺取穩定的養老金。

五、股票

退休規劃中不應過多地持有低收益債券，適當增加股票持有比例可以保證自己有能力度過漫長的退休時光，在投資的組合中選擇持續分紅能力較強的大盤藍籌股，行業選擇方面以銀行、電力和消費為上。在這些持續分紅能力較強的股票中挑選大盤藍籌股長期持有，便是養老股最好的挑選策略。相對收益較固定的債券而言，股票投資的風險和難度要大得多。那我們該如何盡早給自己挑選幾只適合養老的股票呢？

與一般的股票投資相比，為養老而準備的股票投資具有如下三個鮮明的特點：

一是投資期限較長，因此更看重長期回報，而不是短期獲利。如果我們50歲開始買入的話，那距離60歲退休開始逐步動用這筆錢還有10年的投資期限。如果我們理財意識覺醒較早，在30歲就開始未雨綢繆，為了今后的養老支出而積極買入質地優良適合養老的股票的話，就有長達30年的「緩衝期」。因此，養老股首先應該挑選企業持續盈利能力強，能給投資者帶來長期回報的績優股，而決不能追逐帶有短線炒作性質的各種題材股、消息股和概念股。

二是作為一種剛性需求，為養老而進行的投資必須穩健第一、安全至上。這就要求養老股必須是一只股性不活躍、不容易被投機炒作的股票。某種程度上說，養老股還需要有一定的「債性」。而一般來說，股票的盤子越大，炒作難度越大，波幅越是小，走勢也越是平穩，因此養老股就應該挑選大盤股，而不能是容易被炒作的中小盤股。

三是養老需要長時間的持續開支，因而養老投資必須採用一種「細水長流」類似存本取息的投資模式。這樣的話，養老金的本金規模才不會隨時間流逝而逐漸縮小。在股票投資上，「取息」就表現為股票分紅，尤其是可以直接用於消費的現金分紅。

學習小貼士

如何判斷養老股標準？

養老股標準1：大盤藍籌股

由於適合做養老股的股票必須具有較強的確定性和可預測性，因此我們與其費盡周折去「挖掘」一些被市場低估的成長股和「黑馬股」，還不如直接選擇目前已經奠定行業龍頭地位，且經營業務和業績均具備較高確定性的大盤藍籌股。

由於大盤藍籌股大部分都是大型國有企業的股票，部分企業還帶有壟斷性質，因此經營業績往往較為穩定，這種持續的盈利能力能夠給投資者帶來持續的投資回報。同時，這些國家控股或者政策扶持的企業萬一將來哪一天經營不善、業績下滑，甚至瀕臨破產，往往也有政府「善後」，投資者投資這類企業就等於讓國家做了「擔保人」。這就給以股養老的投資者吃了一粒最大的定心丸。

更重要的是，由於市值巨大，導致大盤藍籌股的炒作難度較大，使得股價波動相對較小，出現讓心理承受能力較差的老年人無法接受的「過山車行情」概率也小。較少炒作也使大盤藍籌股的市盈率與其他股票相比相對較低，相應的投資風險也會較低。對於投資者來說，長期持有會有非常穩定的收益，是挑選養老股的上佳品種。值得一提的是，比起數量眾多的中小盤成長股，大盤藍籌股的絕對數量較少，並大都具有較高的社會知名度和較好的行業口碑，因此挑選起來也相對容易。

養老股標準2：持續分紅能力強

儘管市場上盤子大、業績佳的大盤藍籌股數量不多，但我們要想從這幾十只股票中挑出一只或幾只作為自己的養老股，依然不是件容易的事情。要解決這個問題，我們就需要考慮到養老投資的第三個特性：細水長流，即養老股還必須具有較強的分紅意願和分紅能力，以此來滿足退休後持續不斷的養老支出。

在西方發達國家，我們經常可以聽到很多老年人長期持有優質股票，靠每年的現金分紅來維持日常生活支出的故事。在股東回報意識較強的西方成熟股票市場，股票的高比例分紅是司空見慣的事。有些股票平均每年分紅高達3%，在牛市來臨或者業績增長突出的年份，還會派發額外紅利，使中小投資者一樣可以分享公司成長的收益。因此，依靠股票分紅來維持養老開支已經成為西方人的一種主流養老手段。需要特別注意的是，我們所說的「高分紅股票」不只是一次分紅特別多的股票，而是能夠持續多年都有分紅，而且每次分紅的比例還不低的股票，這樣才能真正做到「細水長流」。只有在牛市或者業績爆發性增長的年份才會想起為股東分紅的股票，就不能算合適的養老股，而每股分紅只有幾分錢的「象徵性分紅」股票也同樣被我們排除在外。

在中國股市中，投機性相對較強，大部分投資者還是通過股價波動所導致的價差

來實現收益，而非通過長期持有股票以獲取紅利來實現收益。當然，這在一定程度上也是由於中國上市公司的分紅意識較差導致的。不過在這樣的大環境下，我們還是能夠找出一些具有持續分紅能力的優質養老股。

養老股標準3：銀行、電力與消費

在今天的A股市場中具有較強分紅能力的股票分紅企業大部分集中在銀行股、電力子股以及與民生息息相關的消費類股票中。

作為關乎國計民生和國家安全的電力行業，一直以來都由國有企業壟斷，可以預見的是，未來電力行業依然將是國有企業一家獨大的局面。由此而造成的持續盈利能力是毋庸置疑的。儘管眼下電力行業正受到煤價上漲所帶來的衝擊，但長期看，國家財政補貼不可能長期補貼發電廠，「煤電聯動」也是必然的趨勢，其長期盈利能力依然看好。此外，像高速公路板塊、交通運輸板塊的一些股票和鋼鐵及電力股具有同樣的優勢：國有壟斷，也可作為養老股。除了這類國有控股企業外，在中國居民消費能力升級的長期大環境下，具有明顯行業優勢地位的消費類股票也是養老股的不錯選擇。

除了上述投資產品以外，還可以購買黃金和收藏品等投資產品。總之，在選擇退休投資產品時，一定要遵循兩個基本的原則：一個基本原則是長期穩健投資；另一個基本原則是合理分配組合。

請結合自己家庭的實際情況，選擇合適的投資產品，並說明原因。

任務三　認識中國養老保險制度

一、現行養老保險制度的組成

中國現行的養老保險制度由三個不同層次的養老保險組成，即基本養老保險計劃、企業補充養老保險計劃和個人儲蓄型保險計劃，由此初步構建了中國現代養老保險體系的制度框架。

第一個層次的基本養老保險計劃在養老保險體系中占了主要地位。中國對城鎮企業職工強制實行統帳結合、部分累積的基本養老保險制度，其保障水平較低，覆蓋面較廣。到2002年，中國基本養老保險覆蓋人數為14,736萬人，其中職工11,128萬人，離退休人員3608萬人。在部分有條件的地區，中國政府鼓勵當地政府開展農村養老保險的探索和試點。

第二個層次的企業補充養老保險計劃由政府政策鼓勵，企業自願建立，企業或企業和職工個人共同繳費為職工建立個人帳戶，通過商業機構營運，給付水平由繳費和投資收益率決定。目前中國只有極少數效益比較好的企業為職工辦理了補充養老保險，尚處於零星發展的狀態。2000年，補充養老保險覆蓋職工人數是560萬，不到全部企

業職工的5%。2004年《企業年金試行辦法》和《企業年金基金管理試行辦法》的出抬為企業年金的發展搭建了制度平臺，無疑將對這一層次的養老保險計劃產生重要的影響。

第三個層次的養老保險計劃是個人儲蓄型保險計劃，由勞動者個人通過購買商業保險公司的養老保險產品等方式實現。目前，中國商業養老保險的發展仍處於起步階段和附屬地位，水平很低，商業保險在養老保險體系中的地位和作用沒有得到充分發揮。2003年，中國商業養老保險保費收入為420億元，人均保費支出不足40元，而2003年全國人均退休金為8777元。

中國現行的養老保險制度是公共選擇與社會經濟發展的結果，在提高制度效率和促進公平、保障社會平穩運行與防範老年貧窮方面發揮了一定的作用。一是在較短的時間內，運用創新思維探索出有中國特色的養老保障改革道路，初步形成了養老保險制度的多層次體系框架，與國際上流行的「三支柱」保障理論相契合；二是通過全面和漸進的改革實現了由傳統保障制度向社會化的責任分擔制度轉變，改變了依靠政府和單位的傳統保障觀念，適應了經濟與社會發展的要求；三是為一定數量的居民提供了養老保障，並開始形成了養老金的正常調整機制，使離、退休人員能夠分享經濟社會的發展成果；四是有效改善了公眾的消費心理預期，促進了即期消費，為經濟社會的發展提供了有力的支持。

二、社會基本養老保險金的籌集

基本養老保險基金由以下部分組成：
（1）用人單位和職工、城鎮個體勞動者繳納的基本養老保險費；
（2）財政投入；
（3）基本養老保險基金的利息等增值收益；
（4）基本養老保險費滯納金；
（5）社會捐贈；
（6）依法應當納入基本養老保險基金的其他資金。

縣級以上人民政府每年應當安排一定比例的財政性資金投入基本養老保險基金，並列入財政預算。

職工個人每月按照本人上一年度月平均工資（以下稱繳費工資）的8%繳納基本養老保險費。

新參加工作、重新就業和新建用人單位的職工，從進入用人單位之月起，當年繳費工資按用人單位確定的月工資收入計算。

職工繳費工資低於上一年度全省在崗職工月平均工資60%的，按照60%確定；高於上一年度全省在崗職工月平均工資300%的，按照300%確定。全省上一年度在崗職工月平均工資，由省統計部門核定，由省勞動保障行政部門公布。

職工個人繳納的基本養老保險費，由用人單位每月從職工工資中代扣代繳。

職工個人按規定比例繳納的基本養老保險費不計入個人所得稅的應納稅所得額。

企業、民辦非企業單位等每月按照全部職工工資總額的一定比例繳納基本養老保險費。國家機關、事業單位和社會團體每月按照參保人員工資總額的一定比例繳納基本養老保險費。

用人單位的繳費比例一般不得超過20%。具體比例按照國家和省人民政府規定的權限確定。

用人單位繳納的基本養老保險費按照規定列支。

城鎮個體工商戶、城鎮靈活就業人員（以下統稱城鎮個體勞動者）每月按照上一年度月平均實際收入的20%繳納基本養老保險費。其中，有雇工的城鎮個體工商戶，雇主的養老保險費全部由其本人繳納；雇工的養老保險費，由雇工繳納8%，雇主繳納12%。

城鎮個體勞動者上一年度月平均實際收入低於上一年度當地在崗職工月平均工資80%的，按照80%確定繳費基數；高於上一年度當地在崗職工月平均工資300%的，按照300%確定繳費基數。

省人民政府可以根據本省實際，對城鎮個體勞動者的繳費標準進行調整。

城鎮個體勞動者按規定比例繳納的基本養老保險費依法不計入個人所得稅的應納稅所得額。

用人單位應當自依法成立之日起30日內，向社會保險經辦機構辦理職工基本養老保險登記手續。城鎮個體勞動者應當按規定向社會保險經辦機構辦理職工基本養老保險登記手續。用人單位、城鎮個體勞動者在辦理稅務登記的同時，向地方稅務機關辦理職工基本養老保險繳費登記手續。

用人單位在辦理職工基本養老保險註冊登記后增員或者減員的，應當自增員或者減員之日起30日內，向社會保險經辦機構辦理職工增減登記手續。社會保險經辦機構應當將用人單位基本養老保險登記情況及時告知地方稅務機關。

用人單位應當在每月10日前按照規定自行計算應繳費額，向地方稅務機關申報繳納上月的基本養老保險費，並對申報事項的真實性負責。

職工個人應繳的基本養老保險費報經社會保險經辦機構核定後，由用人單位代扣並向地方稅務機關申報繳納。

城鎮個體勞動者憑社會保險經辦機構核定的應繳費額向地方稅務機關申報並繳費。

經地方稅務機關和勞動保障行政部門確認后，用人單位、城鎮個體勞動者可以直接向地方稅務機關申報繳納職工個人、城鎮個體勞動者應繳納的基本養老保險費。地方稅務機關應當及時將職工個人和城鎮個體勞動者的繳費基數、繳費金額等情況反饋社會保險經辦機構。

用人單位偽造、變造、故意毀滅有關帳冊、材料，或者不設帳冊，致使基本養老保險費無法確定的，地方稅務機關按該單位上月繳費數額的110%確定應繳數額。沒有上月繳費數額的，地方稅務機關根據該單位的經營狀況、職工人數等有關情況，按規定確定應繳數額。

基本養老保險費應當以貨幣形式全額徵繳，不得減免，不得以實物或者其他形式抵繳。

　　用人單位分立、合併的，由分立、合併后的單位繼續繳納基本養老保險費。

　　用人單位改變名稱、住所、所有制性質、法定代表人或者負責人、開戶銀行帳號等基本養老保險登記事項的，應當自變更之日起 30 日內向社會保險經辦機構辦理職工基本養老保險變更登記手續。

　　用人單位歇業、被撤銷、宣告破產或者因其他原因終止的，應當依法清償欠繳的基本養老保險費，並在終止之日起 30 日內向社會保險經辦機構辦理基本養老保險註銷登記手續。

　　用人單位在辦理稅務變更登記、註銷登記的同時，向地方稅務機關辦理職工基本養老保險繳費變更登記、註銷登記手續。

　　國有企業或者城鎮集體所有制企業職工的繳費年限，如有部分為視同繳費年限的，在國有企業或者城鎮集體所有制企業破產清算時，應當依法從其破產財產中提取尚未繳納的視同繳費年限部分的基本養老保險費。視同繳費年限基本養老保險費的具體標準由省人民政府規定。

　　上述所稱繳費年限，是指職工個人和其所在用人單位、城鎮個體勞動者分別按規定足額繳納基本養老保險費的年限。國有企業或者城鎮集體所有制企業參加職工基本養老保險社會統籌之前，職工參加工作的年限，經勞動保障行政部門審核，符合國家和本省有關規定的，為視同繳費年限。

　　基本養老保險基金實行收支兩條線和財政專戶管理，任何單位和個人不得挪用、截留。

　　基本養老保險基金按照國家規定的方式保值增值，其各項增值收益全部計入基本養老保險基金。

　　基本養老保險基金存入銀行或者購買國債的，在確保職工基本養老金等發放的同時，應當選擇合理的存款期限或者國債期限，提高基金的利息收益。

　　按國家規定建立省級基本養老保險調劑基金。各市、縣應當按時足額繳納省級調劑基金。省級調劑基金用於調劑基本養老保險基金支付困難的市、縣。省級調劑基金建立和調劑使用的具體辦法，由省人民政府規定。

　　基本養老保險基金免徵稅、費。

　　三、社會基本養老金的待遇支付

　　目前，中國的企業職工法定退休年齡為：男職工 60 歲；從事管理和科研工作的女職工 55 歲，從事生產和工勤輔助工作的女職工 50 歲。

　　職工領取基本養老金的條件：一是達到法定退休年齡，並已辦理了離退休手續；二是所在單位和個人依法參加養老保險並履行了養老保險繳費義務；三是個人繳費至少滿 15 年（過渡期內繳費年限包括且視同繳費年限）。

　　基本養老金由基礎養老金和個人帳戶養老金組成。個人繳費不滿 15 年的，不發給

基礎養老金，個人帳戶全部儲存額一次支付給本人。

1.「新人」的基本養老金

1997年后參加工作的職工，稱為「新人」，達到法定退休年齡且個人繳費滿15年的，基礎養老金月標準為省（自治區、直轄市）或市（地）上年度職工月平均工資的 n%（n 為繳費年限）。基礎養老金由社會統籌基金支付；個人帳戶養老金由個人帳戶基金支付，月發放標準根據本人帳戶儲存額除以計發月數。計發月數根據職工退休時城鎮人口平均壽命預期、本人退休年齡、利息等因素確定，具體如表 10.2 所示：

表 10.3　　　　　　　　　　個人帳戶養老金計發月數表

退休年齡（周歲）	計發月數（元）	退休年齡（周歲）	計發月數（元）
40	233	56	164
41	230	57	158
42	226	58	152
43	223	59	145
44	220	60	139
45	216	61	132
46	212	62	125
47	208	63	117
48	204	64	109
49	199	65	101
50	195	66	93
51	190	67	84
52	185	68	75
53	180	69	65
54	175	70	56
55	170	—	—

職工退休時的養老金主要由兩部分組成（忽略過渡性養老金）。

個人養老金＝個人帳戶養老金＋基礎養老金

個人帳戶養老金＝個人帳戶儲存額÷計發月數

基礎養老金＝（全省上年度在崗職工月平均工資＋本人指數化月平均繳費工資）÷2×n%

【案例 10.2】某企業職工預計於 2035 年 1 月滿 60 歲時辦理退休手續，退休時其國家基本養老保險繳費年限已達 37 年，指數化月平均繳費工資為 7000 元，個人養老帳戶為 258,200 元，當時社會職工的平均工資為 4500 元。假設按現今基本養老金制度，此員工到時可以拿多少退休金？

【案例分析】計算公式如下：

基礎養老金＝（4500+7000）÷2×37%＝2127.5（元）

個人帳戶養老金＝258,200÷139＝1857.55（元）

待遇總額＝2127.5+1857.55＝3985.05（元）

2.「中人」的基本養老金

1997 年統一全國企業職工基本養老保險制度前參加工作的人員，但在新政策實施后退休的職工，稱為「中人」，其退休后在發給基礎養老金和個人帳戶養老金的基礎上，再發給過渡性養老金。

個人養老金＝個人帳戶養老金+基礎養老金+過渡性養老金

過渡性養老金＝指數化月平均繳費工資×R×「中人」臨界點之前的本人繳費年限（R 為計發系數，其值在 1%～1.4% 之間，由各地測算后確定）

【案例10.3】某女幹部，2007 年 7 月滿 55 周歲退休。其於 1973 年參加工作，1981 年 7 月參加社保，從未中斷繳費，繳費年限共計 26 年，視同繳費年限 15.5 年，平均繳費指數為 1.38，個人帳戶儲存額為 57,698 元，計發系數為 1.3。2006 年當地在崗職工平均工資為 2289 元。

【案例分析】計算公式如下：

基礎養老金＝（2289+2289×1.38）÷2×26%＝708.22（元）
個人帳戶養老金＝57,698÷170＝339.40（元）
過渡性養老金＝2289×1.38×1.3%×15.5＝636.50（元）
待遇總額＝708.22+339.40+636.50＝1684.12（元）

3.「老人」的基本養老金

新政策實施前，即 2006 年 1 月 1 日前已經退休的人員，稱為「老人」，仍按國家原有規定發給基本養老金，並隨以后基本養老金調整而增加養老保險待遇。

本章小結

一個完整的退休規劃主要包括職業生涯設計、退休后生活方式的設計和為彌補養老金缺口而進行的投資增值設計三個部分。退休規劃的步驟就是由退休生活目標測算出退休后到底需要花費多少錢，同時由職業生涯狀況推算出可領多少退休金，然后計算出退休后需要花費的資金和可受領的資金之間的差距，即應該自籌的退休資金。

本章主要向大家詳細介紹了退休規劃的這幾個步驟，幫助大家瞭解和掌握進行退休規劃的方法。

第四篇
綜合理財規劃應用

項目十一　個人綜合理財規劃實務

本部分通過選取一份較為全面和實用的綜合理財規劃案例，從專業理財規劃師的角度為大家展示進行個人（家庭）理財的全過程。

第一部分　理財聲明

「和諧理財　美好生活」

理財的意義不是簡單的金錢累積，而是在財務保值增值的基礎上達到財務自由、資產合理配置，並最終實現經濟和精神雙重發展的高質量美好生活。理財的宗旨就是「和諧理財 美好生活」。

本理財規劃方案是以客戶目前家庭及經濟財務等基本狀況為依據，希望幫助客戶實現現有資金有效增值，長期生活有所保障，在物質生活以及精神生活方面都得到發展。該方案按照以下邏輯線索制訂（見圖 11.1）：

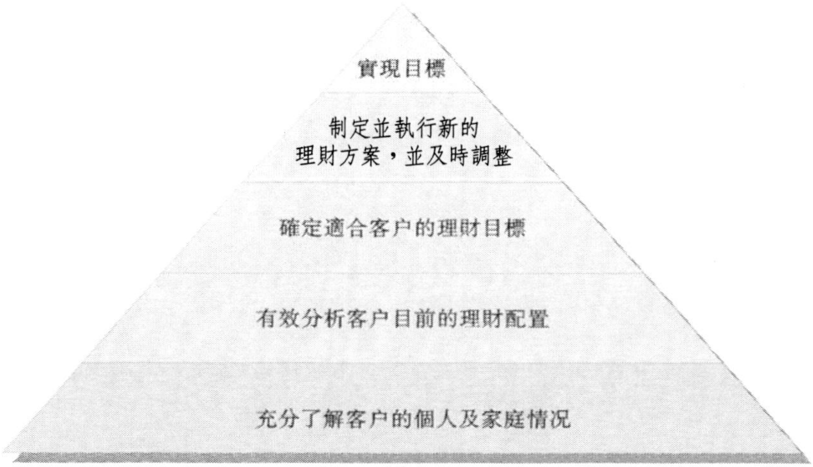

```
                 實現目標
            制定並執行新的
          理財方案，並及時調整
        確定適合客戶的理財目標
      有效分析客戶目前的理財配置
    充分了解客戶的個人及家庭情況
```

圖 11.1

在實施理財規劃時，客戶應該知曉並明確理財產品的一般風險，包括市場風險、本金風險、收益風險、流動性風險等因素，理財投資決定需經鄭重考慮並及時做出調整以實現預期理財目標。本理財方案制訂於 2008 年 8 月，且僅適用於客戶本人；方案的制訂是基於目前市場的情況和對將來市場走勢的假設，這些因素都會對日後該方案

的執行產生影響，客戶應該明確瞭解並定期對其理財方案進行重新評估，並結合其自身生活和財務狀況的變化做出調整以適應新的需要。

第二部分 客戶家庭及財務情況分析

一、客戶家庭情況

溫先生：中年，來滬定居已近 10 年，從事外貿行業，自己開店經營布料生意，工作較忙，家庭資產已累積到一定水平。

溫太太：在一家跨國公司做行政工作，收入穩定。

溫先生和溫太太有一個 5 歲的女兒。

溫先生的父母：目前來滬與溫先生一家同住。

二、客戶財務經濟狀況

客戶溫先生提供的個人財務情況介紹，詳見表 11.2：

表 11.2　　　　　　　　　　　　家庭每月收支表

每月收支狀況（單位：元）			
收入		支出	
本人月收入	0	房屋月供	0
配偶月收入	4500	基本生活開銷	8000
其他收入	0	醫療費	0
合計	4500	合計	8000
每月結餘	-3500		

★ 每月結餘比例

每月結餘比例＝每月結餘／每月收入＜0

一方面，由於溫先生自己打理生意，收入較不穩定，因此每月支出主要依靠妻子的收入；另一方面，家中有老人和孩子，故每月消費較多。表 11.2 也反映出溫先生一家每月的收入來源較單一，應在收入來源的多元化配置方面多做考慮。溫先生一家年度收支情況如表 11.3 所示：

表 11.3　　　　　　　　　　　　家庭年度收支表

年度收支狀況（單位：元）			
收入		支出	
年度收入	30 萬～50 萬	保費支出	6230
其他收入	0	其他支出	10,000（探親）
合計	30 萬～50 萬	合計	16,230
年度結餘	28 萬～48 萬		

溫先生的家庭是處於中等收入水平的家庭，年度結餘較多（見表 11.4），但溫先生生意不是很穩定，目前的家庭保障支出主要集中在妻子身上，自己和父母及孩子的保障不夠，需要在長期及全面保障上多做配置。

表 11.4　　　　　　　　　　　　家庭資產負債狀況

家庭資產負債狀況（單位：萬元）			
家庭資產		家庭負債	
活期存款及現金	5	房屋貸款	0
定期存款	38	其他貸款	0
基金	20		

表11.4(續)

家庭資產		家庭負債	
國債	0		
股票	0		
房產（自用）	200+200		
房產（投資）	0		
黃金及收藏品	0		
汽車	0		
合計	463	合計	0
家庭資產淨值	463		

★淨資產狀況

淨資產為資產扣除負債之后的總額。根據上表，溫先生家庭資產淨值為463萬元，屬於中等偏上收入水平家庭。

★淨資產流動比率

在客戶的資產中房產占到絕大部分，分配具有一個明顯的特點即資產種類較單一，固定實物資產占總資產的86.39%。

★淨資產投資率

淨資產投資率=投資資產總額/淨資產=13.6%。

一般家庭淨資產投資率較理想比率50%，目前溫先生家的金融資產的盈利能力較低，且投資方式較單一。

★債務償還比率

客戶目前沒有任何債務償還項目，家庭債務壓力較小。

三、客戶的理財目標

1. 客戶當前理財模式評估

資產配置不合理：資產配置較單一，不動資產占比過高，淨資產投資率過低等（見表11.5）。

表11.5

家庭資產負債數值對比分析		
個人理財指標	客戶溫先生數值	理想經驗值數值
資產負債率	0%	小於50%
債務償還比率	0%	小於35%
淨資產流動比率	86.39%	15%
淨資產投資率	13.6%	大於50%

收入來源較單一：溫先生每年收入絕大部分由其布料店取得，目前有兩處房產處於閒置狀態，未能有效利用以增加收入；金融工具投資經驗較少，尚未有效利用多樣投資工具。

長期保障未跟進：溫先生家中上有父母需要照顧、下有小孩需要培養，家庭經濟支出較大，因為自營布料生意，收入波動性大，且妻子收入增長性較差。這些因素要求溫先生應十分注重長期保障。

2. 理財變量假設

在制訂該理財方案中涉及一些宏觀金融數據和微觀變量，結合客戶基本情況及目前經濟市場形勢，對相關數據做出如下分析：

★ 最低現金持有量

一般情況下，個人或家庭應當持有 3~4 個月的月度支出作為日常最低現金儲備，以此來應對意外情況和緊急之需。為了保障財務的穩定和安全，結合客戶的家庭收支財務狀況和生活情況，建議其最低現金持有量為 3 萬元，另外需注意的是該最低現金持有量應隨著通貨膨脹率及收入增長率的變化做出調整。

★ 生活支出增長率

日常支出的增長與家庭收入的增長有關，考慮到溫先生的父母隨著年齡的增加醫療費用的花費要增加，5 歲的女兒教育費用的增加，以及家庭生活質量的提高，同時結合預計的通貨膨脹，因此把預計溫先生家庭的生活支出年增長率為 6%。

★ 住宅租賃價格增長率

本理財方案依據了當時最新《上海統計年鑒》中公布的房地產價格指數為依據來預計未來上海住宅租賃價格指數增幅，詳見表 11.6。

表 11.6　　房地產價格指數（2001—2006，以 2000 年價格為 100）[①]

類別 \ 年份	2001	2002	2003	2004	2005	2006
房屋銷售價格指數	104.4	112.0	134.5	155.9	171.1	168.9
商品房	101.8	110.1	132.7	153.7	167.8	162.8
住　宅	102.1	111.0	134.7	156.0	170.4	165.0
非住宅	98.3	102.0	114.0	132.3	143.6	141.6
公　房	107.4	108.2	108.2	108.2		
二手房	110.8	117.1	142.4	167.3	185.1	188.4
房屋租賃價格指數	104.9	103.9	106.0	111.9	115.9	120.6
住　宅	107.4	107.4	108.7	110.1	113.7	116.4

---

① 摘自：上海統計局網站 http://www.stats-sh.gov.cn/2003shtj/tjnj/nj07.htm？d1=2007tjnj/C0812.htm（2007 年 8 月）。

表11.6(續)

類別＼年份	2001	2002	2003	2004	2005	2006
#公房	115.2	115.2	115.2	115.2		
辦公樓	98.6	97.9	103.0	110.1	117.2	121.6
商業娛樂用房	107.2	104.0	102.8	110.4	111.4	118.2
廠業倉儲用房	118.8	121.2	125.5	131.8	133.7	135.1
土地交易價格指數	97.2	103.3	118.9	143.1	153.0	154.8
#居住用地	92.2	102.3	125.1	161.8	170.6	169.7
工業倉儲用地	91.6	82.7	84.0	85.1	88.3	90.8

①按照國家統計局新的調查制度規定，取消房屋價格統計中原「私房」調查指標，改為「二手房」統計指標。
②二手房是指進入房屋市場進行交易，第二次以上進行產權登記的商品房。表中2005年以前二手房為私房數據。
③自2005年起，按照國家統計局新的調查制度規定，取消房屋價格統計中「公房」價格統計指標。

根據以上數據本理財方案繪出上海房屋租賃價格指數（住宅）的柱狀圖如圖11.2所示：

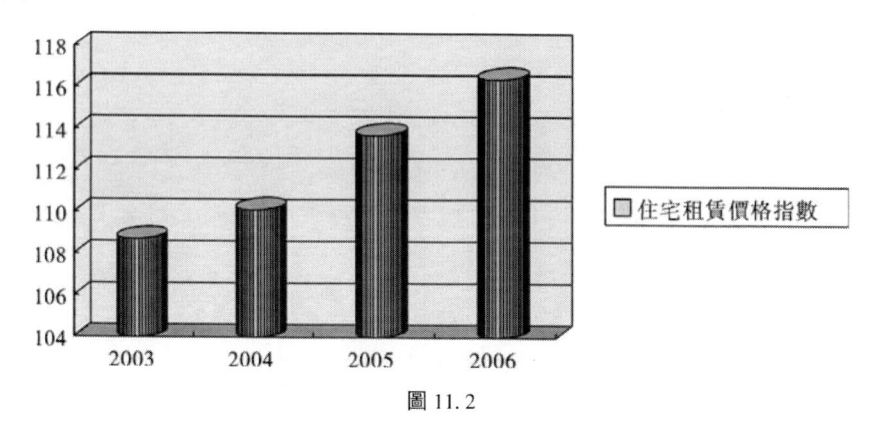

圖11.2

3. 客戶理財目標的確立

為客戶制定合理的理財目標是理財規劃中十分重要的一步，本方案主要依據以下理論：

★ 理財生命週期

生命週期理論是個人理財理論中十分重要的基礎，它將人的生命週期和理財策略相聯繫。客戶溫先生目前處於人生的中年期，為其簡單地制定表11.7作為參考：

表11.7

	理財特點	理財目標	理財策略
中年穩健期	風險規避程度提高 追求穩定的投資收益	財務獨立自由 財富穩健累積	以穩健操作為主

★客戶風險承受能力分析

通過填寫風險評估問卷，分析得出客戶的投資者類型及風險承受能力。風險評估與評估結果如表 11.8 所示：

表 11.8

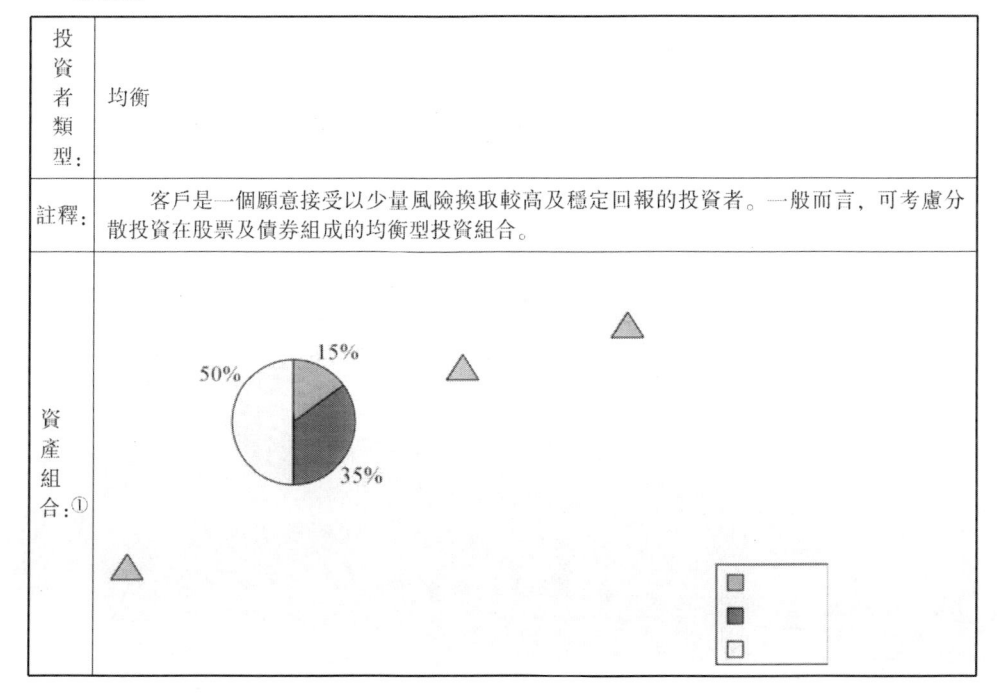

投資者類型：	均衡
註釋：	客戶是一個願意接受以少量風險換取較高及穩定回報的投資者。一般而言，可考慮分散投資在股票及債券組成的均衡型投資組合。
資產組合：①	50%　15%　35%

結合上述分析，溫先生理財目標可歸納為：

第一，優化理財配置，多元化收入來源。

第二，提高防範風險能力，加強長期保障。

第三部分　理財目標分析及理財方案設計

本理財方案的制訂宗旨是在保持一定現金持有量的基礎上，對現有資產進行多元化的投資組合，在保證生活質量和加強未來風險防範能力的前提下，有效運用多種投資工具和方式以實現資產的保值與增值。

目前溫先生家庭除去房產的可分配資產總計為 63 萬元，將按如下比例投入不同理財資產配置項目中（見圖 11.3）。

---

① 該風險評估問卷中資產組合的高、中、低風險以較一般商業銀行之較保守標準衡量。

```
        資金配置
         63萬元
```

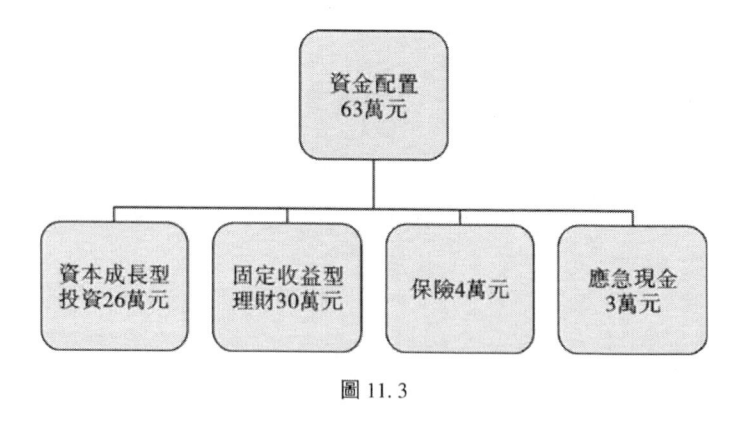

資本成長型投資26萬元　　固定收益型理財30萬元　　保險4萬元　　應急現金3萬元

圖 11.3

增值資產，優化配置方案

為了解決客戶目前存在的資產配置不合理、收入來源單一的問題，實現資產增值、配置優化的理財目標，為溫先生設計的理財方案具體從以下幾方面著手：

1. 出租目前閒置的兩處房產

溫先生可選擇與父母家人居住在一套價值200萬元的房屋，其餘兩套較小的房產可以考慮出租，以此來增加每月收入。結合房產地理位置及面積等因素，估定這兩套房產租金可以達到6000元/月。表11.9為實施方案後的收支表：

表11.9　　　　　　　　　　家庭每月收支表（新）

每月收支狀況（單位：元）			
收入		支出	
本人月收入	0	房屋月供	0
配偶月收入	4500	基本生活開銷	8000
其他收入	6000	醫療費	0
合計	10,500	合計	8000
每月結餘	2500		

2. 合理分配金融理財資金

根據理財方案中對於客戶的基本情況分析，溫先生的資金應主要進行穩健型打理。主要側重於兩種投資模式，即固定收益型理財和資本成長型理財。

（1）固定收益型理財分配。

概述：固定收益型理財，即保證收益型理財項目，投資產品到期銀行會依據約定條款向支付客戶所承諾的固定收益，或者向客戶支付最低收益，額外投資收益則按合同約定分配。投資對象包括短期國債、央行票據以及協議存款等。

理財預期年平均收益：3%~6%。

理財分配及舉例如圖11.4所示：

```
        資金配置
         63萬元
```

```
資本成長型    固定收益型    保險4萬元    應急現金
投資26萬元    理財30萬元               3萬元
```

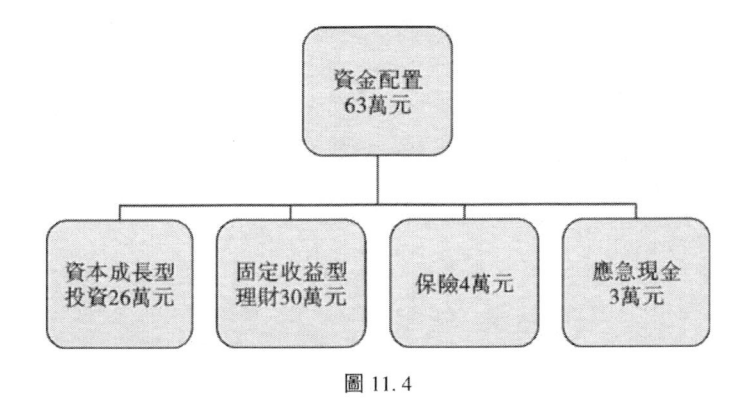

圖 11.4

理財產品參考：××銀行「匯率掛鉤保本投資產品（人民幣）」。匯率掛鉤保本投資產品提供100%本金保障，如果在觀察期內任何時間，預先設定貨幣組合的匯率曾觸及或超出其限定範圍，投資者便有機會賺取潛在收益。否則，投資者仍能獲取保證收益。

匯率掛鉤保本投資產品—系列3（人民幣）的運作如下：

投資期：3個月。

貨幣組合：澳元/美元（以每1澳元兌美元的報價）。

投資收益如下：

假如在觀察期內任何時間，貨幣組合的匯率曾觸及或超出第2層限定範圍的最高及最低限價，投資者於到期日可獲取年收益率6.00%之潛在收益；否則，假如在觀察期內任何時間，貨幣組合的匯率未曾觸及或超出第2層限定範圍的最高及最低限價，但曾觸及或超出第1層限定範圍的最高或最低限價，投資者於到期日將可獲取年收益率5.02%之潛在收益；否則，投資者於到期日將可獲取年收益率3.33%之保證收益。

第1層限定範圍如下：

最高限價：開始價格 + 0.0050

最低限價：開始價格 − 0.0050

第2層限定範圍如下：

最高限價：開始價格 + 0.4000

最低限價：開始價格 − 0.4000

（2）資本成長型理財分配。

概述：在資本成長型理財項目中，我們根據不同的風險級別可將其大致劃分為保本浮動收益型和不保本浮動收益型。投資保本浮動收益型產品，客戶的本金保證不會虧損，但需承擔本金以外的投資風險；投資非保本浮動收益型產品，客戶需承擔損失本金的風險，但預期收益率較高。

理財預期平均年收益：10%～20%。

理財分配及舉例：在投資市場上，資本成長型理財工具眾多，它們分別具有不同

的特點。結合客戶的情況（理財經驗少，審慎投資者），如保本理財產品或穩健型、歷史表現良好、業績浮動不大、投資於大盤藍籌股的基金等。待累積了一定資本，且具有更多投資經驗時可以選擇高風險高回報類的投資工具。

在資本成長型理財產品中的非保本投資部分，客戶已經有了一定配置，即 20 萬元的基金。對於溫先生來說，投資基金是比較好的選擇，但建議溫先生在配置基金時注意風險的控製，可以選擇風險相對較低的債券或貨幣基金。另外，在保本浮動收益型產品中，溫先生可以多元化投資標地，如配置部分資金在投資商品、指數的掛鉤產品中，做到分散投資，降低風險。

長期保障方案(針對不同家庭成員的保險配置)

為了實現溫先生家庭「提高防範風險能力，加強長期保障」的理財目標，結合客戶經濟指標及家庭情況，溫先生家庭保險費用的支出應當占家庭純收入的 10%～15%，而保障應為純收入的 5～10 倍，因此溫先生的大致保險費用應為每年 3 萬~4 萬元。

溫先生的收入是家庭收入的主要來源，他也是全家的支柱，因此溫先生個人的人身保障和醫療保障顯得尤為重要。為溫先生規劃到 60 歲的定期壽險，附加意外傷害保險，年保費大概為 9000 元，繳費 20 年，溫先生一旦發生意外，其家人可以拿到 300 萬元的保險費，足夠整個家庭後半段的生計維持。雖然該保障是消費型，即 20 年的總保費約 20 萬元是消費掉的，但是按照溫先生的年收入來算，如果 20 年中沒有發生任何問題，收入至少是 800 萬元，所以這份保障是很合理、很有必要的。另外在醫療保障方面，規劃年保費約 8000 元，保障為 20 萬元的終身重大疾病保險，20 萬元是作為對生病期間造成的收入損失的補償。

溫先生的太太在家庭收入中所占比例較小，且已經有了一定的社保和商保（社會保險基本忽略不計），所以可不用考慮人身壽險，因此只為其規劃年保費約 4000 元，保障為 10 萬元的重病保險，同樣是為了補償因重病而對家庭收入造成的損失。

將收入不穩定以及養老問題統一規劃，最好的辦法是以子女為投資標的，為子女購買返還型儲蓄+分紅保險，年保費約 14,000 元，2 年返還或 3 年返還，年均返還約為 5000 元，返還金可由父母領取，可基本解決部分養老的問題。

在女兒的教育經費方面，購買「寶寶型商業保險」，在孩子上小學、初中、高中都可以領到一筆返還金，可以保證孩子在讀大學期間每年拿到一定現金。

對溫先生的家庭保險規劃，前 5 年為積極存款期，年存相應較多，之后年存基本在 3.5 萬元/年。

國家圖書館出版品預行編目(CIP)資料

個人理財規劃 / 郭秀蘭,王冬吾 主編. -- 第三版.
-- 臺北市:財經錢線文化出版:崧博發行,2018.11
　面; 公分
ISBN 978-957-680-241-6(平裝)
1.個人理財 2.投資
563　　107017789

書　名:個人理財規劃
作　者:郭秀蘭、王冬吾 主編
發行人:黃振庭
出版者:財經錢線文化有限公司
發行者:崧博出版事業有限公司
E-mail:sonbookservice@gmail.com
粉絲頁　　　　　　網　址:
地　址:台北市中正區延平南路六十一號五樓一室
8F.-815, No.61, Sec. 1, Chongqing S. Rd., Zhongzheng Dist., Taipei City 100, Taiwan (R.O.C.)
電　話:(02)2370-3310　傳　真:(02) 2370-3210
總經銷:紅螞蟻圖書有限公司
地　址:台北市內湖區舊宗路二段 121 巷 19 號
電　話:02-2795-3656　　傳真:02-2795-4100　網址:
印　刷:京峯彩色印刷有限公司(京峰數位)

　　本書版權為西南財經大學出版社所有授權崧博出版事業有限公司獨家發行電子書及繁體書繁體版。若有其他相關權利及授權需求請與本公司聯繫。

定價:450元
發行日期:2018 年 11 月第三版
◎ 本書以POD印製發行